기적의 하나님

지 은 이 | 주순영
펴 낸 이 | 김원중

기　　획 | 이근미
편　　집 | 김민주
디 자 인 | 김윤경
마 케 팅 | 최금순
제　　작 | 허석기
관　　리 | 차정심

초판인쇄 | 2012년 11월 26일
초판발행 | 2012년 11월 30일

출판등록 | 제301-1991-6호(1991.7.16)

펴 낸 곳 | (주)상상나무
　　　　　 도서출판 상상예찬
주　　소 | 서울시 마포구 상수동 324-11
전　　화 | (02)325-5191
팩　　스 | (02)325-5008
홈페이지 | http://smbooks.com

ISBN　978-89-93484-48-9 (03230)

값 13,000원

前 북한 1호 공훈배우 주순영이 만난

기적의 하나님

| 주순영 지음 |

당신은 진정
하나님의 사람입니다

금년, 2012년 4월 어느 날, 성경 공부를 인도하시는 목사님으로 부터 주순영님의 저서 '축복의 땅으로'를 빌려 볼 수 있게 되었습니다. 1, 2권으로 된 책으로 '탈북 간증 수기'라는 부재가 붙어 있었습니다. 그날 나는 집에 와서 곧바로 책을 읽기 시작했습니다.

불과 몇 페이지를 넘기지 않았는데 나의 마음속에서 기쁨이 솟아나기 시작했습니다. 그것은 곧 이 귀한 책을 만나서, 읽을 수 있게 된 감동의 기쁨이었습니다. 얼마나 고마운 생각이 들었든지 책을 빌려주신 목사님에게 전화로 여러 번 고마움을 전했습니다.

그러던 어느 날 나는 이 책을 읽으면서 울고 있었습니다. 저절로 흘러내리는 눈물이었습니다. 멈춰지지 않았습니다. 그러면서도 나는 책에서 눈을 뗄 수가 없었습니다. 울면서 읽고, 읽으면서 울고, 코눈물이 뒤범벅이된 상태로 책장을 넘겨야 했습니다.
장을 넘길 때마다 떡돌 같은 무거운 아픔이 나의 마음을 짓누르고 지나갔습니다. 주순영님에게 다가온 이 엄청난 아픔은 '한 사람만이

져야 할 몫이 아니고 우리모두가 짊어지고 가야 할 아픔이고 민족 전체가 짊어지고 가야 할 아픔이겠구나!' 이런 생각을 하면서 나는 저자와 함께 책 속으로 깊이 빠져들고 있었습니다.

내 나라의 역사적인 현실을 바르게 인식할 수 있는 큰 깨우침이 내 마음을 채우고 있었습니다. 나의 생각은 거기서 멈추지 않았습니다. 주순영님이 짊어지고 가는 그 숱한 고달프고 안타까운 아픔들이 어찌 그만이 지고 가야할 아픔이겠는가? 우리 모두가 함께 지고 가야 할 공동의 주제들이 아니겠는가? 하지만 지금은 주순영님이 홀로 짊어지고 가십니다. 너무나 안타깝습니다. 마치 구속사의 언약을 이루시기 위해서 골고다의 나무 위에 홀로 달리셨던 주님처럼, 그래서 나는 주순영님을 '작은 예수' 라고 부릅니다.

나는 이 책을 읽어 가면서 주순영님의 아픈 삶 속에서 하나님의 손길을 보기 시작했습니다. 그분은 하나님도 예수님도 교회도 전혀 알지 못하는 분이셨습니다. 그럼에도 불구하고 그분의 캄캄한 삶의 바닥에 하나님의 손길이 빛으로 계셨습니다.

마치 나오미가(룻기) 이방 모압 땅에서 삶의 바닥을 치고 있었을 때에 환경에서 오는 아픔이 너무 커서 하나님의 손길을 볼 수 없었을 때처럼 말입니다. 여호와 하나님을 믿는 유다 여자 나오미도 현실의 몰아 부치는 아픈 삶 속에서는 하나님의 손길을 보지 못했습니다. 하물며 주순영님이야 더 말할 나위가 있겠습니까?
그의 삶은 칠 흙, 그 자체였습니다. 그러함에도 불구하고 하나님의 손길이 그의 삶 속에 계셨습니다.

나는 이 책 전체를 통해서 하나님의 손길이 주순영님의 삶 속에 임재하고 계시는 것을 보았습니다. 또한 이 책을 읽어 가면서 주순영님의 아픈 삶 속에서 하늘나라의 언어를 듣고 보았습니다.

이스라엘의 위로를 기다리는 하나님의 사람, 시므온에게(눅2:25~) 여호와 하나님은 '이스라엘의 위로' 가 되신 아기 예수를 안겨 주셨습니다.

나는 믿습니다. 그리 멀지 않은 앞날에 여호와 하나님은 우리나라에 '통일의 위로' 를 내려 주실 것 입니다. 캄캄한 삶의 어두운 바닥에서 온갖 아픔을 홀로 짊어지고 가는 주순영님에게 하나님은 꼭 '통일의 위로' 를 안겨 주실 것 입니다.

나는 확신합니다. 주순영님은 하나님이 섭리하시는 민족 통일의 여정을 위하여 부르심을 받은 우리 세대의 사도의 한 사람이라고 확신합니다.

하나님을 사랑하는 그 신실한 믿음의 열정과 어떤 상황 속에서도 탈북자 새터민을 사랑하는 아름답고 숭고한 마음을 지니고 사는 주순영님, 저들을 위한 일 이라면 자기 자신도 미련 없이 팔아 버리는 주순영님, 당신은 진정 하나님의 사람입니다.

새로 나올 책 "기적의 하나님"에서 풍겨 오는 숭고한 제목처럼 당신은 진정 하나님의 딸입니다. 실로, 믿음으로 삶으로 우리 모두에게 본이 되어 주시고 계십니다. 머리 숙여 감사드립니다.

우리 함께 정성을 모아 주순영님에게 내리신 '하나님의 기업- 그레이스 사랑재단'을 잘 받들어 가시도록 우리의 진정한 마음을 열어 드립시다.

암 그렇고말고.

그레이스 사랑 재단 고문 이사

유 영 봉

들어가는 말

2009년에 〈축복의 땅으로〉 1,2권을 출간하고 4년이 지났습니다.
〈축복의 땅으로〉 개정판을 〈기적의 하나님〉이라는 제목으로 다시
출간하게 해주신 하나님께 영광 돌립니다. 개정판을 내기로 결정한
이유는 그 어떤 지식이나 학문이 아닌 내가 체험한 하나님의 기적을
한 권으로 정리하여 더 많은 사람들과 감동을 나누고 싶어서입니다.

〈축복의 땅으로〉가 나온 이후 많은 사람들이 격려를 해주셨습니
다. 말로 다할 수 없는 고통을 거쳐 축복의 땅 대한민국으로 온 것에
대한 축하도 많이 받았습니다. 특히 전국에서 전화로 편지로 은혜의
감동을 전해오는 것이 아주 고마웠습니다. 부산에 사는 초등학생은
'처음으로 이 땅에 태어난 것에 감사했다'는 내용을 보내주었고 광
주에 사는 분은 고등학생 아들이 '이 책을 읽고 계모에게 처음으로
어머니라고 불렀다'는 소식을 전해주셨습니다. 그 학생은 자기가 읽
은 책을 대통령에게 보내면서 '전 국민의 필독서가 되게 해주세요.'
라며 청와대 게시판에 글을 올렸습니다. 청와대 비서실에서 책을 잘
받았다는 연락이 왔다고 합니다. 제주도 감귤농장에서 일하시는 62
세 남자분은 저의 책을 밤새 읽고는 "이 나이에 나도 믿어보겠다"는
소식을 전해와 감사했습니다. 목동에 사는 72세 되신 할머니는 책을
읽고 십일조 신앙을 회복했다고 연락했습니다. 고령에도 파출부로

일하신다는 그분은 북한선교를 하시겠다는 포부를 밝혔습니다. 그 외에도 많은 분들이 감동을 나눠주셔서 제가 큰 은혜 받았습니다.

집회 현장에서 많은 사람들이 회개의 눈물을 쏟고 결신하는 역사가 있었습니다. 새 신자 전도잔치, 새 생명 전도축제에서 수백 명씩 결신하는 모습에 눈시울이 뜨거웠습니다. 국내는 물론이고 뉴욕, L.A, 벤쿠버, 시드니 벨버른에서도 똑같은 감동이 쏟아졌습니다. 집회를 가면 목사님들이 이 책을 전 교인이 읽어야 한다며 필독도서로 선정해 주셨고 해외 집회를 가면 많은 분들이 감동받았다며 회개하게 하는 귀한 시간이었노고 식사를 내섭해주셨습니다. 십으로 놀아오면 너무 많은 전화가 걸려와 할 수 없이 전화번호를 바꾸어 죄송한 마음입니다. 하나님께서 쓰신 시나리오 속에서 저의 배역을 감당하며 하나님의 도구로 쓰임 받는 것에 감사하고 또 감사했습니다.

저는 지금도 반지하 8평짜리 집에서 살고 있지만 북한동포들을 생각하면 감사하기 그지없습니다. 아버지는 2009년에 소천하시고 어머니는 지금 요양원에서 생활하고 계십니다. 두 분 다 집사 직분을 받으시고 신앙생활을 잘 하신 것이 무엇보다도 감사합니다. 아들 명수는 해외에서 4년간 공부한 후 현재 미국 유학을 준비하고 있습니다. 북한의 남편은 백혈병으로 사망했다는 소식을 들었고 북한에 있는 딸 현희는 행방을 알 수가 없습니다. 그저 하나님께 맡기고 기도드리고 있습니다.

초기에 자본주의 경험을 톡톡히 치렀고 지금은 그 경험이 많은 교훈이 되고 있습니다. 북한을 탈출해 하나님을 만난 이후 잠깐씩 하나님을 떠나 살았습니다. 돌이켜보면 하나님을 떠나 사는 것이 지옥 그 자체였습니다. 노력한 만큼 정당한 대가를 받는 남한은 기회의 땅입니다. 처음에 그걸 몰라 시행착오를 겪으면서 고통을 당했는데 이제는 오로지 하나님만 바라보며 따라가고 있습니다.

대한민국이 축복의 땅이라는 것을 이 땅에 사는 사람들은 잘 깨닫지 못하고 있습니다. 이 책을 읽고 풍요로움 속에서 잊혀져 가는 하나님을 다시 만나 첫사랑을 회복하게 되는 것이 저의 소망입니다. 북녘땅은 굶주림으로 죽어가면서도 우상을 섬기고 있습니다. 그래서 저주의 땅을 떠나 중국과 만주 광야에서 제3국을 떠돌며 고생하는 탈북자들이 축복의 땅으로 오려다 체포되고, 처형당하고, 도망치기를 반복합니다. 숨만 붙어있으면 또 탈출해서 오고 싶어하는 축복의 땅이 바로 대한민국입니다.

하나님의 기적의 역사를 수없이 체험했습니다. 살아 역사하시는 하나님께 모든 영광을 돌립니다. 기적은 앞으로도 계속될 것입니다.

2012년 11월
주 순 영

CONTENTS

part.**1**

내 인생의 무지개

시편 103:15
인생은 그 날이 풀과 같으며 그 영화가 들의 꽃과 같도다

As for man, his days are like grass, he flourishes like a flower of the field;

❖ 사랑받고 자란 어린시절

　　힘경북도에 있는 내 고향은 온천이 솟아나는 경지 좋은 곳
이다. 나는 인민학교(초능학교) 시절에 무용을 했고 중학교 시절에
는 노래를 하여 '전국학생축전'에도 당선되었다. 평양에서 설맞이
휘생 소년 궁진무대에서 공연하며 참으로 즐거운 학창시절을 보냈
다. 다만 형제가 없어 어머니께 동생을 낳아 달라고 조르기도 했다.
다리가 불편한 장애인 아버지가 유일한 친구였고 집에서 재봉질하
는 어머니가 전부여서 식구가 적은 것이 늘 불평이었다.

　　인민학교 시절 동무의 집에 가면 책꽂이에 책이 많은 것이 부러웠
다. 하루는 동무 집 책꽂이에서 유난히 눈에 띄는 책이 있다. 동무의
오빠가 없는 틈을 타 살그머니 꺼내 표지를 보았다. '변증법적 유물
론'이라고 적혀 있는 책이었다. 이 책 안에 뭔가 신기한 비밀이 적혀
있을 것만 같아 펼쳐보았지만 무슨 소리인지 알 수가 없었다.

　　밖에서 오빠들이 들어오는 소리에 화들짝 놀라 얼른 제자리에 꽂
아 놓고 집으로 돌아 왔지만 그 책이 머리에서 떠나지 않아 어머니께
"뻐쩍뻐쩍 유물롱 책 사달라"고 졸랐다. '변증법적'을 '뻐쩍뻐쩍'으

로 기억한 것이다. 제목도 제대로 모르는 책을 사줄 리 만무했다. 그 책이 너무 갖고 싶은 나머지 간식을 넣어 둔 궤짝에서 간유사탕과 간유젤리를 엄마 몰래 꺼내 책가방에 넣고 친구 집으로 놀러 갔다.

형제가 많아 간식도 못 얻어먹는 내 동무에게 두 봉지나 되는 사탕을 안겨 주자 좋아서 어쩔 줄 몰라했다. 노는 동안 내 마음은 오로지 책꽂이에 있는 변증법적 유물론 책에 가 있었다. 드디어 기회가 왔다. 집에 있던 오빠들이 친구들과 다 밖으로 나가자 책꽂이에 있는 그 문제의 책을 잽싸게 가방에다 집어넣고 냅다 집으로 달려왔다.

밤이 깊어 아버지 어머니 곤히 잠들자 부엌에 내려가 기름등잔에 불을 붙였다. 연기불빛 밑에서 추워서 이불을 뒤집어쓰고 무슨 말인지 이해 안 되는 그 두꺼운 책을 열심히 들여다보았다. 아침에 잠에 취해있는 나를 본 어머니가 깜짝 놀라 소리쳐 아버지를 깨우셨다. 부엌 천정은 불에 탄 듯 새카맣게 온통 그을음으로 덮여있고 큰대자로 활개 펴고 잠자는 내 얼굴도 온통 검댕이 천지였다. 어린 시절 부유한 집안의 외동딸로 사랑받으며 자라면서 그리 어려운 일은 없었다. 다만 책을 훔친 일로 마음이 무척 힘들었다. 훔친 책을 간식 궤짝 밑바닥에다 숨겨놓고 행여 들킬세라 가슴 졸였던 일이 지금까지 떠오른다.

어느 날 담임선생님 "책과 사진 훔친 사람은 도둑이 아니다."라는 말씀을 하셨다. 그날로부터 마음이 편해졌다. 〈변증법적 유물론〉을 수시로 꺼내서 보곤 했는데 그 책에서 기억나는 단어가 있다. 바로 '불변성과 가변성' 이다. 후일 하나님을 알고 나서 이 용어가 정리되었는데 우리를 향하신 하나님의 변함없는 사랑은 불변성이요, 우리가 지금까지 교육받고 숭배하게 했던 주체사상은 가변성이라는 것이다. 불변하시는 하나님의 사랑을 받을 수 있는 하나님의 자녀로 거듭 날 수 있게 해주신 영원하신 그 사랑에 다시 한 번 감사를 드린다.

고등중학교 졸업을 1년 앞둔 어느 날 학교에 새까만 고급승용차 두 대가 들어왔다. 교장실에 들어갔던 간부 선생들이 각 교실을 돌아보기 시작했다. 학급 반 아이들 가운데 몇 명을 지목하여 살펴보더니 나도 일어서라고 하여 얼굴을 이리저리 돌려보라고 했다. 한참을 돌아보던 간부 선생들이 나간 후 직일(교무주임) 선생이 들어왔다. 담임과 나를 불러 교장실로 데리고 갔다. 잔뜩 겁에 질려 교장실로 들어갔다. 승용차를 타고 온 여러 간부 선생들 중 한 사람이 담임에게 지시했다. "이제부터 이 동무가 졸업할 때까지 특별히 관심을 가지시오. 학습과 조직 생활, 가정교육 상태까지도." 그런 뒤 나를 보고 "이제부터 졸입할 때까지 학습과 조직생활을 너 잘하시오. 알겠소?"라고 말했다.

고등중학교에서 졸업반이 되면 중앙당, 정무원, 군부대예술단체, 중앙예술단체를 비롯하여 각계각층 예술단체들이 학교로 와서 재능있는 미모의 여자학생들을 뽑아 간다. 여러 단체들이 나를 선택했으나 교장 선생님이 이미 나를 지목한 곳이 있다는 걸 알렸다.

고등중학교 졸업 일년을 앞둔 어느 날, 인솔군관 동지 따라 승용차를 타고 도군사동원부(우리의 지방병무청)로 올라갔다. 전국에서 차출된 고등학교, 대학교 여학생들이 많았다. 몇 차례의 신체검사를 거치며 53명이 남았고, 다시 의학대학 병원에서 신체검사를 받았다. 남자, 여자 군의관들이 나란히 십여 명이 앉아서 다섯 명씩 완전히 옷을 벗겨 신체검사를 했다. 그 가운데 13명이 합격되었다. 몸에 점이

나 흉터가 있어도 불합격이었고, 성경험이 있거나 처녀막에 이상이 있으면 무조건 불합격시켰다. 13명 중에 내가 제일 어렸는데, 또다시 심사를 거쳐 3명만 남게 되었다. 마지막은 호적 심사였다. 나는 거기서 청천벽력같은 소리를 들었다. 내 이름이 김영숙이 아니고 우리 아버지가 친아버지가 아니라는 얘기였다. 안전부에 도착해서야 나의 정확한 호적 내용을 보게 되었다. 내 아버지는 불편한 다리로 눈이 오나 비가 오나 나를 자전거에 태워 학교에 데려다 주었다. 그런 자애로운 분이 친아버지가 아니라는 사실에 충격과 함께 혼란을 느꼈다. 16년 동안 모르고 살았던 출생의 비밀을 알아내기 위해 어머니에게 달려갔다. 어머니는 차마 당신 입으로 말 못하겠다며 외사촌 언니를 찾아가라고 했다.

갑작스러운 내 물음에 언니는 한숨을 쉬더니 그간의 사연을 들려주었다. 함경도 00군 00리에 할아버지와 할머니가 사셨단다. 할아버지는 3대 독자인데 아들이 없어서 고심하다가 집에서 식모로 일하고 있는 벙어리 여인에게서 아들을 낳았는데 그 아들이 바로 내 친아버지란다. 생모인 벙어리 여인이 아기가 젖을 떼고 나서 얼마 후 병으로 죽자 친아버지는 그 집 할머니 품에서 자랐다고 한다.

친아버지는 지금 나의 어머니와 결혼해 아들을 낳았는데 출산 석 달 만에 아들이 갑자기 전염병으로 죽었다고 한다. 어머니는 곧바로 나를 임신하게 되었고 친아버지는 시름시름 앓다가 내가 태어나기 몇 개월을 앞두고 돌아가셨다고 한다. 어머니는 핏덩이인 나를 업고 도시 쪽으로 나오셨고, 내가 세 살이 되었을 때 주변 사람들의 소개로 지금 아버지를 만나게 되었다.

새아버지는 어린 시절 철봉대서 떨어져 다리를 심하게 다쳤다고 한다. 중국에 살았던 새아버지는 다리 수술을 받기 위해 북조선으로 왔다가 어머니와 재혼을 하셨다. 나는 아버지를 무척 따랐고 아버지도 나를 끔찍하게 사랑하셨다. 어린 내가 너무 따르는 바람에 아버지가 다시 중국에 돌아가지 못했다고 한다. 나를 그렇게 애지중지 키워주셨는데 친아버지의 성으로 바꿔 부모를 떠나야 하는 것이 너무나도 죄송했다.

나의 출신성분을 따진다면 중앙당 소환 대상이 될 수 없었다. 생부의 호적까지 찾아 그 대열에 포함되는 바람에 김일성 궁에서 훈련받을 수 있게 되었다. 오늘을 계획하시고 후일 모세를 바로의 궁으로 보내어 훈련을 시키신 것처럼 하나님의 뜻이 있었음을 깨닫게 되었다.

✿ 꿈속에서 그리던 평양 입성

내 이름 내 고향을 모두 버리고 목적지가 어디인지도 모른 채 인솔군관의 안내를 받으며 떠나던 날, 어머니는 도중식사(도시락)랑 간식을 들고 역전으로 나오셨다. 아무 말씀도 못하고 눈물만 흘리는 어머니 앞에서 나는 "왜 웁네까? 얼마나 자랑스러운 일임네까?"라며 좋아했다. 기적 소리와 함께 열차가 서서히 움직이기 시작했다. 태어나서 처음으로 부모님의 품을 떠나는 순간이었다. 차창 밖으로 스쳐지나 가던 어머니의 모습이 보이지 않자 그때에야 눈물이 왈칵 쏟아져 내렸다. 깜빡 잠이 들었다 싶더니 열차에서 '장백산 줄기줄기 피어린 자욱, 압록강 굽이굽이 피어린 자욱'으로 시작하는 김일성 장군의 노래와 함께 "지금 렬차는 혁명의 수도 평양으로 들어서고 있습네다."라는 방송원의 목소리가 들렸다. 꿈속에서나마 그려보던 평양이라는 말에 소리를 지르며 깡충깡충 뛰었다. 인솔군관 동지의 주의에 순식간에 입을 다물고 자리에 앉았다. 마음속으로 '아버지 김일성원수님 고맙습네다. 정말 고맙습네다. 정녕 당의 참된 딸로 이 한 몸 다 바치겠습네다.' 라며 감사의 말을 했다.

까만 벤츠 승용차를 타고 평양역에서 얼마나 달렸을까, 차가 잠시 멈춰 서더니 보초병이 보였다. 군부대인 것 같았다. 새벽 3시에 대기하고 있던 여성군관을 따라 대기소로 향했다. 몇 시간 잠을 자라고 했지만, 진정이 되지 않아 잠이 안 왔다. 깜빡 잠이 들었다가 기상 나팔소리에 일어나 세면장에 세수하고 태어나 한 번도 보지 못한 고급 화장품을 바른 다음 식당으로 갔다.

식탁 위에 차려진 음식을 보고 입을 다물지 못했다. 세상에 태어나서 처음 먹어보는 음식들이었다. 식사를 끝내고 밖에 나오니 눈부신 천리마동상이 보였다. 아버지 원수님을 가까이 모시는 호위총국이라는 조선의 심장부에 내가 서 있다는 생각에 가슴이 벅차올랐다. 큰 마당 안에는 군관복 차림의 키 크고 잘 생긴 남자들과 곱게 생긴 여자 군인들이 중대별로 줄 서 있었다. 절도 있고 품위가 있어 보이는 그들의 모습은 모두가 너무 아름답고 행복해 보였다.

숙소에 돌아오니 군복 세벌이 준비되어 있었다. 빨간 연장이 달린 군복상의와 곤청색(군청색) 주름치마를 바꿔 입었다. 세상에 태어나서 처음으로 가죽 장화를 신은 나는 모두 넋이 나가 버렸다. 내가 입은 군복은 호위사령부 군관복이었고 내가 밟고 있는 땅은 평양시 모란봉 구역 천리마동상 바로 밑에 있는 '모래터'라 불리는 호위총국 청사였다.

아무나 함부로 갈 수 없는 혁명의 수도 평양! 그 평양의 심장인 그곳 위대한 수령님을 호위하는 '호위총국 청사' 마당에 내가 서 있다고 생각하니 가슴이 벅차올라 숨을 쉴 수가 없었다. 그러나 이 모든 것은 꿈이 아닌 현실이었다.

승용차를 타고 가서 아주 근사한 건물로 들어갔다. 햇빛이 잘 드는 청사의 복도는 잘못 걸으면 넘어질 것처럼 반짝거렸다. 나를 대하는 군관 동지의 말과 행동이 조심스럽고 정중했다. 그곳에서 또 몇 차례의 면접을 거친 후 숙소로 안내되었다. 기막히게 멋진 침대였다.

사흘째 되는 날 고급 군관이 나타났다. 그 사람을 따라 도착한 곳에는 멋진 호위총국 간부 동지들과 장령급 군관들이 있었다. 방에 들어서자 군관 간부 동지들은 일세히 나를 바라보더니 손을 잡고 반가이 맞아 주었다.

"동무는 이 세상에서 가장 큰 영광을 받아 안은 사람이오!"

굵고 거친 함경도 사투리에 무섭게 생긴 그 사람은 항일 무장투쟁 시기에 수령님께 끝없이 충성한 항일투사 전문섭 동지로 당시 호위사령관동지였다.

"분장을 해놓으면 정숙 동무와 많이 비슷할 것 같소! 어버이 수령님께서 매우 만족하실 것 같소!"

그제서야 내가 김정일 생모인 김정숙 동지 배우로 선택된 것을 알게 되었다. 순간 자신이 없어 도망가고 싶은 심정이었지만 되돌릴 수 없는 결정된 운명이었다.

"이제부터 특별훈련교육과 훈련을 진행하시오!"

사령관 동지의 이 지시와 함께 나에게는 이루 말할 수 없는 고된 교육과 훈련이 진행되었다.

새벽 5시에 기상해서 아침운동, 방 청소, 아침 식사, 상학검열, 대열행진이 끝나면 독연 훈련 방에서 정치, 경제, 문화, 군사, 외교, 연극화술, 기초의학, 요리강좌, 접대 실무, 연기, 노래, 무용 등 김일성종합대학, 김일성정치대학의 특별 교수진들의 개인 교육과 군사훈련, 연기훈련이 눈코 뜰 새 없이 이어졌다. 매일 밤 10시까지 줄기차게 훈련받던 어느 날 드디어 호위 사령부 협주단 배우들이 훈련하고 있는 예술극장을 견학하게 되었다.

수백 명이 출연하는 대공연이었는데 공연배우들과 작품, 무대장치까지 모든 것들이 황홀했다. 수령님을 모시는 공연에서 진짜 김정숙 여사의 모습을 보여 드리려고 김정숙을 가장 많이 닮은 인물 53명을 뽑았고, 그 가운데 제일 어리고 키도 제일 작았던 내가 선발된 것이다. 영광 중의 영광이었고 기쁨 중의 기쁨이었다. 그때부터 김정숙 어머니 역할을 해내기 위한 고된 훈련이 시작되었다. 나는 어떤 일이 있어도 꼭 위대한 수령님과 장군님께 기쁨과 만족을 드려야 할 충성의 일념으로 불탔다.

❖ 김일성 주석을 만나다

6개월 후 갑자기 김일성 주석이 호위총국을 방문하게 되었는데 그때 1호 공연 소개를 내가 맡았다. 김정숙 여사 역할로 나를 직접 결정을 하셨다는 감격적인 소식에다 내가 〈음악·무용·종합공연〉의 소개자로 나선다니 가문의 영광이었다. 소개문을 받아 외우고 또 외웠다. 그때부터는 아버지 원수님을 위대한 수령님이라는 호칭으로 바꾸게 되었다. 언제 공연을 할지 몰라 항상 분장하고 매일 연습을 했다. 특수 분장을 하는데 5~7시간이나 걸렸다. 몇 시간을 앉혀놓고 김정숙 여사의 사진을 보면서 그리고 붙이는 통에 졸다 깨어보면 완전 딴사람이 되어 있었다.

어느 날 군의관들이 나타나서 강심제 주사 2대를 놓고 가루약 한 봉지를 믹였다. 지휘자 동지가 '드니어 수령님이 오신다는 신호'라고 귀뜸 해주었다. 그러자 약 효과도 없이 가슴이 마구 뛰었다. 드디어 취주악대의 1호 행사음악이 울려 퍼지며 요란한 "만세!" 함성이 터져 나왔다. 위대한 수령님이 입장하여 주석단에 앉을 때까지 취주악대행사음악과 만세 소리가 계속 이어졌다가 김일성 수령께서 주석단에 앉자 함성과 음악이 멎었다. 이번에는 무대 밑에서 오케스트라의 은은한 연주가 시작되었다.

소개자(사회자)가 합창대 앞에서 막이 열리기를 무대 한가운데 서서 대기하던 나는 무대막이 서서히 열릴 때 조용히 단 중앙을 향해 두 발자국 앞으로 나섰다. 그리고 정중히 거수경례를 올렸다. 눈물이 앞을 가려 수령님의 모습조차 보이지 않았다. 목이 메어 소리가 나오지 않을까 떨리는 마음 가까스로 억제하며 주석단에 앉아계시는 위대하신 수령님을 우러러 정중히 거수경례를 올렸다.

"지금부터 우리 당과 우리 인민의 위대한 수령 김일성 동지를 모시고 진행하는 수도호위사령부 협주단의 음악 · 무용 · 종합공연을 시작하겠습네다."

소개가 끝나자 갑자기 객석 가운데서 호탕한 웃음소리가 울려 퍼졌다. 뒤이어 힘찬 박수소리가 들려왔다. 수령님께서 기뻐하시고 만족해하신다는 것을 알고 안심이 되었다. 떨리는 가슴을 진정하며 1시간 20분 동안 공연 종목별 소개를 진행했다.

"이상으로 저희들의 공연을 전부 마치겠습네다. 우리호위사령부 전체 장병들과 병사들의 한결같은 뜨거운 마음 담아 어버이 수령님의 만수무강을 삼가 축원 드립네다."

수령님께서 맨 먼저 박수를 보내자 안도감과 함께 눈물이 소리 없이 흘렀다. 기념 촬영을 할 때 수령님이 나를 보고 "마치 살아 돌아온 정숙 동무를 보는 것 같소!"라고 했다. 그러자 김정일 동지가 나를 김일성 주석 옆에 앉히며 "어머니가 아버지 옆에 앉는 것이 당연한 일이 아닙네까?"라고 말했다. 나란히 함께 앉아 사진을 찍는데 눈물이 가려 앞이 보이지 않았다. 기념촬영이 끝나고 수령님은 항일투사들과 함께 극장휴게실로 향했다. 부관 동지가 달려오더니 나에게 거수경례를 하며 수령님이 부르신다고 했다.

떨리는 마음으로 부관 동지를 따라갔다. 응접실에서 기다리시던 수령님은 두 팔을 벌리고 나를 마주 향해 걸어오시는 것이었다. 급히 달려가 정중히 거수경례를 올렸다. 수령님께서는 "동무들! 김정숙 동무의 항일 무장 투쟁시기 모습을 보는 것 같습니다. 동무들 생각은 어떻습네까?"라고 물었고 모두들 "똑같습네다. 신통합네다"라고 답했다.

"정숙 동무는 나에 대한 충실성이 매우 지극한 동무였습네. 왜놈들의 토벌로 산에 불을 피울 수 없게 되면 나의 젖은 옷가지들을 자신의 몸에 품어서 말려 준 혁명 동지였습네. 나는 그가 단 하루라도 잘 먹고 잘 입고 편안하게 살았다면 더 말하지 않겠습니다. 일생동안 고생만 시키다가 먼저 보낸 것이 제일 가슴이 아픕네."

갈리신(목이 멘) 음성으로 이렇게 말씀하시고는 손수건으로 눈물을 닦았다. 너무 죄송하여 어쩔 줄을 몰라 하자 옆에 있던 김정일 동지가 내 어깨를 다독이며 말했다.

"순영 동무! 수령님께서 매우 기뻐하십네. 이제부터 어머니의 혁명업적을 무대에서 마음껏 연기로 보여주어야 합네. 항일무장투쟁시기 첫 여성혁명가의 모습을 잘 형상해서 전체 조선 인민의 본보기가 되어 온 나라 인민들이 어머니를 따라 배우도록 하시오!"

그리고는 친히 '조선 여성의 본보기가 되시오!' 라는 글을 써서 나에게 선물로 주었다. 이보다 더 큰 영광이 또 어디 있으랴! 가슴이 터질 것 같은 흥분에 휩싸여 밤잠을 이룰 수 없었다.

✿ 1호 공훈배우가 되다

17세 어린 나이에 감당하기에는 너무나도 큰 영광이었다. 그 다음 날부터 나의 신분이 확 바뀌었다. 모든 선배 군관 동지들이 나와 지나칠 때면 거수경례를 했다. 훈련을 받거나 무대에서 연습하다가 실수를 해도 감독들은 내게 "어머니, 죄송합네다. 다시 합세다."라고 했다. 군복을 입고 분장을 다하고 나면 호위병 남자 2명 여자 2명이 나를 따라다녔다. 화장실에 가도 밖에는 남자 호위병이 보초를 서고 화장실 안쪽에는 여자 호위병들이 서 있어서 안에서 볼일 보는 것조차도 조심스러웠다. 그리고 휴식시간에 앉아서 대본 훈련을 하고 있으면 "어머니, 지나가도 되겠습니까?"라며 장교들까지 거수경례를 했고 "지나가시오" 하고 허락을 받고서야 지나가곤 했다.

8개월간 훈련을 하여 김일성 주석과 김정일 장군님을 모실 공연이 준비되었다. 호위총국 협주단에서 창작한 김정숙 어머니 첫 작품 혁명적 음악·무용 대서사시극 '고난의 행군' 공연이 무대에 올려졌다. 항일무장투쟁시기 사령부를 보위하여 날아오는 총알을 기꺼이 몸으로 막아나서는 장면에서 김일성 주석이 친히 자리에서 일어서서 박수를 보냈다. 그날 김일성 주석은 '고난의 행군'에 이어 '대부대선회작전' '두만강 반에서의 한 해 여름' 등 3시간이 넘는 공연을 연이어 관람했다. 출연자들에게 김일성 주석의 이름이 새겨진 오메가 시계가 수여 되었고 기념촬영도 했다.

김정일과 김평일에 대한 후계자 문제로 어수선하던 시점에서 호위총국이 내놓은 이 작품의 파장은 매우 컸다. 김정숙 동지의 혁명업적을 부각시켜 김정일 동지가 후계자로 선정되는데 큰 기여를 했다. 그 후부터 위대한 수령님을 모시거나 김정일 장군님을 모시는 공연에는 내가 출연하였고 일반 군인들 앞에서 공연할 때에는 다른 배우가 출연하였다. 그때부터 나에게 '1호 공훈배우'라는 고귀한 칭호와 함께 '국기훈장'을 수여 받게 되었다. 외국 귀빈들이 오면 늘 수령님과 동행하여 공연을 소개하는 소개자로 나섰다.

4월 15일 김일성 주석 생일이면 열리는 〈4월의 봄 축전〉 때면 세계 여러 나라 예술인들의 화려한 공연을 종합하여 김주석 앞에서 소개하였고 '1호 연회장'에서는 김일성 주석 옆에서 축배 잔도 함께 들게 되었다. 나는 살아있는 국모로 대우를 받으며 늘 김주석의 옆에서 '1호 행사'에 함께 하였다. 세상에서 부러울 것 없는 생활 속에 어느덧 여러 해가 흘렀다.

분에 넘치는 생활을 한 지 3년째 되던 어느 날 한 간부 동지를 통해 부모님 소식을 듣게 되었다. 내가 평양으로 떠난 그때로부터 우울증에 시달리던 어머니가 뇌출혈로 쓰러지셨다는 것이다. 그 사실은 곧바로 낭에 보고되었고 낭에서 보약을 보내주어 어머니는 많이 좋아지셨다.

해마다 명절에는 선물도 보내 주어 집 걱정은 하지 않아도 되었다. 하지만 부모님이 그리워 견딜 수가 없었다. 당조직에 제기하여 1호 공연이 없는 시기에 고향에 가게 되었다. 3년 만이었다. 엄격한 호위와 함께 열차와 승용차로 비밀리에 떠났다. 가족들과 친구들 앞에 자랑하고 싶었지만, 부모님 외에는 만날 수가 없었다. 이미 나는 당에 바친 몸이었다. 부모님에게도 내가 어디서 무엇을 하는지도 밝힐 수가 없었다. 그리고 나의 출생의 비밀이 고스란히 남아있는 회령 땅으로 향했다. 처음이자 마지막이 되어버린 고향 방문이었다. 내가 태어난 곳이라지만 아무도 나를 알지 못하는 낯설고 산 설고 물 설은 침묵의 땅이었다. 군 당간부들의 안내로 옛집 방문도 했고 생부의 산소도 찾았다. 작은 묘봉 중앙에 소나무 한 그루가 우뚝 솟아 있었다. 그날 이후로 비가 오나 눈이 오나 바람이 부나 아버지 묘지 위에 외로

이 홀로 서 있는 소나무가 늘 눈가에 어른거렸다. 그 이후 다시는 아버지 묘소를 찾아뵙지 못하였다.

당에서 신랑감도 선별해 주었다. 일반 청춘 남녀들은 자유롭게 사랑을 할 수 있지만, 김일성 주석궁에서 근무하는 특별관리 대상들은 사랑도 마음대로 할 수 없었다. 최종 통과한 신랑감 후보 가운데 5명의 사진을 보여 주며 내가 직접 선택하도록 했다. 제일 착해 보이는 사람의 사진을 손가락으로 짚었고 그 사람과 결혼승인이 허락되었다.

결혼식을 앞두고 부모님을 평양으로 모셔 와야 했다. '수도에는 장애인은 들어올 수 없다'고 하여 결국 아버지는 참석하지 못하고 어머니만 모시고 결혼식을 하였다. 1호 공훈배우가 된 다음 가족들이 모두 평양으로 올라와 살 수 있는 특혜가 주어졌다. 어머니라도 평양으로 모시려면 아버지와 이혼을 해야만 했다. 당에서 어머니만 모시고 올라오라는 권유가 있었으나 어머니께서 마다하여 지방에서 살고 계셨다.

✿ 김일성 주석의 죽음

1986년에 '김일성 특각'으로 승진하여 소좌의 계급까지 올랐다. 당시 김일성 특각은 움직이는 청와대라고 할 수 있다. 김일성 주석의 건강을 체크하는 만수무강 연구소의 연구 결과로 경치 좋고 공기 좋은 고장에 세워진 김일성 특각에서 대내외 사업을 보게 되어 있었다.

결혼 후, 당 초대소에서 근무할 때 김일성 주석의 사망 소식을 접하게 되었다. 영생한다고 하였던 분이 돌아가셨다는 게 믿어지지 않았다. 1994년 7월 8일 오전, 김 주석의 죽음이 보도되는 순간 충격으로 38명이 심장마비로 죽고 26명이 자살했다. 지방 도시마다 수령님 동상으로 달려가서 땅을 치며 통곡하는 눈물이 조선의 하늘과 땅을 채우고도 넘쳤다. 후에 안 일이지만 실제 김주석이 죽은 날은 7월 5일 새벽이었지만 3일 후에 방송으로 알린 것이다.

김일성 사망소식이 전해지자 최대한 억제되었던 어려운 상황들이 표면으로 드러나기 시작했다. 평양에서도 식량을 구하러 다니는 사람들의 무리가 눈에 띄기 시작했다. 이미 지방 도시들은 80년대 초부터 제대로 배급을 타지 못했다. 식량을 자급자족하도록 한 90년대에 굶어 죽는 사람들이 너무 많았다. 군인들도 먹을 것이 없어 인민들 집에 뛰이들이 개나 돼지들을 훔쳐가고 있었고 밭에 심은 농작물을 마구 파헤쳐 갔다.

내 집에 식량이 넘쳐나니 그런 상황을 전혀 알지 못했다. 수령님이 서거하자 미국 놈들이 우리나라를 얕보고 경제봉쇄를 하여 무역이 진행되지 못해서 나라가 일시적인 어려움을 겪는 줄 알았는데 그전부터 심각한 식량난과 경제위기를 겪고 있었던 것이다. 식량을 자급자족하는 것에 대한 당의 방침과 지시가 내려졌다. 전당, 전국, 전군, 전민이 고난의 행군을 다시 시작했다. 하루에도 수십 번씩 방송차가 이 도시마다, 마을마다 다니며 방송을 했다.

"미 제국주의자들의 경제봉쇄 책동으로 인하여 우리는 지금 고난과 시련을 겪고 있습네다. 지금 '고난의 행군' 진두에는 위대한 령도자 김정일 장군님께서 죽으로 끼니를 때우며 고난의 행군을 진두지

휘하고 계십네다. 여러분! 우리는 이 고난의 행군을 반드시 이겨내서 저 남녘땅에 있는 미국 놈들을 몰아내고 조국통일을 이룩해야 합네다."

한 개 시, 군에서 매일 40~50명이 죽었다. 시체구조대가 야산을 파고 10구씩 생매장 했다. 아직 숨을 쉬고 있는 사람들도 달구지에 실어 야산에 생매장한 일도 있었다. 이 기막힌 현실은 수령님이 돌아가셔서 일어난 일이라고 생각했다.

중앙당 통보자료로 매일 보고가 올라왔다. 보름을 굶다가 강아지를 삶아 먹었는데 정신이 들어 살펴보니 강아지가 아니라 아들이었다는 끔찍한 사건도 있었다. 그 사람은 결국 서슬(양잿물)을 마시고 피를 토하고 자살했다. 익지도 않은 옥수수를 몰래 따먹다가 군인들이 마구 쏘아 대는 총에 맞아 피를 토하고 쓰러진 사람들도 있었다.

지방 도시는 80년대에 배급이 끊어졌다. 적은 양이라도 공급받았던 평양은 1996년부터 모든 게 끊어졌다. 평양시 인근 농촌들에서 벼 뿌리와 강냉이뿌리를 말려 가루를 내어 식량대용으로 먹으라는 지시가 내려졌다. 갑자기 평양 시내는 아수라장으로 변했다. 전기가 끊어지면서 바깥보다 더 추운 냉기가 흘렀다. 이불을 뜯어서 솜 자루를 만들고 비닐봉지를 이어서 만든 주머니 안에서 사람들은 겨울잠을 자듯 웅크리고 잠을 잤다.

사람들은 모두가 탄식하고 불평하였고 그 불평 때문에 붙잡혀가는 사람들도 많았다. 오히려 감옥에 가면 먹을 것이라도 주니 강도질이라도 하자고 말하기도 했다.

❖ 최악의 경제상황

1997년 봄부터 당의 지시가 새롭게 내려졌다. 전국 각 도, 시 예술단, 군선전대 예술인들의 종합공연 연습이 진행되고 있었다. 가족들을 두고 집을 떠나기에 힘든 때였지만 장군님에 대한 충성심을 판정하는 시기였기에 아무 말 없이 모두 평양으로 모였다. 예술인들은 평양시내 각 구역마다 있는 여관에 묵었는데 각자가 식량을 해결해야 했다.

며칠에 한 번씩 옥수수 겨 가루를 나누어 주면 여관 앞 가로수 잎사귀들과 씹어서 반죽해 배를 불렸고 소금물을 짜게 타 마시고 길증이 나게 해서 불배를 채웠다. 이런 상황에서 1년이나 연습했다. 공연이 끝나면 일본제 중고 자전거를 1대씩 준다니 모두들 굶주림을 버텨냈다. 가족들의 사망소식이 들려왔지만 김정일 장군님을 모시기 전에는 절대로 무대를 떠날 수 없는 것이 예술인들의 본분이었다.

전체 인민에게 장군님의 불패의 위력을 대공연 〈장군님 따라 천만리〉를 통해 보여주고자 하는 고도의 선전 전략이었다. 대공연은 5000명이 무대에 오르는 사상 최고의 무대 공연이었다. 공연이 끝난 후 참가자들은 일본제 중고 자전거를 받지 못했다.

미국 놈들의 경제봉쇄 때문에 일본에서 무역배가 떠나지 못했다는 것이다. 일본제 중고 자전거 대신 마분지 박스에 인삼 술 1병, 대평술 1병, 봉학 맥주 2병, 룡성 담배 1보루, 꿩 한 마리, 귤 7알, 일본수입품, 소금과자, 건빵 2통 이것이 전부였다. 이를 계기로 많은 예술인들이 당의 선전 선동자 대열에서 떠났다. 재일동포들과 무역일꾼들은 유명 영화배우나 예술인들과 50달러면 잘 수 있다며 서로 소개하

기도 하고 시장에서는 옥수수죽 한 그릇에 처녀들이 정조를 팔기도
했다.

국가 비상식량 창고 1호, 2호, 3호가 비었다는 소문이 나돌기 시작
했다. 지방에 있는 공장의 기계 설비를 훔쳐다가 팔아먹어 공장들은
기둥과 굴뚝만 남았다. 굶주림에 지쳐 차라리 전쟁이라도 일어났으
면 하고 바라는 사람들이 많았다. 중국 자본가들의 북한 투자를 유치
하는 것과 중국과의 일본 중고 승용차 무역에서 지불받지 못한 30대
의 승용차 값을 받아오라는 당의 특명을 받고 공훈 배우에서 무역지
도원으로 발령받고 남자 무역지도원과 함께 3일간의 중국 출장길에
오르게 되었다.

청진까지는 특별 열차를 타고 두만강 연선까지는 승용차로 움직였
다. 먹을 것을 찾아 떠돌아다니는 사람들의 행렬은 전쟁터의 피난행
렬과 다를 바가 없었다. 무더기로 모아놓은 시신들과 자동차도로를
메우고 아우성치는 사람들로 차가 움직이기 어려울 정도였다.

중국 세관을 통해서 중국 조선족들이 들어왔다. 약간의 식량과 입
던 옷가지들이었지만 북조선 친척들의 요청을 모른 척할 수 없어 나
온 사람들이었다. 수백 명의 사람들이 두만강 건너 중국 쪽을 향해
목을 빼들고 건너다보느라 목이 늘어질 지경이었다. 자신의 이름을
부르는 조선족을 기다리는 사람들을 '왜가리부대' 라고 부르기도 했
다. 몇 달째 굶으면서 친척을 기다리다 죽은 사람들이 수백 명이나
된다고 했다. 그러면 시체구조대원들이 완장을 팔에 두르고 달구지
를 끌고 와서 시신들을 싣고 가서 10구씩 야산에다 매장을 했다. 매
장포와 관널(관)은 상상도 할 수 없었다.

part.2

운명을 바꾼 성경책

욥기 18:20
그의 운명에 서쪽에서 오는 자와 동쪽에서 오는 자가
깜짝 놀라리라

Men of the west are appalled at his fate; men of the
east are seized with horror.

❀ 특명, 중국 출장

위기에 처한 조국의 경제를 극복하고 인민들의 굶주림을 면하게 해주기 위해 당의 명령을 철저히 수행하리라 마음먹고 출장 길에 올랐다. 세상에서 제일 행복한 사회주의 지상낙원이 미국 놈들이 내린 경제봉쇄 때문에 경제적 위기를 겪는다는 것이 너무 억울했다. 한시바삐 미국 놈들을 남녘땅에서 몰아내고 조국을 통일한다면 인민들이 세상에서 제일 잘살게 될 거라는 희망을 품고 중국 땅에 들어섰다.

중국으로 가는 통로인 세관 다리를 건너면서 나는 두 눈을 의심하지 않을 수 없었다. 우선 북한 땅과 중국 땅에서 자라고 있는 옥수수의 키가 달랐고 산천과 초목들의 색깔부터 너무나도 차이가 났다. 강 하나를 사이에 두었을 뿐, 분명 하늘은 하나인데 어찌 이렇게 다를 수 있는지 놀라웠다.

국경을 넘어선 나는 중국 연변의 숙소인 한 호텔에 안내를 받아 여장을 풀었다. 마침 저녁식사 시간이 되어 식당으로 안내를 받았다. 식당에 들어서는 순간 깜짝 놀랐다. 수령님과 장군님을 모시는 1호

행사를 하는 곳처럼 화려했다. 식당주인에게 "1호 행사를 하느냐. 여기 있는 사람들이 중앙당 간부 동지들이냐"고 물어보자 돈만 있으면 누구나 다 올 수 있는 곳이라고 대답해 속으로 깜짝 놀랐다.

1호 연회장에서 즐겨 먹었던 광어회를 주문했다. 그러자 어떤 사람이 "조선 사람들은 굶어 죽어 가는데 선생님은 광어회를 먹어 봤습까?"라고 말했다. 조국을 업신여기는 그들이 괘씸하기도 하고 자존심도 상해 "1호 행사 연회장에 산해진미가 다 있고, 광어회는 동해에서 펄펄 뛰는 물고기를 직승기(헬기)로 실어옵니다."라고 답했다. 그러자 "백성들이 굶어 죽어가고 여성들은 짐승처럼 팔려 다니는데 펄펄뛰는 광어만 먹는다고? 나쁜 새끼들"이라며 수령님과 장군님 이름을 불러 가며 욕하는 것이었다.

해외에 나가서 위대한 수령님과 장군님의 권위와 위신을 백방으로 옹호 보위해야 하며, 권위와 위신을 훼손시키는 현상을 절대로 용서하거나 묵과해서는 안 된다는 교육을 받고 온 나는 그들에게 엄격하게 항의했다. 잠시 분위기가 심각해졌다.

그때 한 여인이 다가와 나에게 인사를 했다. 그 호텔의 주인이었다. 어디서 들었는지 "조선에서 오신 배우라고 들었습니다. 노래 한 곡 부탁합시다."라고 요청했다. 반주가 있느냐고 묻자 식당주인이 텔레비전을 가리키며 반주기가 있으니 걱정 말라고 했다. 노래 반주기에 맞추어 '반갑습니다'를 불렀다. 식당 손님들이 식사를 하다말고 사진을 찍고 일어나 춤을 추며 난리들이었다. 노래가 끝나기가 무섭게 사람들이 달려나와 꽃다발을 안겨 주었다. 생화가 얼마나 많길래 꽃다발을 주는지 의아스러웠다. 모택동 주석이 그려져 있는 중국 인민폐 100위안을 쥐여 주는 사람도 있었다. 모든 게 놀라웠다. 여기저기서 "앵콜 앵콜"할 때 내가 "앵콜이라는 노래는 모릅네다."라고 말해 사방에서 웃음이 터졌다. 앵콜이 재청이라는 걸 알고 '휘파람'을 부르자 모두들 몸을 흔들며 함성을 질렀다. 나도 모르게 몸이 흔들렸는데 걱정이 앞섰다. 조국에서는 노래를 부르면서 몸을 흔들면 '수정주의 날나리풍, 미치광이들의 정신 광란증'이라고 했다. 걱정스러워 함께 출장 온 지도원 동지를 쳐다보니 그도 신이 나서 춤을 추고 있었다. 그제야 안도의 숨을 쉬고 계속 재청을 받아들일 수 있었다. 노래가 끝날 때마다 환호하는 사람들과 꽃다발을 안겨주며 돈을 주는 사람들이 줄을 이었다. 식당 창문 쪽 테이블에 몸도 좋고 잘생긴 사람들 일곱 명이 앉아서 사진도 찍고 자기들끼리 이야기를 나누고 있었다. 다섯 번째 노래 '심장에 남는 사람'이 끝났을 때 그들 중에 한 사람이 나가와서 꽃나발과 함께 지금까지 받은 논과는 색깔부터 다른 새파란 돈을 쥐어주며 말했다.

"노래 부르느라 힘드실 텐데 잠시 음료수라도 마시면서 목을 축이세요! 이 돈은 대한민국 돈이고 돈에 그려진 사람은 바로 한글을 지은 세종대왕이에요."라고 말하며 자신들의 자리로 나를 데려갔다.

"대한민국은 어느 나랍네까?"

그 사람들이 친절하게 한국이라고 할 때도 못 알아들었다가 남조선이라고 할 때서야 비로소 미국놈들 때문에 둘로 갈려진 남녘이라는 걸 알았다. 그 사람들은 이제는 남조선이라고 하지 않고 대한민국이라는 것과 한글을 지은 세종대왕과 대한민국의 발전상에 대해 이야기해주었다.

인민학교 시절에 이순신 장군, 을지문덕 장군 같은 우리 조선의 위대한 영웅들이나 위인들의 업적을 역사책을 통하여 배운 적이 있었다. 그러다 어느 날 갑자기 학교에서 불온서적이라며 모두 사라졌다. 새로 나온 역사책을 통하여 철천지 원수인 강도 일본 놈들한테서 빼앗긴 우리 조선을 다시 찾아주신 위대한 영웅은 오직 김일성 장군님 한 분밖에 없다고 배우기 시작했다. 당연히 조선글 조선말을 지으신 분도, 강도 일본 놈들한테서 빼앗긴 우리말과 글을 다시 찾아오신 분도 어버이 김일성 장군님이라고 알고 있었던 것이다. 그런데 세종대왕이라니 이해가 되지 않았다. 그 사람들이 혹시 하나님을 아느냐고 물었다.

"예, 위대한 수령님께서 돌아가셔서 하늘에 올라가 계시니까 우리 수령님이 하느님이십네다."

그들은 어처구니없다는 듯이 웃음을 터트렸다. 그리고는 하나님과 예수님을 설명하기 시작했다. 처음 듣는 이름과 이야기들이라 어안이 벙벙했다. 그분들을 통해서 나는 천지 우주 만물을 창조하신 분이 하나님이시라는 것을 난생처음으로 알게 되었다. 관광객들은 웃으면서 강조했다.

"오늘 팁으로 받은 돈 10분의 1을 십일조로 하나님께 바쳐보십시오. 그러면 부풀려서 축복을 해주실 겁니다."

대한민국에서 왔다는 관광객들은 팁이라는 개념조차도 모르는 나에게 자본주의 사회에서는 일을 하면 노력의 대가를 즉시즉시 지급해 준다고 했다. 팁이라는 것도 수고한 노력의 대가라고 친절하게 설명해 주면서 또 호텔 방에 가서 뜯어보라며 예쁘게 포장된 묵직한 선물까지 주는 것이었다.

숙소로 돌아와 손님들로부터 받은 돈을 세어보니 중국 돈 2,700위안이었다. 2000년 당시, 호텔 식당에서 일하는 접대원들의 한 달 월급이 인민폐 500위안이었다. 노래 몇 곡을 부르고 다섯 달 월급하고도 200위안이나 더 받은 셈이다. 십일조가 뭔지는 몰랐지만 부탁하는 대로 부풀려서 주신다는 말에 귀가 솔깃해졌다. 그리고 하나님이 어떻게 생긴 분인지 호기심이 났고 그 하나님을 만나서 두 배로 부풀려 달라고 부탁하고 싶어 300위안을 따로 떼어 놓았다. 갑작스레 벌어지고 있는 일들로 정신이 없었지만 낯선 땅에서 벌어지고 있는 일들이 신기하고 흥미롭기까지 하였다.

더군다나 지금 조국은 돈만 있으면 모든 것이 가능했기에 노래를 불러서 돈을 받은 것부터 가슴이 격동되었다. 게다가 하나님이라는 분이 그 돈을 배나 부풀려서 주신다기에 어떻게든지 그분을 만나고 싶었다.

❖ 선물받은 성경책

선물로 받은 예쁜 포장지를 뜯으니 '라이프 성경'이라고 쓴 책이 나왔다. 돈 가방이라고 생각해 잔뜩 기대하며 지퍼를 열었다. 번쩍번쩍 황금색을 칠해 놓은 옆면이 보이자 기쁨과 감격에 설레는 마음을 겨우 진정했다. 출장 전 1개월 교육을 받을 때 중국 연변에 가면 남조선 안기부가 쫙 깔렸고 안기부에 매수되면 조국의 기밀을 빼먹은 뒤 사정없이 죽여 버리고, 필요하면 보쌈도 해가니 절대로 접촉을 하지 말라고 했는데 나는 돈 많은 사업가들을 만났으니 정말 행복했다. 하지만 지퍼를 다 열어젖혔을 때 돈이 아니라 책이어서 실망이 컸다. 하지만 궁금증이 발동해 들춰보니 '주기도문'과 '사도신경'이라고 쓰여 있었다. 난생처음 보는 생소한 글이어서 몇 번씩 되풀이해서 읽어보았다.

'하늘에 계신 우리 아버지여 이름이 거룩히 여김을 받으시오며 나라에 임하옵시며…'

'전능하사 천지를 만드신 하나님 아버지를 내가 믿사오며 그 외아들 예수그리스도를 믿사오니…'

그순간 '남조선 인민들은 어버이 수령님을 민족의 태양으로 우러러 모신다고 하더니 수령님이 돌아가셔서 하늘에 올라가 계시니 정말 수령님을 흠모하여 이런 책까지 만들었구나!' 하는 생각에 눈시울이 뜨거워졌다. 한 장 한 장 정중히 책장을 넘기기 시작했다. 창세기, 출애굽기, 레위기, 신명기…. 도대체 무슨 말인지 알 수가 없었다. 책장을 스르륵 스르륵 넘기다 보니 악보와 가사가 보였다. 그 말들도 역시 전혀 접해보지 못했던 단어와 문장들뿐이었다. 답답해서 책을 덮으려고 하다가 마지막 표지 안쪽 면을 우연히 보게 되었다. 거기에는 '십계명'이라고 적혀 있었다.

제일은, 너는 나 외에는 다른 신들을 네게 있게 말지니라.

제이는, 너를 위하여 새긴 우상을 만들지 말고, 또 위로 하늘에 있는 것이나, 아래로 땅에 있는 것이나, 땅 아래 물속에 있는 것의 아무 형상이든지 만들지 말며, 그것들에 절하지 말며, 그것들을 섬기지 말라.

열까지 읽어 내려가다 보니 북조선의 10대 원칙이 떠올랐다.

첫째, 위대한 수령 김일성 동지의 혁명사상으로 온 사회를 일색화

하기 위하여 몸 바쳐 투쟁하여야 한다.

둘째, 위대한 수령 김일성 동지를 충성으로 높이 우러러 모셔야 한다.

셋째, 위대한수령 김일성동지의 권위를 절대화하여야 한다.

10대 원칙을 외워 내려가던 나는 놀라움을 금치 못했다. 위대한 수령 김일성 동지의 이름을 하나님으로 바꿔 놓은 것이었다. 그제야 남조선 사업가들이 안기부라는 생각이 들어 머리끝까지 화가 났다. 북조선에는 '김일성 주체사상'이나 '김일성전집' 같은 서적은 까만 비닐 책으로 되어 있었다.

'남조선 사람들은 틀림없이 우리 북조선의 주체사상을 가지고 김일성 수령님 이름을 신으로 표현해서 이렇게 나쁜 책을 만들어 우리한테 나쁜 사상을 퍼트리는구나.'

여기까지 생각하고 나니 '교육을 받을 때 남조선 안기부를 조심하라고 했는데 어쩌다 내가 이런 사람들의 검은 마수에 걸려 들었을까' 싶으면서 소름이 끼쳤다. 속상하고 화가 나서 책을 한쪽에 밀쳐 버렸다.

그래도 하나님께 십일조를 바치면 두 배로 부풀려서 주신다고 한 말에는 가슴이 설레었다. 이대로는 도저히 잠이 오지 않을 것 같아 텔레비전으로 시선을 돌렸다. 텔레비전에서는 남조선의 KBS 연속극 〈사랑이 뭐길래〉라는 연속극이 나오고 있었다. 제목부터 신기했다. 북조선에서는 상상도 할 수 없는 제목이었다. 화면 속에 나오는 집안 살림들을 보고 입을 다물 수가 없었다. 번쩍거리는 장롱, 장식장, 책장, 천연색 텔레비전 수상기, 냉장고, 녹음기, 선풍기, 비디오, 발전기, 집 안에서 2층으로 올라가는 계단… 식구들마다 하나씩 갖고 있는 방, 연속극에 나오는 모든 사람들이 입고 있는 잠옷과 멋진 외출복, 북조선 인민들이 지금까지 알고 있던 것과는 전혀 딴 세상이었다. 남조선 사람들은 지금 헐벗고 굶주려 죽어가고 미국 놈들의 군화발밑에서 신음하고 있는 줄 알았는데 연속극에 나오는 남조선 인민들의 모습은 북조선의 고위 간부들의 생활 수준을 훨씬 능가하고 있었다. 충격은 이루 말할 수가 없었다.

연속극 속의 대사 그 자체도 놀라움이었다. 살아가는 모습을 꾸밈없이 그대로 표현하는 것도 신기하기만 한데 속옷 바람의 여배우가 남편과 말다툼을 벌이더니 귀쌈을 여지없이 박는 것이 아닌가?

'남조선은 썩고 병들어 사람이 살 수 없는 나라라고 하더니 정말이구나! 남조선 여자들이 드세다더니 여자들에게 꼼짝도 못하고 쥐여 사는구나!'

남조선 남자들이 불쌍하고 측은해 보였다. 하늘 같은 남편에게 절대복종하고 순종하며 사는 북조선 여자인 나로서는 텔레비전 연속극을 통해 처음으로 대해본 남조선 사람들의 생활 양식과 문화가 그저 신기하고 놀랍기만 했다.

해와 별이 빛나는 조국, 세상에서 가장 살기 좋은 북조선을 떠나 중국 땅에서의 첫날 밤은 그렇게 깊어가고 있었다. 침대에 눕자 관광객들이 십일조를 하나님께 바치면 배로 부풀려 준다는 말이 떠올라 잠이 오지 않았다. 나에게 하나님을 알려주고 그분께 십일조를 하라고 얘기해준 그 관광객들은 다름 아닌 복음을 전파하기 위해 대한민국에서 중국으로 선교하러 오신 선교사님들과 목사님들이었다.

'오직 성령이 너희에게 임하시면 너희가 권능을 받고 예루살렘과 온

유대와 사마리아와 땅 끝까지 이르러 내 증인이 되리라'(사도행전 1:8)

*십일조로 만난 하나님

어수선하기만 했던 밤을 그렇게 보내고 중국에서의 첫 아침이 밝았다. 아침 식사를 마치고 '11조'라고 쓴 봉투를 들고 안내원 선생님을 졸라 십자가가 서 있는 집으로 데려다 달라고 부탁했다. 그때까지 교회나 예배당이라는 말조차 알지 못했다. 안내원의 차를 타고 십자가가 세워진 커다란 집으로 가서 출입문을 두들겼다. 한참을 두드린 뒤에야 아바이 한 분이 나와 오늘 예배하는 날이 아니라고 했다. 퉁명스러운 중국의 조선족 억양이었다.

"아바이! 아바이! 빨리 문 좀 열어 주십시오. 11조 바치러 왔습네다."

나의 고함치는 소리에 아바이는 교회당 문을 열어 주며 북조선에서 온 것 같은데 북조선에서도 십일조를 하느냐고 물었다. 고개를 기우뚱거리며 문을 열어주었다. 커다란 건물 안은 전깃불을 밝히지 않아 어두워서 잘 보이지 않았다.

"아바이! 하나님 어디에 계십네까? 빨리 불을 좀 켜 주십시오."

아바이가 긴 의자들 뒤에 있는 나무함을 가리키며 구멍이 있는 곳에 넣고 그냥 가라고 했다.

"아닙네다! 하나님 만나서 인사하고 직접 바치고 가야합네다. 빨리 하나님이 계시는 곳으로 안내해 주십시오!"

어이없다는 듯 한바탕 웃더니 아바이는 그냥 그 구멍에 넣고 가면 된다고 말했다.

"그럼 하나님이 이 안에 계십네까?"

"이 안에 넣어도 하나님이 받으심다."

더 이상 시간을 지체할 수가 없었던지라 어저께 그 사람들이 내게 가르쳐 준 말대로 하기로 하였다.

"하나님, 어디에 계십네까? 저는 하나님 만나서 인사도 드리지 못하고 이 통에 넣고 가니 빨리 이 돈을 가져가시고 꼭 한 배만 부풀려 주십시오. 꼭 부탁 드립네다. 예수님의 이름으로 기도를 드립네다."

걱정이 되어 발걸음을 돌릴 수 없던 나는 다시 나무함 앞으로 가서 아바이가 듣지 못하게 작은 소리로 속삭이며 한 번 더 부탁을 드렸다.

'하나님! 저 아바이가 돈을 꺼내 가기 전에 하나님께서 먼저 이 돈을 가져가십시오. 그리고 꼭 한 배만 좀 부풀려 주십시오. 불쌍한 저 북녘 땅의 동포들을 위해 부탁을 드립네다'

이렇게 다시 부탁하고 떨어지지 않는 발걸음으로 뒤돌아보고 또 돌아보고 세 번이나 뒤돌아보고서야 겨우 교회당 문을 나섰다.

낮에는 시내 대우호텔에서 안내원을 통하여 평양에 투자할 수 있는 돈 많은 자본가분들을 만나 투자 설명을 해드렸다. 예닐곱 분이나 되는 기업가 회장님들이 투자하겠다고 하여 평양 초청에 필요한 서류들을 나누어 드렸다. 그날 당으로부터 받은 임무인 평양 투자유치 면담을 성공적으로 마치고 저녁식사 시간이 되자 오늘은 어제보다 더 좋은 식당에서 식사를 대접하겠다고 했다.

"어제 그 호텔 식당이 좋습네다. 그리고 음식도 제 입에 꼭 맞습네다."

오늘도 그 식당에 가면 노래를 해서 돈을 벌고 싶은 마음에 그렇게 말한 것이다. 내가 호텔에 들어서자 호텔식당 주인이 어제 매상이 세 배나 올랐다며 오늘도 노래를 불러달라고 했다. 주문하지도 않은 음식들을 내오면서 식사를 빨리하라고 했다. 마이크를 잡고 자그마한 식당무대에 섰다. 이제는 호텔 안에 있던 다른 식당의 손님들조차 북조선에서 온 배우의 노래를 듣겠다고 몰려들었다. '여성은 꽃이라네' '도시처녀 시집와요' '심장에 남는 사람' 등 조국에서 유행한 노래들을 불렀다. 어제보다 더 많은 열광 속에서 꽃다발과 돈을 받았다.

숙소로 돌아와 팁으로 받은 돈을 세어보니 4,800위안이있다. 첫 날보다 거의 배에 달하는 큰돈이었다. 남조선 관광객들의 말대로 11조를 바치면서 기도하면 달라고 하는 대로 배로 부풀려주신다는 말이 딱 맞았다. 너무 신기했다. 그런데 '왜 하나님은 안 나타나실까?' 물어보고 싶었지만 너무 무식하다 할까 봐 물을 수도 없었다. 이날도 십 분의 일을 세어 500위안을 봉투에 넣고 '하나님께 드리는 11조' 라고 정중하게 썼다.

다음 날 아침, 봉투에 넣은 500위안을 11조로 바치기 위해 십자가 있는 집으로 달려갔다. 경비 아바이가 또 왔느냐며 반기더니 따라와서는 봉투를 들여다보며 11조가 숫자가 아니라 조선 글 '십일조'라고 말해주었다. 나는 대수롭지 않게 머리를 끄덕이고는 정중히 서서 "하나님, 고맙습네다. 어제는 기도한대로 한 배로 부풀려 주셔서 감사합네다. 내일이면 3일 출장을 끝내고 고향으로 돌아가야 합니다. 어제는 미타해서 한 배만 부풀려 달라고 했습네다. 오늘은 500위안을 드리니 열 배 아니 백 배, 천 배로 부풀려서 주십시오. 꼭 부탁드립네다."라고 말했다.

출장업무로 어제 만났던 평양 투자 사업가들을 만나서 함께 중국 시내 관광도 하고 시장도 돌아보았다. 형형색색의 옷가지들과 옷감들, 가게 천정까지 쌓아 올린 생활필수품들, 그리고 산더미처럼 쌓아 놓은 갖가지 식량들을 구경했다. 음식매대 판매원들이 "사지 않아도 좋으니 먹어보세요! 사지 않아도 좋으니 입어보세요!"라며 여기저기에서 권하는 것이 니무도 신기했다.

평양이 세상에서 제일 잘 살고 아름다운 곳이라고 생각했다. 그런데 중국 땅은 상상도 하지 못했던 천국의 모습이었다. 북조선은 굶주림에 죽어가는 사람들의 시신이 땅바닥에 지저분하게 널려져 있었고 먹을 것을 구하려고 떠도는 사람들의 무리가 거리와 마을을 뒤덮었다. 너무나도 판이한 현실을 놓고 만감이 교차했다.

그날 사업가들에게서 북조선으로 가져갈 선물과 지원물자를 한 트럭이나 지원받았다. 쌀, 옥수수, 밀가루, 의료품, 중고 천연색 텔레비전, 흑색 텔레비전, 녹음기, 비디오, 중고 옷들을 비롯한 여러 가지 지원물자들을 가득 실은 트럭을 호텔 앞에 세워 놓았다. 그리고 전날과 마찬가지로 또 다른 곳에서의 저녁식사 대접을 마다하고 노래 불렀던 호텔 식당으로 갔다. 호텔문을 열고 들어서는 순간, 로비까지 꽉 차있는 사람들을 보고 놀라지 않을 수 없었다. 그 중 한 사람이 "저기 온다"하고 소리를 쳤다. 영문도 모르고 식당으로 들어가는데 이미 발을 들여놓을 자리가 없을 만큼 인산인해를 이루고 있었다. 식당 사장이 두 시간이나 기다렸다며 식사하기 전에 우선 노래부터 시작하자고 했다. 보조의자까지 갖다놓고 그것도 모자라 식당 문 앞까지 서 있었다.

"여러분! 반갑습니다. 통일은 되지 않았지만 우리는 이렇게 만났습네다. 이렇게 만나게 되어 정말 반갑습네다. 그럼 반갑습니다 로 저의 공연을 시작하겠습네다."

반갑습니다를 부르자 사람들은 열광했고 노래가 끝나자 꽃다발과 함께 팁이 쏟아져 나왔다. 재청으로 '휘파람, 여성은 꽃이라네, 심장에 남는 사람, 도시처녀 시집와요'를 열창했다. 노래 한 곡 한 곡이 끝날 때마다 팁과 꽃다발은 셀 수 없이 식당의 작은 무대 아래에 쌓여갔다. 누군가 한국 노래를 요청했다.

"선생님, 선생님의 그 꾀꼬리 같은 목소리로 대한민국 노래 한번 들어보고 싶어요. 한 곡만 꼭 불러 주세요!"

북조선에 있을 때 김일성 주석의 1호 연회장에서 남조선 노래 테이프를 틀어놓고 가끔씩 들었던 것이 생각났다. 식당사장 동지께 감사의 보답을 해 드리고 싶었다. 북조선에서 가끔 녹음기로 들어본 적이 있는 '단골손님'을 부르겠다고 했다.

"여러분들이 이 식당의 단골손님이 되어 주시길 바라는 마음에서 남조선의 조미미 동무가 부른 단골손님을 불러 드리겠습네다."

박수가 요란하게 터져 나왔다. 1절이 끝나고 간주가 흐르자 "휘~익 휙~" 여기저기 테이블에서 휘파람 소리와 환호하는 함성소리가 식당이 떠나갈 듯이 터져 나왔다. 남한 노래를 부르자 더 큰 폭소와 난리가 일어났던 것이다. 모두가 자리에서 일어나 돈과 꽃다발을 들고 무대로 뛰어나오느라 아우성이었다.

"북한 사람 목소리로 남한 노래를 들을 수 있다니 신기하군요. 꼭 통일이 된 것 같아요."

감격하여 기뻐하는 모습을 보니 콧등이 찡해 왔다. 한 손님은 눈물을 흘리며 자신의 손목시계를 내 손에 채워주며 "이 시계는 말발굽에 채워서 천 리를 달리게 하였는데 1초도 틀리지 않은 롤렉스 금시계예요. 기념으로 드립니다."라고 했다. 그들의 한결같은 모습에 나도 눈물 흘리며 노래를 하자 식당사장 동지가 비닐 주머니를 들고 나와 높이 쳐들고는 100위안 다섯 장을 비닐 주머니에 넣으면서 소리쳤다.

"자. 여러분! 이제부터 돈을 여기다 넣으시오."

또 다른 사람들은 목걸이를 목에서 빼내어 내 목에 걸어 주었고, 또 어떤 사람은 손가락 반지를 빼서 내 손가락에 끼워주었다. 많은 사람들이 노래가 끝날 때마다 목걸이와 반지와 시계, 꽃다발, 팁을 아낌없이 주었다. 환호와 감동 속에 노래를 부르다 보니 시간이 한 시간 반이나 지난 것을 알지도 못했다. 안내원의 그만 하자는 사인을 받고서야 헤어지기 싫어하는 손님들에게 작별 인사를 나누었다.

"여러분! 우리는 이렇게 꿈같이 만났다 헤어지지만 통일된 삼천리 금수강산에서 꼭 다시 만납시다."

마지막 곡으로 '다시 만나요'를 불렀다. 사람들은 손에 손을 잡고 눈물을 흘렸다. 노래가 끝나고 기념 촬영을 하며 아쉬워하는 관객들과 헤어져 호텔방으로 돌아왔다.

❖ 롤렉스 금시계

비닐 주머니를 침대에 쏟아 놓고 안내해 주는 분들과 선별에 들어갔다. 손목시계가 3개, 목걸이 3개, 반지 4개, 3만 6천 위안, 옆에서 지켜보던 안내원 선생님과 함께 중국출장 들어왔던 남지도원 동지, 그리고 여러 사람들이 이야기했다.

"선생님은 돈덩어림다. 이 돈이면 여기서 방 세 칸짜리 아파트를 두채나 살 수 있는 큰 돈임다. 아예 북조선에 들어가지 말고 여기서 노래를 불러 돈을 벌어서 이 호텔을 인수해 버리시지요!"

사람들이 자본주의 바람을 자꾸 불어넣는 것이었다. 당황스런 나는 그런 가운데서도 남지도원 동지가 마음에 걸렸다. 혹시 출장 기간 동안에 있었던 이 모든 일들, 특히 남조선 사람들을 만난 일과 십자가 집에 간 사실들을 당에 보고하지나 않을까 불안스러웠다.

"안됩네다. 다시 출장 오는 한이 있더라도 꼭 조국으로 돌아가야 합네다."

아침에 십자가 집으로 갔을 때 열 배, 백 배, 전배로 부풀려 달라고 했던 그 부탁을 다 들어 주신 그분은 정녕 어떻게 생긴 분이실까? 한 번 만나보고 북조선으로 돌아가면 좋겠다는 생각이 불같이 났다.

그날 밤도 여전히 3만 6,000위안의 십분지 일을 하나님께 바치려고 3,600위안을 봉투에 넣고 원주필(볼펜)으로

'하나님께 드리는 11조' 하고 쓰자 주변 사람들이 막아섰다.

"선생님, 내일이면 북조선으로 돌아가는데 또 11조를 바침까? 내일은 노래도 못 부르고 3,600위안이면 큰돈인데 그 돈을 북조선으로 가지고 가야지 무슨 또 11조를 바친다고 정신 나간 소리를 함까?"

너도나도 그 돈을 바치지 말라며 나의 앞을 막아섰다. 그들이 돌아간 후 내 마음이 뜨거움으로 가득 차 있었다. 하지만 꼭 바쳐야 한다는 생각과 '십일조를 바쳐야 한다' 는 말소리가 귀에 들려오면서 가

슴이 불타올라 온 밤을 지새우고 말았다.

3일간의 중국 출장을 성공리에 마치고 고향으로 가져갈 옷가지며 생필품 먹을 것들을 커다란 트럭에 가득 싣고 사랑하는 딸과 가족들이 기다리고 있는 고향 땅으로 향했다. 트럭의 엔진 소리도 힘이 넘치게 조국을 향해 출발했다. 하지만 십자가가 눈에 안겨 오면서 '십일조를 바쳐라' 하는 말소리가 귀에 계속 들려와 십일조를 바치지 않고는 도저히 그냥 떠날 수가 없어 나도 모르게 안내원 선생님께 소리쳤다.

"선생님! 차 좀 세우십시오. 잠깐만 갔다 오겠습네다."

그리고는 쏜살같이 교회당으로 뛰어 올라갔다. 이틀 동안 11조를 바쳤던 나무함 앞에 가서 기도부탁을 하기 시작했다.

"지금까지 저의 부탁을 들어주신 하나님 고맙습네다. 이제는 고향으로 돌아갑니다. 이 돈을 저 불쌍한 고향 사람들에게 가져가서 나누어주면 몇 달을 살아갈 수 있는 큰돈입니다. 하지만 하나님께서 부풀려 주신 돈이기에 하나님의 것은 바치고 가려고 하오니 이 돈을 받으시고 북조선에 가서도 많이 부풀려서 받을 수 있는 기회를 주십시오. 그리고 다음에는 3일 출장이 아니라 3개월 출장을 올 수 있도록 해주십시오. 그래서 굶어 죽어가는 저 불쌍한 인민들을 살리게 도와주십시오 꼭 부탁드립네다."

얼굴은 온통 눈물범벅이 되어 버렸다. 3,600위안이 든 돈 봉투를 나무함 구멍에다 넣는 순간 '털썩!' 하는 소리가 났다. 그 순간 내 심장이 내려앉는 것만 같아 뒤돌아보고 또 돌아보았다. 교회당을 나오며 경비 아바이에게 하나님께서 십일조를 가져가실 때까지 잘 지켜달라고 부탁하고 또 부탁했다. 훗날 성경을 읽다가 십일조로 나를 시험해 보라고 하신 말라기 3장 10절 말씀을 보면서 놀라지 않을 수 없었다.

'만군의 여호와가 이르노라 너희의 온전한 십일조를 창고에 들여 나의 집에 양식이 있게 하고 그것으로 나를 시험하여 내가 하늘 문을 열고 너희에게 복을 쌓을 곳이 없도록 붓지 아니하나 보라!' (말라기 3:10)

한국에 온 지 얼마 되지 않아 처음으로 어느 교회에 가서 간증을 하게 되었다. 교회에서는 생각지도 못한 많은 금액을 사례해 주셨다. 그 교회에 십일조를 바치고 오려고 봉투를 받아 지금까지 해온 것처럼 '하나님, 감사합니다. 11조를 바칩니다.' 라고 쓴 십일조 봉투를 뒤에 서 계신 전도사님께 드렸다. 십일조 봉투를 받아든 전도사님은 큰 소리로 웃음을 터드렸다. 어전도사님께서 '십일조' 라고 다시 고쳐서 써주면서 자상하게 설명해 주시는 것을 듣고서야 비로소 알았다. 숫자 11이 아니라 하나님께서 주신 것의 십 분의 일이라는 사실을. 그때를 생각하면 지금도 얼굴이 화끈거린다. 마치 어린아이 같이 미숙한 우리들이었지만 그 순수한 마음을 예쁘게 보시고 한 걸음, 한 걸음 하나님 앞으로 더 가까이 나아갈 수 있도록 인도해 주셨다.

'예수께서 그 어린 아이들을 불러 가까이 하시고 이르시되 어린 아이들이 내게 오는 것을 용납하고 금하지 말라 하나님의 나라가 이런 자의 것이니라.' (누가복음 18:16)

✿ 뜻 밖의 체포령

트럭에 지원물자를 가득 싣고 두만강 세관을 향해서 떠났다. 한참 만에야 조국 땅이 바라다보이는 중국 세관에 도착하였다. 세관검사를 마치고 막 조국을 향해 떠나려는데 세관 종업원이 급한 표정으로 다가와서 귓속말로 전해주었다.

"지금 북한쪽 세관에 보위부 체포조가 대기하고 선생님을 기다리고 있슴다. 자세한 이유는 모르겠으나 이런 일이 가끔 일어 남다. 위험하니 지금 즉시 피하십시오!"

체포되면 어떻게 된다는 것을 잘 알고 있기에 눈앞이 캄캄하고 다리가 떨려 서 있기조차 힘들었다. 나중에 안 사실이지만 승용차 밀수대금을 받아오는 임무를 받은 줄로만 알았던 그 남자 지도원이 나의 일거수일투족을 당에 보고했던 것이었다. 가까스로 마음을 진정시킨 나는 겉으로는 아무렇지 않은 것처럼 일부러 담담한 표정을 지었다. 그런데 머릿속에서 '빨리 화장실로 가라.' 하는 말소리가 두 번 반복해서 들려왔다. 어디서 들려오는 소리인지도 모른 채 정신을 가다듬고 화장실에 다녀오겠다고 말했다. 화장실로 가서 변기에 털썩 주저앉자, 식당에서 처음 만나 성경책을 주던 사람들의 얼굴이 떠올랐다.

"선생님, 이번 출장길에 위급한 상황이 생기면 하나님께 기도하세요."

잠시 머뭇거리다 우선 기도부터 하였다.

"하나님, 도와주십시오. 지금 조국에서 보위부 체포조가 저를 체포하려고 기다리고 있답네다. 어떻하면 좋습네까? 가야 됩네까. 가지 말아야 합네까. 빨리 좀 알려 주십시오. 부탁드립네다."

너무도 간절하고 애절한 부탁의 기도가 터져 나온 순간, '쉬이이익, 쉬이이익' 화장실 물 내리는 소리처럼 들려왔다.

"들어가서는 안 된다. 빨리 택시를 타고 여기를 빠져나가 연길로 다시 가라."

너무나도 또렷이 들려오는 말소리, 옆 칸 화장실에서 누군가가 말을 하는 것으로 알고 화장실을 온통 둘러보고 귀 기울여도 그곳에는 아무도 없었다. 정신을 차리고 허둥지둥 달려가서 택시에 올라 빨리 가자고 재촉했다. 운전사가 중국말로 뭐라고 하는데 알아들을 수 없었다. 이때 내 귀에 "옌지"라는 소리가 들렸다. 그 말에 그대로 씩씩하게 "옌지!"(연길)라고 말했다. 차가 떠났지만 무서워 뒤를 돌아볼 수가 없었다. 그러나 한참 망설이다가 뒤를 돌아보니 아식노 그들이 화장실 쪽만 바라보고 있는 것이 아닌가? 아니 그럼 내가 화장실을 니외 택시를 탔는데 나를 보지 못했단 말인기? 믿어지지 않았디. 안도의 숨을 몰아쉬고 한참을 달리다가 다시 뒤를 돌아보니 나를 기다리느라 안절부절못하는 조국에서 함께 온 남지도원의 초조한 모습이 멀어져가는 차창 뒤로 선명하게 보였다. 나는 그들이 쫓아올 것만 같은 두려움에 알아듣든 못 알아듣든 운전사 아저씨에게 소리쳤다.

"아저씨! 뒤에서 누가 쫓아 와도 차를 세우지 말고 그냥 속도로 달리세요!"

다급한 나는 손짓 몸짓 다 해가며 급하게 소리를 질렀다. 그러나 운전사 아저씨는 알아들었는지 못 알아들었는지 반응이 없이 묵묵히 차를 몰아갔다. 급한 나머지 돈가방에서 300위안을 꺼내 들고 운전사아저씨 눈앞에 흔들며 소리쳤다.

"아저씨 이 돈 다 드릴 테니 절대 차를 세우지 마시오. 알았습네까?"

돈을 본 운전사의 얼굴은 기쁨에 넘쳐있었고 속력을 냈다. 그때서야 기도를 하기 시작했다.

"하나님! 제발 무사히 도망치게 도와주십시오. 저사람들이 오지 못하게 붙잡아 놓으십시오."

신기한 것은 아무것도 모르고 그저 들려오는 귀속 말소리대로 행동 했는데 하나님은 화장실에서 내가 나오기를 기다리고 서 있는 세 관원들과 남지도원의 눈을 가려 그들의 앞을 지나 택시를 탈 수 있게 해주셨다. 이 사실도 그때는 모르고 있다가 나중에 성경을 읽으면서 깨달았다.

'문밖의 무리로 무론 대소하고 그 눈을 어둡게 하니 그들이 문을 찾느라고 헤메었더라.' (창세기 19:11)

급한 마음에 돈 가방에서 백 위안짜리 석 장을 꺼내 들고 운전사 눈앞에 대고 흔들었다. 내가 아는 유일한 중국말인 "콰이 콰이"(빨리 빨리)만 외쳐댔다. 택시는 굉음을 내며 전속력으로 중국 시내를 향해 내달리고 또 달렸다. 이렇게 3일간의 중국 출장길에서 십일조로 만난 하나님이 보위부 체포조의 손아귀에서 안전하게 벗어나게 해주셨다.

예쁜 옷과 신발, 계란을 사가지고 올 엄마를 기다리고 있을 사랑하는 딸과 아들, 부모님의 모습이 주마등처럼 스쳐 갔다. 고향에서 먼 길 떠날 때 계란을 삶아 먹고 떠나면 달걀이 돌돌 굴러가는 것처럼 일이 잘 풀린다는 속담이 있었다. 출장 떠나는 딸에게 계란을 먹여

보내고자 어머니는 온 동네를 돌아다닌 끝에 닭을 키운다는 중국 화교의 집을 소개받았다. 한 시간 가까이 그 집 마당에 쪼그리고 앉아 계란 낳기를 기다렸는데 암탉이 '꼬꼬댁 꼬꼬꼬'만 외치고 계란을 낳지 못하자 그 집 아들이 닭 우리 안으로 기어들어가 닭의 배를 훑어서 새알만한 계란을 겨우 빼냈다. 어머니는 그 계란 한 알을 삶아 장판에 또르르 굴려주며 어서 먹으라고 재촉했다.

계란을 내 입에 막 넣으려는 순간 '엄마가 으레 한입 주려니' 하고 쳐다보는 아홉 살 난 딸 현희의 눈과 딱 마주쳤다. 그 순간 도저히 먹을 수가 없어 계란을 딸의 입에 넣어 주려 하는데 "먼 길 떠날 사람이 먼저 먹고 출장 끝나 돌아올 때 많이 사다 주면 되지 않겠소?" 그 말에 딸의 입 사싸이 가넌 계란이 도로 내 입에 들어왔다. 계란이 아니라 종이를 넘기는 것같이 힘들었다. 언제나 계란은 응당 자기 몫이라고 생각하며 지리온 딸의 눈에서 눈물이 뚤렁 떨어졌다. 딸에게 계란을 먹이지 못하고 이토록 가슴 아픈 이별이 될 줄은 상상도 하지 못했다.

얼마나 달렸을까? 저 멀리에 처음 내가 하나님께 십일조를 바쳤던 십자가가 보였다. 복잡한 시내에 들어서니 불안하던 마음이 조금은 사라졌다. 그곳으로 가면 나를 잡으러 올 수도 있다는 생각에 다른 십자가 집을 찾고서야 택시에서 내렸다. 교회당 안으로 들어간 나는 맨 앞자리에 앉아 십자가를 바라보며 목 놓아 울고 또 울었다.

"하나님! 이 일을 어쩌면 좋습네까? 3일간의 출장길이었습네다. 고향 땅으로 돌아갈 수 없는 몸이 되었습네다. 생각조차 못해본 가족들과의 생이별의 아픔을 과연 언제까지 견뎌야 합네까? 언제쯤 무사히 고향땅을 밟을 수 있겠습네까? 도와주십시오. 꼭 부탁드립네다."

보위부 체포조가 언제 중국 까지 들어와 잡아갈지도 모르는 무섭고 불안한 상황에서 이렇게 낯선 중국 땅에 홀로 남겨지게 되고 보니 어디로. 어떻게 살아 가야 할지 모든 것이 막막하기만 했다. 하나님께 지금의 처지와 심경을 털어놓으며 하염없이 쏟아져 내리는 눈물을 흘리며 한참을 기도하고 또 기도 하였다. 그때는 기도라는 것이 무엇인지 어떻게 하는지도 모르고 통곡과 간절한 부탁이었다 .

한참 울고불고하는데 갑자기 마음 한구석에서부터 훈훈해지기 시작했다. 당시에는 그것이 하나님의 응답의 메시지인 것을 알시 못했다. 국경 세관 화장실에서 들렸던 그 소리, 바람이 부는 것 같은 쉬이이익 하는 소리가 몇 번 들리다가 귀속 말소리가 들려왔다.

'사랑하는 내 딸아 두려워 말라! 내가 너를 지켜 주리라. 중국 조선족 신분을 가져야 한다. 그리고 성형수술을 하여라.'

너무 놀라서 눈물범벅이 된 얼굴을 쳐들고 사방을 휘둘러 보았다. 어디서 나는 소린지, 누가 하는 소린지 한참을 살펴보아도 사람은 전혀 보이지 않았고 교회당 정면에 십자가만이 서 있는 것이었다.

그 후 내가 만났던 조선족 무역 대방들을 통해 조선족 호구(주민등록증)를 사게 되었고 성형병원을 찾아가 상담을 하였다. 성형병원 의사선생님이 호구의 사진을 보고 내 얼굴을 쳐다보며 이해가 안 된다는 듯이 한마디 했다.

"다른 사람들은 모두 더 예뻐지기 위해 성형을 하는데 이 사진 속에 사람처럼 만들면 미워질 텐데 성형은 이뻐지자고 하는데?"

"아닙네다. 사람들이 내 얼굴만 알아보지 못하면 됩네다."

즉시 수술에 들어갔다. 여섯 시간여의 수술이 끝나고 입원실에 와서 거울을 보았다. 광대뼈가 튀어나오고 눈이 쭉 찢어져 올라가 사납고 무섭게 변해버린 완전히 딴 사람의 얼굴이 거울에 비쳐졌다. 너무 놀라 거울 속에 비쳐진 한심한 내 얼굴을 바라보며 하나님께 제발 얼굴이 밉지 않게 해달라고 화장실에 달려가 울면서 애원의 기도를 드렸다. 수술 후 5일이 지나면서 얼굴에 변화가 오기 시작하더니 본래의 내 얼굴 모습은 아니었지만 밉지 않을 정도로 바뀌어갔다. 너무 고마워 하나님께 감사의 인사를 드렸다.

하루는 시장을 지나다 평양에서 온 무역지도원과 마주쳤다. 평소에 잘 알고 가깝게 지냈던 남편의 친구였다. 나는 너무도 반가워 "지도원 동지!"라고 소리쳤다. 그는 나를 바라보다가 다시 주변을 휘둘러 이 사람 저 사람 살펴보더니 그냥 지나가는 것이었다. 못내 서운해하다가 그제야 내 얼굴을 다른 사람이 알아볼 수 없다는 사실을 확인하게 되었다. 하나님께서 하염없는 눈물로 애곡하는 나의 기도부탁을 들어주신 것이다. 3,600위안의 십일조를 바치면서 돈을 더 많이 부풀려 달라고 한 기도, 그 어떤 큰돈으로도 바꿀 수 없는 생명을 지켜 주셨던 것이다. 삶과 죽음의 사선을 넘나드는 고통 속에서 이것이 시련의 시작이었음을, 시련과 역경으로 위장된 고통의 포장 속에 창조주 하나님 아버지의 그 오묘하신 계획과 섭리가 계시다는 사실을 나는 아직 까맣게 모르고 있었다.

'야곱아 너를 창조하신 여호와께서 이제 말씀하시느니라. 이스라엘아 너를 조성하신 자가 이제 말씀하시느니라. 너는 두려워 말라 내가 너를 구속하였고 내가 너를 지명하여 불렀나니 너는 내 것이라.'
(이사야 43:1)

✿ 지원 물자를 보내다

거리에서나 식당에서 내 딸 또래 아이들이 엄마 아빠와 손
잡고 행복에 넘친 모습을 볼 때마다 내 가슴은 딸에 대한 그리움과
약속을 지키지 못한 죄책감으로 보낼 수 없는 편지를 매일 밤 쓰고
또 쓰곤 했다. 중국 사람들은 먹기 싫어 버리는 계란을 어떤 나라는
없어서 어린 자식에게조차 못 먹인 아픔과 생이별의 고통은 하루하
루 시간이 흐를수록 더해만 갔다. 시간만 되면 십자가가 서 있는 교
회당으로 찾아가서 하나님께 간절히 두 손을 모아 기도했다.

'하나님! 딸과의 약속을 지키지 못한 아픔이 너무 크네다. 언제까
지 이렇게 헤어져 지내야만 합네까? 아버지 하나님! 언제 조국 땅으
로 돌아갈 수 있습네까? 언제까지 이렇게 숨 막히게 살아야 합네까?'

몇 시간이나 기도를 드리고 또 드렸다.

"사랑하는 내 딸아! 두려워 말라 내가 너와 함께 함이니라, 내가
너를 지켜주리라."

속삭이듯이 들려오는 그 목소리 위로의 말씀을 받고 한없는 기쁨
과 설레 임으로 교회당을 나왔다.

'돈을 벌어서 십일조를 바치자. 그러면 하나님은 항상 부풀려주신
다. 그러면 고향에도 돈을 보내고 두만강 건너에서 죽어가는 왜가리
부대 그들을 도와 옷도 보내고 살도 보내자.'

여기까지 생각이 이르자 식당을 시작할 마음을 먹었다. 중국 출장
사흘동안 노래 불러 번 돈 십일조를 드려 부풀려 주신 그 돈으로 우
선 120평 되는 건물을 얻어 식당을 시작하였다. 개업을 하자마자 넓

은 식당은 앉을 자리가 없을 정도로 손님들이 밀려왔다. 정신없이 영업에만 전념하며 돈을 벌기 시작했다.

그때부터 나의 하루 시작은 십일조의 시작이었다. 그것은 하나님이 제일 기뻐하시고. 부풀려 주시기 때문이었다. 또한, 돈만 있으면 저 죽어가는 인민들을 도울 수 있기 때문이었다. 그때 십일조는 제1의 생활준칙이었고 하루 생활의 첫 시작이었다. 매일 아침이면 어제 영업해서 돈을 많이 벌게 해주신 하나님께 감사의 기도를 드리고 교회당에 찾아가 십일조를 바쳤다. 참 감사한 마음으로 십일조를 드리면 하나님께서는 어김없이 달라고 한대로 부풀려 주셨다. 정말 이보다 더 큰 기쁨은 없었다.

그때부터 식당에 오는 단골손님들에게 십일조 선전을 하기 시작했고 북조선 친척방문을 내보내기 시작했다. 돈이 없어 북조선 친척을 돕지 못하는 사람들을 찾아서 경비로 드는 돈을 대주고 쌀, 옷, 옥수수를 비롯한 지원 물자들을 누구에게라도 상관없이 자동차들로 내보내어 아무에게나 나누어 주도록 하였다. 내 집이 아닌 죽어가는 북조선 사람들에게 보내는 것이 그 당시 유일한 나의 기쁨이었고 사명으로 가슴이 불탔다. 많은 쌀과 돈을 가지고 가는 사람과 조선세관이 제대로 전하겠냐고 걱정하는 사람들에게 "제대로 전하지 않는다 해도 불쌍한 우리 조선사람, 아무 사람이 먹고 가진다면 나는 마음이 기뻐요"라고 대답했다. 정말 그때 나는 식당일을 해서 번 돈으로 십일조를 바쳤고 부풀려주신 돈으로 조국에 지원 쌀과 물자 보내는 재미로 가족들과의 생이별의 아픔을 견디어나갔다.

사실 지금까지 내자랑 같아서 말하고 싶지 않았지만 내 곁에 있던 사람들은 다 알고 있는 일이었다. 식당영업을 하면서 조선으로 보낸 지원물자가 도문·남양세관 2트럭, 칠성·무산세관 1트럭, 훈춘·라진세관 2트럭, 삼합·령세관 1트럭, 개산툰·삼봉세관 2트럭 등이었다. 이 많은 지원물자를 나 혼자의 몸으로 보낼 수 있었던 것은 나를 통해 죽어가는 저 북녘 동포들을 구원하시려는 하나님의 사랑이었다.

딸 생각조차 잊을 만큼 분주하게 식당을 운영했고 지원 물자를 이름도 없이 조선족들을 시켜 내보내며 바삐 보내던 어느 날 새벽, 용정에 살고 있는 친척 집에 갑자기 전화하고 싶은 마음이 강하게 들었다. 떨리는 마음을 가까스로 진정하며 조심스럽게 전화번호를 눌렀다. 큰엄마는 어떻게 알고 전화했냐며 놀랐다. 아들 명수가 온 지 일주일이 지났지만 내 행처를 몰라 속을 태우다 다시 조선으로 보내려던 참이었다는 것이었다. 너무 놀라웠다. 새벽에 갑자기 큰엄마 집에 전화를 하게 하신 분은 바로 하나님이셨다. 급하게 택시를 잡아타고 부랴부랴 용정으로 갔다.

큰엄마 집에 가보니 과연 조선에 있어야 할 아들 명수가 와 있었다. 어떻게 왔냐고 물으니 "두만강을 헤엄쳐 왔습니다. 아버지 말씀이 지금 국경에서 보위부 체포조가 어머니를 체포하기 위해 기다리고 있으니 들어오시면 절대로 안 된다고 그 사실을 알리기 위해 왔습네다."라는 것이었다. 고향으로 돌아 갈 수 없다는 예상은 했지만 듣고 보니 더 절망적이었다.

개학을 앞두고 있는 아들을 빨리 조선으로 보내야 했다. 며칠 용정 시내 구경도 시키며 옷도 사 입히고 먹을 것도 사 먹이며 보내야 할 일을 생각하니 막막하기만 했다. 마침내 수소문하여 두만강을 건너 조선에 들어가 골동품을 사들여오는 사람을 소개받았다. 보낼 날을 정해 놓고 나니 명수는 어머니와 함께 있겠다며, 무서워서 못 가겠다며 발버둥치는 것이었다. 명수를 돌려보내고 싶지 않은 마음은 내가 더 컸다. 하지만 공부를 해야 훌륭한 사람이 될 수 있다는 확신으로 아픈 가슴 억제하며 혁명적으로 아들을 돌려보내기로 했다. 겨우 설득시켜 골동품 장수에게 돈을 주고 아들을 업혀서 두만강을 건너보내며 부모님과 남편, 딸 앞으로 돈과 편지를 보냈다. 국경 보위부에 잡힐 염려 때문에 짧은 편지를 몇 자 적어 돈과 함께 명수 속옷에 깊숙이 주머니를 만들어 바느질하여 감추어 넣어 주었다. 명수를 업고 두만강 물에 들어선 골동품 장수가 천천히 헤엄쳐 가는 모습을 떨리는 가슴으로 눈물을 흘리며 지켜보았다. 등에 업힌 명수의 모습이 사라질 때까지 바라보며 무사하기만을 하나님께 기도하고 또 기도했다.

이들이 두만강을 건너간 지 며칠 후 새벽에 꿈을 꾸었다. 꿈속에서 하얀 머리에 하얀 옷을 입고 기다란 지팡이를 짚은 할아버지가 나타나 귀한 사람이 기다리고 있으니 용정으로 가라고 했다. 마치 전설 속에서나 있을 법한 이상한 꿈을 꾸다가 벌떡 일어나 용정 친척 집에 전화를 했다. 그런데 북조선에 있어야 할 아들 명수가 다시 돌아와 있는 것이 아닌가! 나는 내 귀를 의심하지 않을 수가 없었다. 두만강을 건너간 명수는 할머니 집에서 아침을 먹고 기차 역전에 나갔다가 보위부 지도원들에게 체포당했다고 한다. 12살 어린 나이에도 낌새를 알아차린 명수가 조사를 받던 도중에 변소갔다 오겠다는 핑계를 대고는 두만강을 헤엄쳐 다시 용정까지 돌아온 것이다. 아들을 조선으로 돌려보낼 마음을 접고 중국 소학교에 입학을 시켰다. 명수는 날이 갈수록 중국 생활에 잘 적응해 가면서 건강하고 공부도 잘했다.

❀ 예수님과 하나 된 동생들

'동북 삼성의 돈을 저 여자가 끌어모은다'는 소문이 날 정도로 내가 운영하는 라이브 식당은 대인기였다. 120평이 되는 식당은 늘 좌석이 모자랐다. 줄을 서서 한참을 기다려야 할 정도로 동포들의 사랑이 넘치는 만남의 광장이었다. 소문이 나자 중국에서 방황하던 탈북 여성들이 하나둘씩 찾아오기 시작했다. 그들이 겪은 피눈물 나는 이야기와 가슴 아픈 가족들이야기 마음이 아파 들을 수가 없었다. 아파트를 구입해 찾아온 여성들 중 몇 명을 데리고 있기로 했다. 함께 생활하며 식당에서 일할 수 있도록 해주고 동생으로 삼았다. 손님들은 조선족 여성들이 서빙을 하는 걸 좋아하며 팁을 많이 주었다. 미안함과 고마움에 당황스러워하는 동생들에게 고맙다고 인사하며 받으라고 했다. 동생들이 나에게 "평양말을 하는데 혹시 북조선 사람 아니냐"고 물었다. 그제야 내가 식당을 하기 위해 조선족 호구를 만들었다고 말해주었다. 동생들은 내가 간첩인 줄 알았다고 했다. 동생들은 촌스런 연변 말을 잘해 오히려 말씨는 그들이 조선족이었다.

"나도 너희들과 꼭 같은 북조선 사람이고, 출장을 왔다가 이렇게 식당까지 하게 됐어. 그리고 돈은 십일조라는 것을 하나님께 바치면 부풀려서 주신다고 하기에 바쳤더니 정말 내가 부탁한 대로 부풀려서 받게 되어 식당까지 하게 되었단다."

내 이야기를 듣고 동생들은 "하나님을 만났나, 어떻게 생겼나, 어버이 수령님보다 잘생겼나" 질문을 쏟아냈다. 어떻게 대답을 해야 할지 몰라서 망설이다가 내가 만난 하나님을 이야기하면서 십자가 집에 가서 십일조를 바치고 부풀려 달라고 기도하자고 권했다. 동생들이 기도가 뭐냐고 물을 때 나도 모르게 "기도는 부탁이야"라고 답했다. 그 순간 내 부탁을 다 들어주신 하나님이 생각났고 정말 기도는 부탁이라는 확신이 들었다.

이튿날 오전 9시 30분, 하나님께 십일조 바치러 가자고 약속한 시간이 되었다. 동생들과 함께 택시를 타고 십일조를 바치러 가던 교회당으로 갔다. 교회당 문은 활짝 열려 있었다. 십일조를 바치던 교회당 긴 의자 맨 뒤에 놓여있는 나무상자 앞에 이르러 동생들과 나무상자를 중심으로 손을 잡고 빙 둘러섰다.

"얘들아! 내가 기도를 하면 너희들은 마음속으로 부풀려 달라고 하고 싶은 대로 부탁을 하여라. 하나님! 중국 땅에서 정처 없이 팔려다니며 온갖 고생을 다 하다가 우리 모두 이렇게 만났습네다. 십일조를 드리면 하나님께서 부풀려 주신다고 애기했더니 동생들이 하나님께 바치겠다고 해서 함께 왔습네다. 부탁드립네다. 이들의 부탁을 꼭 들어주셔서 부풀려 주십시오. 꼭꼭 부탁드립네다."

그날 영업이 끝나자 동생들은 그날 받은 팁의 액수를 세어 보고는 "야! 정말 부풀려 달라구 한대로 불어났어. 하나님은 어디 계시기에 이렇게 부풀려 주실까? 이제부터는 십일조를 계속해보자"고 했다.

고향을 떠나 넓고 넓은 중국땅에서 이 지방 저 지방으로 팔려다니며 떠돌다가 하나님이 허락하신 우리들만의 자유로운 공간에서 누릴 수 있는 자유와 십일조 생활은 너무나도 재미있고 행복했다. 수입이 늘어나는 그 재미와 기쁨에 푹 빠져 식당에서 하는 일이 전혀 힘들거나 피곤함을 느낄 수 없었다.

그럴수록 나는 늘 동생들에게 모든 일 가운데서 가장 중요한 하루

일과의 철칙으로 십일조 생활을 강조했다. 우리에게 날마다 기쁨을 더해주시는 하나님 아버지께 너무도 고마워서 무엇인가 답례를 드리고 싶어 견딜 수가 없었다.

'우리가 어떻게 해드리면 하나님 아버지께서 가장 기뻐하실까?'

며칠을 고민하던 끝에 나는 동생들과 성경공부를 함께 하기로 마음먹었다. 막상 성경공부를 하려고 하니 성경에 적혀있는 말들이 무슨 말인지 도대체 알 수가 없었다. 참으로 안타까웠으나 그렇다고 여기서 그만둘 수는 없었다. 우선 성경책 맨 앞쪽에 있는 주기도문과 사도신경을 암송하고 맨 뒷장에 적힌 십계명을 모두 암송했다.

성경공부를 시작할 때나 끝날 때, 그리고 밥을 먹을 때면 늘 기도를 드리곤 했는데 어느 날 기도를 마치려는데 동생들이 할렐루야가 무슨 뜻인지 물었다. 순간 당황스러웠다. 한참 동안 동생들 얼굴을 쳐다보다가 마음속으로 '하나님, 할렐루야가 무슨 말입네까? 동생들이 물어보는데 뭐라고 대답해야 합네까? 빨리 알려 주십시오.' 하고 물어보았다. 그러자 내 마음속에서 '하나님 만세라고 해라' 하는 소리가 들려왔다.

"얘들아! 할렐루야는 '하나님 만세' 라는 뜻이란다."

그랬더니 한 동생이 아멘은 무슨 말이냐고 물었다. 이번엔 '하나님 아버지, 아멘은 뭐라고 가르쳐 줄까요?' 했더니 '암 그렇구 말구 라고 해라' 는 소리가 들려왔다.

"아멘은 '암 그렇구 말구' 라는 뜻이란다."

"언니는 꼭 목사 대학 나온 사람 같습네다. 어떻게 그렇게 아는 것도 많고 우리가 묻는 것마다 척척박사처럼 막힘도 없고 대답을 잘 합네까? 혹시 언니가 예수님 동생 아임네까."

"앤 큰일 날 소리! 예수님이 어떤 분이신데." 정미의 말에 다른 동생들도 깔깔대며 한참을 웃었다. 성경지식이 아무것도 없는 나는 쑥스러워 겨우 동생들에게 말했다.

"너희들이 묻는 말에 어떻게 대답해야 할지 몰라서 하나님께 기도하니까 하나님께서 언니에게 귓속말로 가르쳐 주셔서 그렇게 말한 것이야. 너희들도 모르는 것이 있으면 하나님 아버지께 직접 기도해서 물어보면 대답해주실 거야."

이렇게 어린 왕초보 신앙생활에 우리 스스로도 웃음보를 터트렸다. 어쨌거나 앞으로는 어려운 외국말로 '할렐루야' '아멘'이라고 할 것이 아니라 쉬운 우리말로 '하나님 만세' '암 그렇구 말구'라고 하기로 합의를 보았다. 하루는 성경공부를 마치려는데 동생들이 "하나님이 우리 아버지면 예수님이 하나님의 아들인데 우리는 예수님과 한형제가 아닌가요? 예수님을 우리 오빠라고 부르면 좋지 않겠습네까?"라고 했다. 예수님과 한 형제가 된 우리는 모든 시름을 다 잊고 그저 행복하기만 했다.

당시 중국 교회들에는 북조선 보위부 공작원들이 진을 치고 있다가 탈북한 사람들을 색출해서 잡아갔다. 교회에 나오면 위험다고 하여 십일조를 바칠 때에 교회 재무과로 몰래 찾아가서 직접 바쳤다. 우리는 교회에 가서 하나님 말씀을 공부하고 싶었다. 그래서 목사님 방으로 무작정 들어가려고 하자 목사님은 당황하며 우리를 다짜고짜 복도 쪽으로 밀어냈다.

"어젯밤에 잡혀간 26명 때문에 벌금이 1인당 중국 돈 2,000원씩 나왔습다. 중국 공안원들이 지금 내방에 벌금을 받으러 와 있습다. 당장 교회가 문을 닫게 생겼습다. 당신들도 저 사람들 눈에 띄면 체포되니 빨리 여기서 나가시오.”

목사님은 우리를 급히 내보내고 황황히 방으로 들어갔다. 그 말을 들은 우리도 겁이 덜컥 나 줄행랑을 쳐서 교회당을 빠져나왔다.

동생들 중에 명순이는 의심이 많았고 미신을 더 믿었다. 그래서인지 십일조 하는 것도 달가워하지 않았다.

“언니가 돈복이 있어서 장사가 잘되고 돈을 많이 버는 것이지 무슨 눈에 보이지도 않는 하나님이 돈을 부풀려 주신다구 그럽네까? 십일조로 바치는 그 돈을 북조선으로 보내는 것이 더 좋지 않겠습네까.”

그럴 때마다 다른 동생들은 명순이를 ‘사탄’ 이라고 몰아세웠다. 명순이의 말에 내 마음이 흔들리기 시작했다. 생활의 철칙으로 삼았던 십일조를 바치지 않고 하루 영업을 시작하였다.

하루는 그 문제를 두고 기도를 하는데 ‘이름을 바꾸라’ 는 소리가 강하게 들려왔다. 나는 지체 없이 동생들을 모아놓고 기도하기 시작했다.

“하나님 아버지, 저희들은 하나님의 딸들로 세상에 두 번 다시 태어났습네다. 하오니 새롭게 태어난 우리들에게 새 이름을 주십시오!”

기도를 한 후 우리들의 새 이름을 짓기 시작했다. 오빠이신 예수님의 ‘예’ 자를 따서 먼저 하나님을 알고 앞으로 하나님 나라를 위해서 앞장서서 나아가야 할 내 이름은 ‘먼저 선’ 자를 넣어 ‘예선’ 이라고 하고 첫째 동생은 믿음이 약해서 미신을 믿으니 하나님만 똑바로 바라보며 살라고 ‘바를 정’ 자를 써서 ‘예정’ 이라고 지었다. 둘째는 예수님의 마음을 닮으라고 ‘예심’ 이, 막내는 착하고 믿음도 좋아서 예수님의 재림을 기다린다는 뜻으로 '예림'이라 지었다. 새 이름을 가진 우리는 기쁘고 즐거웠다. 모두 자기의 이름이 너무나 도 마음에 꼭 든다고 했다.

"하나님, 고맙습네다. 이렇게도 좋은 새 이름을 주신 하나님, 예선이, 예정이, 예심이, 예림이, 예진이, 예련이 하나님의 딸들로 이 세상에 두 번 다시 새롭게 태어 났습네다. 이제부터 우리의 목숨은 하나님 아버지 것이니 아버지께서 우리들을 이 중국 땅에서 지켜주실 것을 굳게 믿겠습네다. 예수님 오빠 이름으로 간절히 기도를 드렸습네다."

동생들은 내 기도가 끝나자 기다렸다는 듯이 잡은 손들을 위로 올리며 "암 그렇구 말구요"라고 합창했다. 기도가 끝나자 너무나도 기쁘고 행복하고 즐거웠다. 우리 이름이 촌스럽기 그지없다고 생각했 있는데 에쁜 이름을 짓고 나니 이제야 정말 예수님의 동생들이 된 것 같았고 하나님의 딸이 된 것 같았다. 이렇게 우리들의 신앙은 어렸지만 고난 속에서도 행복한 신앙생활의 기쁨을 함께 누려가기 시작했다.

part.**3**

시련의
서곡

고린도후서 8:2
환난의 많은 시련 가운데서 그들의 넘치는 기쁨과
극심한 가난이 그들의 풍성한 연보를 넘치도록 하게
하였느니라

Out of the most severe trial, their overflowing joy
and their extreme poverty welled up in rich
generosity.

✿ 십일조를 각인하다

　　식당 운영하며 여전히 바쁜 나날을 보내던 어느 날, 깊은 잠에 빠져 있는데 문 두드리는 소리가 요란하게 났다. 부서질 듯 두드려대는 소리에 벌떡 일어나 옆방으로 가 보았다. 동생들도 놀라 이불을 뒤집어썼다. 숨조차 쉴 수가 없었다. 그렇게 10분쯤 지났을까? 또 다시 문 두드리는 소리가 온 아파트를 흔들어 댔다. 이번엔 여자의 다소 조용한 목소리가 섞여 들려왔다.

　　"언니, 위생비 받으러 왔대요."

　　예림이의 통역에 우리 모두가 동시에 안도의 숨이 터져 나왔다.

　　"얘들아, 언니가 나가볼 테니까 너희들은 방문 꼭 잠그고 있어, 혹시 어떤 상황에도 문을 열지 마."

　　우선 신발들을 모두 신발장에 넣고 나서 잠옷 바람에 문을 열었다. 문을 여는 순간 머리카락이 곤두섰다. 복도에는 위생반장이라는 여자는 온데간데없고 3명의 공안들이 서 있었다. 차가운 눈길로 무섭게 나를 노려보던 공안 한 사람이 뭐라고 날카롭게 쏘아붙였다. 중국 말을 잘 알아듣지는 못했지만 호구부와 신분증을 보자고 하는 것 같았다. 애써 태연한 척 입가에 미소까지 지어 보이는데 내가 입은 옷이 속치마 차림이라는 생각에 다급하게 '잠깐만요' 하고는 문을 닫아 걸어놓고 '하나님, 살려 주십시오!' 라고 기도했다. 잡히더라도 나 혼자 잡혀야 한다는 생각에 급하게 동생들을 옷장 안에 밀어 넣었다. 외출복으로 갈아입은 나는 신분증을 가지고 현관문을 열었다. 아파트 계단을 내려오니 밖에는 공안차가 대기하고 있었다.

중국 공안원들의 억센 팔에 떠밀려 짐짝처럼 차에 태워졌고 차는 요란한 사이렌 소리를 울리며 내달리기 시작했다. 한없는 슬픔이 몰려왔다. 타국 땅에서 자유를 빼앗긴 채 내 의지와는 전혀 상관없이 갑자기 어디론가 끌려가고 있는 나! 얼마나 달렸을까?

'아! 기도! 그래, 부탁드려야지. 하나님, 이 일을 어떡합네까? 지금 어디로 끌려가는지도 모릅네다. 다만 중국 공안에 붙잡힌 것은 분명한데 북조선의 지령을 받고 체포한 것인지 알 수가 없습네다. 무섭습네다. 도와주십시오. 하나님 아버지! 제발 저를 조선에만 가지 않게 해주십시오!'

반복해서 하나님께 도와 달라고 애원했다. 그리고 아파트에 남아 있는 동생들이 옷장에서 나와 빨리 안전한 곳으로 도망가게 해달라고 간절히 빌고 또 빌고 있을 때 '북부 공안 지구대' 라는 곳에 도착했다. 빈방으로 데리고 가서 의자에 앉히고 팔걸이에 달려있는 수갑을 내 손목에 채웠다.

"니 쨔오 썬머 밍즈?"(네 이름이 뭐야?)

당황스러웠다. 조사관이 한족(중국인)이라는 것이 두려웠다. 아직 나의 중국말 실력은 겨우 인사말을 하는 정도였다.

'하나님, 어찌하면 좋습네까? 한족말로 자꾸 물어보면 어떡하면

좋습네까? 제발 조선족 조사관으로 바꿔 줄 수는 없습네까? 도와주십시오.'

마음속으로 기도를 마치자 조사관의 말소리가 다시 들렸다.

"조선에서 무슨 임무를 받았는가? 조선 공작원이 아니고서야 어떻게 그렇게 겁도 없이 조선 노래까지 부르며 식당영업을 할 수 있는가?"

어안이 벙벙해서 조사관의 얼굴과 입을 번갈아 쳐다보았다. 분명 한족인 줄 알았는데 조선말로 물어보지 않는가! 내 기도를 들으신 하나님께서 그 조사관의 마음을 바꿔놓으신 것이다.

'네가 부를 때에는 나 여호와가 응답하겠고 네가 부르짖을 때에는 말하기를 내가 여기 있다 하리라.' (이사야 58:9)

조선 보위부와 미리 짜고 한 체포가 아니라는 사실만으로도 안도의 숨이 나왔다. 조사가 진행되는 동안에도 쉬지 않고 하나님께 기도하면서 지혜를 구했다. 벽에 걸린 시계를 보니 새벽 5시부터 시작한 조사가 10시까지 3시간 동안이나 계속되었다. 아침 출근 팀과 교대하기 전에 지구대 대장이라는 사람이 나타났다. 나는 지금까지 조사받은 내용대로 묻는 말에 대답했다. 그러면서 하나님께 기도했다.

'하나님 아버지, 저는 이대로 북조선으로 넘겨지는 것입네까? 조선으로 가면 저는 죽은 목숨이나 다름없습네다. 하나님 아버지, 저를 조선으로 제발 보내지 말아 주십시오.'

그렇게 기도하는데 '이 순간을 절대로 놓쳐서는 아니된다. 이들이 시키는 대로만 하다가 북송되고 말 것인가? 어차피 죽을 목숨이라면 목숨을 걸고 무엇인들 못 할 일이 있겠는가? 라는 용기가 솟아오르면서 나도 모르게 이런 말이 튀어나왔다.

"저, 대장 동지! 벌금을 내라는 대로 다 내겠으니 제발 여기서 내보내 주십시오."

어느새 내뱉는 목소리에는 자신감이 있었고 강한 힘이 실려 있었기 때문이다. 아니나 다를까? 담배를 피우려는 듯 담배와 라이터를 찾던 대장은 자신감 넘치는 내말을 듣자마자 "돈 많이 벌었어? 벌금을 얼마나 낼 수 있어?"라고 했다.

"하라는 대로 하겠습네다."

내 말이 떨어지자 잠시 방을 나갔던 대장이 다시 들어오며 벌금 5,000위안을 낼 수 있냐고 물었다. 액수가 너무 적어 내가 너무 긴장한 탓으로 5만 위안을 5,000위안으로 잘못 들은 줄 알았다. 돈을 만들어보겠다고 하자 대장은 나를 아래위로 훑어보며 "돈이 많은 모양이지?"라고 했다. 나는 건물 주인에게 전화를 했다. 얼마 지나지 않아 벌금 5,000위안을 가지고 다른 경찰 한 명과 함께 지구대로 찾아와 돈을 쥐여주며 안심하라고 했다. 돈을 받아든 대장은 얼굴빛이 환해지더니 벌금 냈다는 말은 아무에게도 하지말라며 나를 풀어주었다.

벌금을 내고도 남을 큰돈을 동생들한테 맡겨 놓았으나 동생들이 북조선 여성들이기에 일부러 건물 주인한테 벌금 낼 돈 5,000위안을 부탁했던 것이다. 빨리 도망치라는 대장의 말을 뒤로 하고 정신없이 허둥지둥 지구대 방을 빠져나왔다.

'이제 또 어디로 가야 하나?' 이 넓고 넓은 중국 땅에서도 막상 갈 곳이 없었다. 우선 택시를 잡아탔다. 택시를 타고 다람쥐처럼 한참동안 연길 시내를 돌면서 어디에 내려야 할지 정신없이 앉아 있는데 기사가 어디 가느냐고 물었다. 정신이 혼미해서 아무 생각이 들지 않았다. 기사가 재차 물을 때 십자가 있는 집앞에서 세워달라고 했다. 교회당 안에 들어가자마자 십자가 앞에 풀썩 주저앉았다. 두 눈에서는 뜨거운 눈물이 흘러내려 앞이 보이지 않았다.

"아버지 하나님! 감사합네다. 정말 감사합네다. 구원해주신 사랑에 감사 드립네다. 이 넓고 넓은 중국 땅 천지에 우리가 마음 놓고 자유롭게 살아갈 곳은 정녕 없습네까? 동생들의 신변도 걱정입네. 동생들이 무사할 수 있게 지켜 주십시오. 마음속으로 드린 그 기도를 들어주신 고마우신 하나님! 진정 고맙고 감사합네다."

교회당 안에서 소리쳐 기도를 하넌 나는 '왜 내 십일조를 떼어먹었느냐?'는 소리에 소스라치게 놀랐다. 며칠 전부터 그렇게 재밌게 바치던 십일조를 놓고 동생들이 옥신각신 다투었다. 하나님 얼굴도 보지 못하고 계속 나무함에 집어넣고 오면 그 교회당 좋은 일만 한다며 이제 매일 바치지 말자고 했다. 그러다가 십일조 5,000위안을 바치지 않았는데 그 이튿날 이런 기막힌 봉변을 당하였다. 아무 것도 모르는 나를, 하나님은 내 수준의 십일조를 통해 하나님을 알게 하셨고 벌금을 통해 신앙 훈련을 주신 것이었다.

'사람이 어찌 하나님의 것을 도적질하겠느냐 그러나 너희는 나의 것을 도적질하고도 말하기를 우리가 어떻게 주의 것을 도적질 하였나이까 하도다 이는 곧 십일조와 헌물이라.' (말라기 3:8)

통곡하며 목 놓아 울고 나자 마음이 평안해지며 정신이 들기 시작했다. 택시를 잡아타고 아파트로 향했다. 문을 열고 들어서니 동생들은 새파랗게 겁에 질려 있었다. 모두 부둥켜안고 북받치는 설움을 참지 못하고 엉엉 울었다. 나는 몇 시간 동안에 일어난 기적 같은 일을 동생들에게 들려주었다.

"이제부터 우리 십일조는 꼭 바치자. 다시는 하나님을 섭섭하게 하면 안 된다."

우리들은 꼭 하나님께 의지해야 살 수 있다고 굳게 다짐하면서 다 같이 마음을 합쳐 우리를 지켜달라고 기도를 올렸다.

✿ 변방감옥에 수감되다

다시 식당 문을 열었다. 문만 열면 영업이 잘되었다. 십일조는 생활준칙 제1호였다. 몇 달 후 아침 9시경 영업 준비를 위해 먼저 식당에 나갔다. 식당 안을 대충 치우고 전날 매상을 세고 있을 때였다. 갑자기 사복 차림을 한 남자 3명이 식당 안으로 들어오더니 조사할 것이 있다면서 다짜고짜 나를 끌어내어 대기하고 있던 차 안으로 밀어 넣었다. 내 마음은 불안감과 공포감으로 또다시 요동치기 시작했다.

한참을 달려 어느 자그마한 지구파출소에 도착하자 호송 공안이 빨리 내리라고 호통을 쳤다. 아무 말 없이 그들을 따라 파출소 안으로 들어갔고 조사가 시작되었다. 조선족 호구가 있었지만 무시하고 이름과 북조선 주소, 무슨 일로 중국에 오게 되었는지 묻고 나서 시커먼 승용차에 태우는 것이었다.

한참을 달려 철조망이 둘린 빨간색 벽돌건물이 나타났고 미동 없이 동상처럼 서 있는 보초병이 보였다. 승용차가 보초소를 통과하여 안으로 들어서자 군관 가운데 상급으로 보이는 사람이 나를 보더니 웃으면서 말했다.

"자, 어째서 붙잡혔소? 북조선에 갔다가 또 오면 되는 거야!"

심장이 멎는 듯하더니 온 땅도 하늘도 모두가 하얗게만 보였다. '철커덩' 무겁고도 육중한 철문 닫는 소리가 들리더니 여성들이 꽉 찬 감방으로 들여보냈다. 이 무슨 기구한 운명인가? 김일성 주석이 중국 길회선(길림/회령) 철도 부설 반대 투쟁 시기에 갇혔다는 그 유명한 연길감옥에 중국 땅에 불법체류했다는 이유로 내가 갇힌 것이다. 눈앞이 캄캄했다. 좋은 구경거리라도 생겼다는 듯 일제히 새로운 얼굴에 시신을 모아보던 김빙 인 수십 명의 여인들이 나를 에워싸디니 어디서 잡혀 왔냐, 법륜공 때문이냐, 질문들이 쏟아졌다. 남한 사람들한테는 '파룬궁'으로 잘 알려진 법륜공은 수련자들이 폭발적으로 늘면서 당시 국가적인 문제로 대두됐다.

수감된 중국 여인들 대다수가 법륜공을 수련하다 수감되었는데 이들은 감옥 안에서 법륜공 책을 열심히 읽으면서 쉬지 않고 수련을 했다. 간수들이 뛰어들어와 여인들의 머리채를 잡아채며 읽던 책을 빼앗았다. 구둣발로 온몸을 채이면서도 수련자들은 책을 움켜쥐고 빼앗기지 않으려 끝까지 악을 쓰며 사투를 벌이는 것을 하루에 대여섯 번씩 목격했다. 이 여인들은 매일같이 나에게 법륜공을 설명하며 공부를 시키려 혈안이 되었다. 중국 여인이 "이 책을 믿고 이 분을 따르면 천국으로 간다"고 할 때 그동안 내가 하나님을 잊고 있었다는 걸 깨달았다. 감방에 북조선사람은 나 혼자였다.

'하나님 아버지! 다시 한 번 저를 살려 주십시오. 북조선에 넘겨지더라도 돈이 있으면 매도 안 맞고 또 풀려날 수도 있답네다. 돈을 가져올 수 있는 길을 열어 주십시오. 식당 주인 언니와 통화를 할 수 있도록 도와주십시오.'

기도가 끝나자 감방 간수장이 나를 데리러 왔다. 중국말로 뭐라고 하는데 도무지 알아들을 수가 없었다. 빨리 전화 연락을 해서 돈을 가져와야 하는데 야속한 시간은 자꾸만 흘러갔다. 너무나 속상해서 눈물이 났다. 다시 기도했다.

'하나님, 이 사람이 중국 한족이라서 내 말을 알아듣지 못합네다. 어찌합네까? 말이 통해야 대화를 할 수 있겠는데 내 말을 알아듣는 사람으로 바꾸어 주십시오.' 이렇게 기도를 하고 눈을 뜨니 그 사람의 입에서 조선말이 튀어나왔다. 그 사람에게 벌금을 내고 감옥에서 나갈 수 있게 도와주면 돈은 얼마든지 주겠다고 했다. 그 사람은 파출소에서 심사를 할 때라면 나갈 수 있지만 여기는 감옥이고 이미 서류가 상부에까지 다 올라갔기 때문에 불가능하다고 했다. 마지막 실낱같은 기대감마저 허물어지고 말았다. 북송되는 그 길은 죽음의 길임을 잘 알고 있는 나였기에 성형수술은 했어도 나를 알아본다면 어쩌나 하는 두려움이 밀려왔다. 돈만 있으면 살 수 있다고 했는데 어떻게 해서든 돈을 가져와야 했다. 간절히 하나님께 기도한 후 간수장을 불렀다.

"간수장동지! 밖에 전화를 할 수 있게 도와주십시오. 인사를 꼭 하겠습네다."

내 부탁을 들은 간수장은 솔깃해했다. 그리고는 자신의 근무 시간에 사무실 청소를 시킨다는 구실로 나를 불러내어 그곳에서 전화할 수 있도록 해 주었다. 돈이 들어왔다. 그러나 보내온 돈은 간수들이 다 떼어먹고 내 손에 쥐어진 것은 겨우 인민폐 300위안이었지만 내 목숨을 지킬 수 있는 참으로 귀한 돈이었다.

'하나님, 감사합네다. 이 귀한 돈을 보내주신 하나님 아버지! 진심으로 감사합네다.'

죽음이 유일한 길이 되어버린 북송을 눈앞에 둔 연길 감옥 안에서도 늘 이 딸의 기도를 들어주시는 하나님이 꼭 진짜 아버지처럼 느껴졌고 너무나 고마웠다.

'무엇이든지 전에 기록된 바는 우리의 교훈을 위하여 기록된 것이니 우리로 하여금 인내로 또는 성경의 위로로 소망을 가지게 함이니라.'
(로마서 15:4)

조선땅 무산이 가까운 국경변방부대 감옥으로 옮겨가는 차에 몸을 실었다. 쇠창살로 창문을 가린 호송버스를 탔는데 도중에 열댓 명을 태웠다. 중년 남자들과 꽃제비들이 대부분이었는데 옷차림이 남루하고 행색이 초라했다. 그들의 처참한 모습을 바라보고 있노라니 아들 명수 생각이 떠올랐다. 한참을 아들 걱정을 하고 있는데 중간에 갑자기 차가 멈춰 서더니 열다섯 명의 여성들이 차에 올랐다. 여성들의 모습은 차마 눈 뜨고는 볼 수 없을 정도로 처참하고 불쌍했다. 북송되면 어떻게 될지 모두가 잘 알고 있었기에 다들 공포에 질려 초점 잃은 눈빛으로 부들부들 떨고 있었다. 도살장으로 끌려가는 짐승과 다를 바 없었다. 낡아빠진 고물 호송버스 안은 덜컹거리는 소음과 초상집같은 칙칙한 어둠의 공기만이 가득하여 조선 땅에 도착하기 전에 미리 숨이 막혀 죽을 것만 같았다. 다시 눈을 감고 '하나님'을 생각했다. 위기의 순간마다 고비마다 기도만 하면 언제나 들어주시고 도와주셨던 고마우신 하나님! 그 하나님께 다시 한 번 간절히 부탁의 기도를 드렸다.

'아버지 하나님, 지금 북송되고 있는 저 불쌍한 탈북자들을 구원하여 주십시오. 제발 불쌍히 여겨 살려주십시오.'

조용히 두 눈을 감고 마음속으로 기도하고 있는데 갑자기 옆에 앉은 청년이 나의 옆구리를 쿡쿡 찔렀다. 깜짝 놀라 눈을 떠보니 수갑을 찬 손으로 가느다란 쇠톱을 내밀었다. "이걸로 수갑을 풀고 여기서 함께 도망치기요." 하고 속삭이는 것이었다. 한 여자가 고춧가루가 담긴 비닐봉지를 운전기사와 5명의 무장군인한테 뿌리면 다 같이 도망치려고 준비하고 있었다. 너무 떨려서 입술이 굳어졌다.

'하나님, 저들 이 저 일을 해낼 수 있겠습네까?

기도하는 순간 호송차가 멈춰 섰다. 그리고 무장한 군인들이 먼저 내리고 나더니 우리를 차례대로 내리게 했다. 실망 어린 눈길들을 서로 교환하며 모두 차에서 내렸다. 무장군인들은 짐승처럼 우리를 한쪽으로 몰아세우더니 한 사람씩 몸수색에 들어갔다. 나는 팬티 속에 감춰놓은 인민폐 300위안이 생각났다. 다행히 여자들은 옷을 벗기지 않고 손더듬이질만 하고는 통과시켰다. 몸수색을 끝내고 나자 우리를 감옥에 밀어 넣었다.

❖ 참혹한 탈북여인들

감옥 안에는 먼저 들어온 여자들이 많이 있었다. 그들은 겁에 질린 눈빛으로 새로 감방에 들어오는 우리에게 어디서 붙잡혔는지 물었다. 거의 함경도 말투였다. 시끄럽고 귀찮아서 조용히 눈을 감았다. 내일을 기약할 수 없는 감방 안에는 무거운 침묵만이 흘렀다. '덜커덩' 철창문이 열리는 소리와 함께 간수들의 발걸음 소리가 들려왔다.

여성 감방 안에는 80여 명이나 되는 여인들이 수감되어 있었는데 그중에는 아이들과 임산부도 끼어 있었다. 불안과 공포 속에서 나와 함께 감옥에 들어간 한 여인이 감옥에 있는 사람들에게 물었다 "우리 북조선에 가면 어떻게 됩네까?" 그러자 감옥에 먼저 들어와 있던 한 여인이 강제 송환되면 어떻게 되는지 무시무시한 얘기들을 늘어놓았다. 순식간에 감방 안은 눈물과 한숨과 땅이 꺼질 것 같은 탄식으로 가득 찼다. 먹을 것이 없어 허기진 배를 채우기 위해 중국 땅에 찾아든 배고픈 이방인들에게 무슨 죄가 있을까? 한족들에게 팔려갔다가 임신까지 된 배 불룩한 여인, 만삭인 그 여인 옆에 쪼그리고 앉아있는 여덟 살 소녀와 고만고만한 또래의 아이들은 한창 엄마 품에서 어리광을 부려야 할 나이에 아무런 영문도 모른 채 철창 속에 갇혀 공포에 떨고 있었다.

두 번이나 북송된 적이 있다는 여인은 세 번째여서 틀림없이 죽을 거라고 말하며 훌쩍이기 시작했다. 북송되면 어린아이나 어른이나 남녀노소를 불문하고 무작정 발로 차고 밟고 때린다는 것이었다. 젊은 여성들이 머리에 울긋불긋한 색깔로 염색을 했다하여 생머리칼을 잡아 뽑고, 술집에서 중국놈들한테 몸을 팔았다하여 젊은 여자들의 아랫배를 사정없이 발길질한다고 했다. 중국의 더러운 종자를 받아 왔다며 강제로 낙태를 시켜 산모가 보는 앞에서 태아를 밟고, 그 태아를 군견에게 먹이로 주어 산모가 기절해서 쓰러진 일도 있다고 하였다. 잡혀 온 탈북자들의 이야기는 기가 막히고 끔찍한 사연들뿐이었다.

잔혹한 조선 보위부에서 탈북여성들을 일 열로 줄을 세워놓고 50회씩 뜀뛰기를 시키면 여성들의 음부와 항문 속에 숨긴 돈들도 모두 빠져나온다고 했다. 이 말을 들은 한 여인은 백 원짜리 지폐 한 장이라도 지키려고 여덟 살 된 딸아이의 항문에 돈을 돌돌 말아 비닐에다 싸서 빨간 실로 묶어 밀어 넣었으나 아이에게도 뜀뛰기를 시키는 바람에 결국 그 돈도 빼앗기고 말았다고 한다.

이런 이야기들을 듣고 모두 공포에 질려 떨고 있는데 다음날 북송될 사람들의 명단이 발표되었다. 밤이 깊어 공포에 떨던 사람들도 모두 잠이 들었다. 나도 그들 곁에 조용히 누웠다. 어디선가 가느다란 신음소리가 들리는 듯 싶더니 점점 커졌다. 모두가 놀라 일어났다. 잠자리에 누웠던 20대 처녀 두 명이 배를 끌어안고 고통을 참지 못해 신음하고 있었다. 점점 고통이 더 심한지 온몸을 뒤틀며 소리를 질렀다.

잠시 후 군견까지 앞세우고 나타난 무장 군인들이 군화를 신은 채로 우리 방으로 뛰어들어왔다. 급성맹장염인 것 같다며 위생병과 같이 온 몇 명의 군인들이 두 여자를 데리고 나갔다. 그들이 나간 뒤에야 놀라운 이야기를 듣게 되었다. 두 여자가 낮부터 짜고 머리핀을 한 개씩 삼켰다고 했다. 병원에 실려 나가면 링거주사를 맞는 동안에

틈을 보아 도망을 치려고 일부러 쇼를 벌였다는 것이다. 그런데 두 시간 만에 그들이 다시 감방으로 돌아왔다. 몇 번 그런 사고가 생겼던 지라 철저히 경비를 서다 보니 탈출을 못한 것이다. 두 여자는 다음날 그 몸으로 북송되고 말았다. 건강한 사람도 견디기가 힘든 조선 땅에서 머리핀을 삼킨 두 처녀가 어떻게 버틸지 걱정이었다.

날마다 북송될 사람들의 명단이 발표되었다. 북송되면 임산부들에게 당하게 될 일을 미리 들었던 한 임산부는 겁에 질려 부들부들 떨기 시작했다. 그러자 옆에 있던 여인들이 그녀를 눕히고 나무꼬챙이로 자궁을 찔렀다. 양수가 터져 나오자 간수들에게 애가 나온다고 소리를 질렀다. 간수들이 서둘러 여인을 병원에 데려갔다. 산부인과 의사가 일부러 터트린 것이라고 말하자 군인들이 임산부의 배를 발로 차고 무자비하게 폭행했다. 임산부는 이튿날 바로 강제 북송되었다. 짐승보다 못한 학대를 당하며 북송되어가는 여인들의 모습을 보며 분노가 치밀어 견딜 수가 없었다. 그들이 너무도 불쌍하다는 생각에 앞으로 내가 당해야 할 고통은 까맣게 잊어버렸다. 여기서 벗어나 살아날 수만 있다면 이 인권유린의 현장을 세상에 반드시 고발하리라 다짐하고 또 다짐했다.

매일 아침 탈북자들이 대여섯 명씩 북송되어 갔다. 북송이 되어도 돈만 내놓으면 감옥에서 도망칠 수가 있다고 했다. 나는 인민폐 300위안을 몸속 깊이 숨겨놓았다. 그러나 돈이 있다는 말도 하지 못하고 불쌍하게 매 맞을 여인들이 너무 마음이 아팠다. 여인들이 나갈 때마다 팬티 속에 소중하게 감춰두었던 인민폐 300위안을 조금씩 나눠주었다. 그들에게 다 주고 싶었다. 그러나 이제는 더는 줄 것이 없었다. 옷이 허름한 여인에게는 윗옷을 벗어 입혀 보냈고 밤에 잠을 자다가

기습 체포되어온 여인에게는 몇 개 겹쳐 입고 있던 팬티를 벗어 주었
다.

조국은 당을 가리켜 어머니의 품이라고 말한다. 그런데 굶주림에
지친 당의 자식들이 조국의 품을 떠나 사선을 넘어 중국 땅을 떠돌며
짐승처럼 팔려 다니다가 붙잡혀 감옥에 갇히고 죽어가는 이 현실, 지
금 눈앞에서 벌어지고 있는 중국 공안들의 천인공노할 만행을 목도
하면서 '어머니 당'이라고 배워 왔던 조국에 대한 신념이 흔들리기
시작했다.

❖ 기적의 성경구절

형용할 수 없는 설움에 서글픈 눈물이 뜨겁게 두 볼을 타
고 흘러내렸다. 조용히 두 눈을 감았다.

'하나님, 무섭습네다. 이제 조국에 끌려가면 나무 몽둥이로 사정
없이 팬다고 하는데 매 맞을 일이 제일 걱정입네다. 그리고 저를 알
아볼까봐 두렵습네다. 정녕 제가 이렇게 북송되어야 합네까? 여기 중
국에서 자유의 몸이 될 수는 없습네까? 저 불쌍한 여인들도 살려 주
시고 조국 땅에 들어가서 제발 매 맞지 않게 해주십시오. 꼭 부탁드
립네다.'

눈을 감고 마음속으로 기도를 하고 있는데 옆에 앉아 있던 한 여인
이 조심스레 옆구리를 꾹 꾹 찔렀다. 깜짝 놀라 눈을 뜨고 그 여인을
쳐다보자 조용히 말하는 것이었다.

"지금 뭐하고 있소? 여기서는 눈을 감으면 하나님을 믿는다고 보위부에 신고 당하오. 누가 보위부 첩자인지 모르니 눈을 뜨오."

순간 가슴이 철렁 내려 앉았다. 눈을 번쩍 뜨고 기도하려고 벽 쪽을 바라보았다. 아까는 보이지 않았던 감방 벽에 글자들이 눈에 들어왔다.

"주예수를 믿으라 그리하면 너와 집이 구원을 얻으리라!' '에스더처럼 살자!'

너무 놀라 눈을 비비고 나서 더 크게 눈을 뜨고 그 글을 읽었다. 나는 그때 예수님이 나와 같은 성씨라는 것에 크나큰 위로를 받았다. 혹시 다른 사람들도 보고 있는지 둘러보니 그들은 전혀 알지 못하고 북송될 것에 대한 두려움과 공포에 떨고 있었다. 다시 눈을 감았다가 떠보니 회칠한 지 얼마 되지 않아 깨끗한 감방 벽에 홈을 파서 써 놓은깃 같이 빙금 보였던 글이 없어 졌다. 눈잎에서 사라진 글의 내용을 마음속 깊이 새기면서 감격과 환희와 격정에 휩싸였다. 그렇다! 오직 하나님을 믿으면 나는 꼭 구원을 얻을 것이다. 나는 이 말씀을 마음속으로 외우고 또 외우면서 나 스스로를 위로했다.

감옥의 밤은 깊어가고 옆 남자 감방에서는 잠꼬대를 하며 코고는 소리가 들려온다. 늘 긴장과 불안 속에서 스트레스를 받아서인지 잠꼬대 소리가 위안이 되고 코고는 소리에 묘하게도 마음이 차분해지고 편안해졌다.

'하나님! 나를 위로해 주시려고 이 감방 안에까지 함께 와주시어 감사합네다. 그 말씀 꼭 믿고 기도하겠습네다.'

그때로부터 나는 다른 여인들이 잡담을 하거나 혹은 불안 속에 잠겨 있을 때에도 마음속으로 기도만 하였다. 감옥 속에서 나를 위로해

주신 하나님! 이 지옥 같은 감옥 안에 그분이 찾아오셔서 지금 나와 함께 있다고 생각하니 한없이 마음이 평안했다. 주님 품에서 평온한 마음으로 자고 일어나니 몸도 가볍고 기분마저 상쾌했다. 그때부터 눈을 뜨고 기도하는 것이 습관이 되어 지금도 눈을 뜨고 기도를 할 때가 많다.

국경 변방 감옥에서 40일간 눈을 뜬 채로 마음속으로만 기도하면서 하나님과 함께 감옥생활을 했다. 감옥에 들어오면 며칠 후에 무조건 북송을 시켰는데 나를 대하는 공안들의 태도는 달랐다. 식당을 운영했다는 것을 알고 도와주면 후에라도 대가를 받을 수 있을 것이라는 기대에서인지 함부로 대하지 않고 내가 요구하는 것들을 잘 들어주었다. 전화통화도 할 수 있었고 필요한 물품들도 감옥으로 들여올 수가 있었다. 하나님은 그들로부터 지켜주시고 담대할 수 있게 해 주셨다.

'내 손이 그와 함께 하여 견고하게 하고 내 팔이 그를 힘이 있게 하리 로다 원수가 그에게서 강탈하지 못하며 악한 자가 그를 곤고하게 못하리 로다.' (시편 89:21~22)

✿ 성 노리개가 된 소녀들

감방에는 열일곱 살 되는 소녀가 있었다. 잡혀 온 지 6개월이나 지났으나 북송되지 않고 그냥 남아있었다. 내몽고에 팔려간 소녀, 3년 만에 구사일생 도망쳐 겨우 조선이 바라보이는 연변에 도착했지만 공안에서 소녀를 강간한 강간범을 찾아 벌금을 받아내기 위해 북송되지 못하고 있었다. 참으로 기가 막힌 사연이었다. 어린 나이에 너무 배가 고파 먹을 것을 찾아 떠돌다가 엄마와 헤어지게 된 소녀는 13살 어린 나이에 두만강을 건너왔다. 곧바로 인신매매범들에게 붙잡혀 강간을 당하고 내몽고 중국 한족에게 팔려갔다.

형편이 어려워 아들 여섯은 장가도 가지 못하고 홀로 남은 아버지와 한 집에 모여 살아가는 한족이었다. 밤이면 아버지와 여섯 아들들이 돌아가면서 소녀와 잠자리를 하였다. 낮에는 속옷과 홑이불만 넣어주고 소녀가 도망치지 못하도록 밖에서 문을 잠가 버렸다. 여름이면 방문을 닫아걸어서 무더위에 견디는 것도 힘이 들었지만 그보다 큰 구렁이가 방안을 기어다니는 걸 보고 그 자리에서 기절해 버리고 밀있다. 시간이 가면서 직웅이 되어 구렁이와 친구처럼 징마저 들게 되었다고 하였다. 간신히 도망쳐 조선 땅이 바라다보이는 연변에 도착했건만 역전에서 중국 공안들한테 붙잡히게 되었다. 그렇게 소녀는 3년 동안을 성 노리개로 유린당하다가 끝내는 감옥에 갇혀 있는 기구한 신세가 된 것이다.

어린 소녀의 그 아픔과 고통이 악몽으로 다가올 때 우린 그래도 중국 공안이 그 강간범을 찾으려 하는 것이 북조선 여성들, 아니 한 소녀의 인권을 찾아 주기 위한 것인 줄 알았다. 그러나 그것은 단지 그 강간범에게 벌금을 받아 내기 위한 중국 공안의 정책일 뿐이었다. 그 벌금 때문에 멍든 소녀의 가슴을 더 아프게 찢어 놓고 있는 것이 더없이 아팠고 증오로 불타올랐다.

그런데 3년 전 맨 처음으로 자신을 강간했던 그 놈을 도대체 이 넓은 중국 땅 어디서 찾는단 말인가? 소녀는 잡혀들어오는 중국남자들마다 한 사람 한 사람을 확인하고 있었다. 어린 소녀는 많이 지쳐 있었다. 정신마저 온전해 보이지 않았다. 굶주림 때문에 고향을 떠나와 불법으로 중국 땅을 떠돌다가 고귀한 성을 짓밟히고 끝내 실성하게 된 소녀! 누가 나이 어린 이 소녀를 이처럼 가혹한 운명의 주인공으로 만들었단 말인가? 이것이 굶주림 때문에 조국 땅을 떠나온 탈북 여성들의 가슴 아픈 현실이었다.

한 예쁘장한 20대 처녀가 있었다. 그녀도 역시 팔려갔다가 붙잡혀 들어 온 억울한 사연을 눈물로 하소연했다. 어느 날 감옥에서 근무서는 근무병이 그녀에게 청소를 시킨다며 데려갔다. 그녀는 감옥 안에서의 생활이 숨이 막히도록 답답하던 터라 머리하나 겨우 빠져나갈 수 있는 구멍으로 좋아하며 밖으로 나갔다. 한참 만에 구둣발에 채이면서 들어온 그녀는 공포에 질려 감옥 한구석에 쪼그리고 앉아 훌쩍훌쩍 흐느끼고 있었다. 청소하라며 밖으로 불러낸 근무병이 감옥에서 나가게 해 주겠다며 강간을 한 것이다. 석달 동안 감옥에 있었다는 함경도 여인은 곱고 젊은 애들은 모두 강간을 당했다고 말해주었다. 북조선 보위부에서 이 일을 문제 삼자 중국 공안부와 변방 간부들까지 다 바꾸었다고 한다. 그렇지만 그런 일이 여전히 되풀이되고 있는 것이다. 중국 땅에서는 인신매매범들의 성 노리개로, 감옥에서는 간수들의 성 노리개로, 탈북여성들의 비참한 현실은 말로 다 할 수가 없었다.

일가족 4명이 감옥에 잡혀 온 경우도 있었다. 중국 땅에 들어온 이들은 우선 남자와 여자로 나뉘어 일자리를 갖게 되었다. 아버지는 나이 어린 아들과 함께 광산에 일자리를 잡았고 엄마는 남의 집 파출부로, 딸은 탄광 식당의 식모로 뿔뿔이 흩어졌다. 하지만 엄마와 어린 딸은 광산주의 성노리개가 되어 있었다. 몇 달이 지나 식당에 딸을 만나러 갔다가 열세 살짜리 딸이 강간당하는 모습을 보게 된 아버지는 몽둥이로 광산주를 두들겨 패주었다. 결국 신고를 당하여 어린 아들과 딸까지 함께 붙잡혀 들어왔다. 돈 한 푼 받지 못하고 몇 달 동안 억울하게 짓밟히고 이용당한 이들 가족은 북송되지 않게 해달라고 광산주에게 빌고 또 빌었다고 한다. 하지만 광산주는 그들을 끝내 중국 감옥에 처넣었다. 탈북자들이 겪는 참담한 이야기는 끝도 없었다.

감옥에 있는 남자들 대다수가 북조선을 떠나 두만강을 건너와서는 과수원, 탄광, 목장 등 중국 사람들이 경영하는 일터에서 뼈 빠지게 일한 사람들이다. 경영주들은 그들에게 품삯을 주지 않기 위해 1년 품삯을 줘야 할 때가 되면 달북자가 있다고 신고해버린다. 그런 얘기를 접할 때마다 반드시 살아서 그 만행을 세상에 알리고 싶었다. 지금 이 순간에도 중국 땅을 헤매며 차디찬 어느 감옥 안에서, 혹은 인적 없는 이국땅 어느 산속에서, 사막의 먼지 모래바람 속에서 추위와 굶주림에 떨면서 고통받는 탈북자들이 있다. 하루빨리 이들이 무자비한 중국 공안들의 학대와 탄압과 폭력의 사슬에서 벗어나 내가 만난 하나님을 만날 수 있기를 간절히 기도하고 있다.

✿ 첫 번째 북송길

　　북송되지 않게 해달라고 쉬지 않고 기도했지만 끝내 그날
이 왔다. 감옥에 올 때 입고 들어왔던 옷들은 먼저 북송되는 여인들
에게 다 입혀 보내고 신까지 벗어주고 보니 남은 것이라고는 속옷밖
에 없었다. 기도 밖에 다른 방법이 없었다. '하나님 북송되는데 옷도
신도 돈도 없습네다. 전화를 해서 돈과 옷, 신을 가져올 수 있게 도
와주십시오.' 기도하고 나서 간수들한테 말하였더니 전화할 수 있는
기회를 주었다. 식당 건물주인을 통해 돈과 옷을 가져올 수 있었다.
　　드디어 북송이 시작되었다. 감방에 있던 20여 명의 남자들은 쇠창
살로 막아놓은 호송버스를 탔고 나는 '숙이'라는 20대 처녀와 함께
승용차를 타고 조선족 공안 친척 신분으로 조선세관을 향해 떠났다.
함께 북송당하게 된 나이 어린 숙이는 출발을 앞두고 "언니, 나는 두
번째 체포되어 북송되기에 이번에 나가면 무조건 죽소."라고 했다.
깜짝 놀라 어떻게 도우면 되느냐고 물었다. 숙이가 귓속말로 "나를
변방군인들한테 맞아서 정신이 이상하다고 말 해주오."라고 했다. 나
는 머리를 끄덕였다. 숙이는 차에 오를 때부터 내 손을 꼬옥 잡고 있
었다. 숙이의 손을 맞잡아 쥐면서 그녀의 마음을 가라앉혔다. 말로는
숙이를 안정시키면서도 북송의 두려움과 공포로 내 정신이 혼미해져
있었다. 그런 나를 하나님은 숙이의 도움 요청으로 진정할 수밖에 없
도록 하셨고 두려움을 극복할 수 있도록 해주셨다.
　　중국 땅의 경계인 다리의 한가운데를 지나면 조선 땅에 들어서게
된다. 조선 땅에 차바퀴가 들어서는 순간 공포로 인해 심장이 멎는 것
같았고 눈앞이 캄캄해져 아무것도 보이지 않았고 귀도 멍해져서 들

리지 않았다. 모든 생각이 멈춰 버렸다. 내가 할 수 있는 것은 하나님께 도와달라고 부탁하는 것밖에 없었다. 마침내 두만강 건너편에 누런 군복을 입은 사람들과 사복을 입은 사람들이 우리를 기다리고 있었다. 소름이 끼치고 숨 막히는 순간이었다. 공포가 극도에 달하면서 다리가 와들와들 떨리기 시작했다. 내 얼굴을 알아볼까봐 걱정하면서 '주 예수를 믿으라. 그리하면 너와 네 집이 구원을 얻으리로다.' 라는 중국 감방 벽에 있던 성경말씀을 떠올렸다. 순간 하나님이 나에게 속삭이면서 위로해주시는 것 같은 마음에 눈시울이 뜨거워졌다. 숙이는 내 손을 꽉 잡고 놓을 생각을 하지 않았다. 이 모습을 본 북조선 보위부 간부들은 딸이냐고 물으면서 손을 놓으라고 소리를 질렀다.

북조선 국경연선보위부에 노착하여 몸수색을 마치고 개별 조사가 시작되었다. 두려움과 공포를 가까스로 진정시키며 묻는 말에 하나하나 대답해 나갔디. 고향과 나이, 이름을 물을 때 하나님이 지혜를 주셨다. 평범한 한 여인으로 내 신분을 위장해 말했다. 인터넷이 발달하지 않아 질문에 대한 대답을 손으로 받아 적고 사실 여부를 확인하기 위해서는 전화로 해당 지역에 확인을 해야 했다. 전화시설이 열악하여 제대로 통화하기가 힘들었고 확인하는 데에는 많은 시간이 걸렸다. 조사를 받는 도중 네 명이나 되는 보위부 조사관들이 들어왔다. 나보다 먼저 북송되어온 사람들을 통해 나에 대한 정보를 알고 있었다.

"성형수술은 왜 했소?"

소스라치게 놀랐다. 어떻게 알았을까?

"식당을 운영하는데 중국 사람들이 북조선 사람들을 무조건 신고하고 돈도 빼앗고 북송을 시키기 때문에 우선 식당에서 번 돈으로 중국 조선족 호구를 사서 그 호구주인의 사진과 똑같이 하느라고 수술을 했습네다. 조선족 행세를 하며 안전하게 돈을 벌어야 했기 때문에 어쩔 수 없이 했습네다."

그 말을 듣자 그들 모두는 고개를 끄떡였다. 이렇게 한고비를 넘기자 식당을 운영했다는 말에 그들은 아주 부드러운 목소리로 돈은 얼마나 벌었냐고 물었다.

"아주 많이 벌었습네다. 그런데 갑자기 신고되어 잡혀 오다 보니까 돈은 물론 식당까지 다 빼앗기게 되었습네다. 도와주십시오. 빨리 중국으로 다시 들어가 식당도 찾고 돈도 찾아서 가져올 수 있게 해주십시오. 필요하면 사람을 한 사람 붙여주면 더 고맙겠습네다. 그리고 신세를 갚겠습네다. 요구하는 대로 돈은 드리겠습네다."

그들의 관심은 더욱 집중되었다. 이때 나는 북송되어 오던 과정에서 중국 공안들이 탈북한 조선 사람들에게 행했던 악행들을 하나씩 전해주기 시작했다. 변방감옥에서 동포들의 처절한 사연을 가슴 아프게 전하는 내 눈에는 눈물이 흘러 내렸다. 솔직히 말하면 북송되어 온 탈북자들이 매 맞지 않게 해달라고 사정을 했지만 사실 내가 매 맞을까봐 더 두렵고 겁이 나서 그 말을 하는 동안 내내 설움이 북받쳐 울고 또 울면서 이야기를 하였던 것이다. 놀랍게도 조사관들이 손수건으로 슬쩍슬쩍 눈물을 닦는 게 아닌가? 그 이야기는 조사관들의 마음을 감동시켰고 이것을 계기로 북송되어온 탈북자들이 매를 맞지 않고 조사를 쉽게 마칠 수 있었다.

일단 하나님께서 주신 지혜로 쉽게 조사를 마친 나는 같이 북송되어 온 숙이를 걱정하며 기도했다. 숙이는 능청스럽게 연기를 잘했다. 도저히 조서를 쓰지 못하게 된 조사관이 나에게로 그녀를 데리고 왔다. 방에 들어서며 나를 바라보는 숙이의 초점 잃은 듯한 눈동자는 애절한 빛으로 도움을 청하고 있었다. 그 눈빛을 대하는 순간 '숙이를 도와야 한다. 그것은 내 몫이다.' 라는 생각이 불같이 일어났다. 숙이는 무표정한 얼굴로 묻는 말에 천연덕스럽게 전혀 다른 대답을 하며 멍한 눈으로 벽만 쳐다보았다.

"얘는 중국 사람한테 팔려가 농사짓다가 잡혔는데 도망치다가 공안에 잡혀 머리를 너무 많이 맞아서 몇 번 기절을 했고 뇌가 잘못된 것 같습네다. 거기다 임신중이구요."

숙이의 연기에 그들은 정신병자로 인정했고 그 후로 누구도 그를 보고 물어보는 사람이 없었다. 그녀의 연기에 모두들 깜빡 속았다. 그렇게 숙이는 보위부 조사, 안전부 조사, 노동단련대까지 무사히 통과되었다. 능청스럽게 연기를 잘해 자신을 지키는 숙이가 지혜롭기도 하고 장해 보였다. 북송된 인원 모두 위기를 면해 하나님께 감사드렸다.

장작으로 무섭게 매질을 한다고 하여 나를 공포로 떨게 했던 그 무시무시한 보위부를 매 한 대도 맞지 않고 단 하루 만에 통과되었다. 이것은 하나님의 도움 없이는 상상조차도 할 수 없는 일이었다. 숙이의 손을 잡고 보위부 지도원의 안내를 받아 안전부(경찰서)에 도착하였다. 안전부 조사는 명단 확인만 하고 더 간단히 끝났다. 마음속으로 피눈물을 흘리며 중국 감옥에서의 40여 일간 기도한 것을 들어주신 것이다. 그때 그곳은 나의 '영적 기도 전투장' 이었다.

안전원의 안내로 마을 길을 한참 걸어가니 널판자로 높게 담을 둘러친 '로동단련대' 라는 곳이 있었다. 높다란 담벽을 지나 대문으로 들어가니 초라한 건물이 있었는데 문 앞에는 경비 초막에 경비병이 서 있었고 마당은 아주 넓었다. 오랜 감옥 생활로 인해 형편없이 초라하고 초췌한 모습으로 또 다시 닥쳐올 앞일에 대해 공포와 불안에 떠는 우리를 다른 대열과 합류시키기 위해 일렬로 세워놓았다. 그것은 또 다른 고문장이었다. 한참 서 있을 때 먼 데서 대열 합창소리가 들렸다.

'당신이(김정일) 없으면 우리도 없고 당신이(김정일) 없으면 조국도 없다.'

오랜만에 듣는 내열합창이었다. 노래소리와 함께 80여 명의 남자들과 여자들이 줄을 서서 절도 있게 사열하는 모습으로 들어왔다. 그런데 그들 속에는 낯익은 얼굴들이 보였다. 우리는 서로 쳐다보며 놀라움을 금치 못했다. 한 달 전 변방 감옥에서 먼저 북송된 사람들이었다. 옷을 벗어 입혀 보냈던 여인들, 돈을 쥐여주며 꼭 살아서 다시 만나자고 했던 어린 소녀들, 제대로 먹지 못하며 고역에 시달렸는지 하나같이 지쳐있는 모습들이었다. 우리 일행도 그 대열에 합류했다. 저녁식사 시간이라고 한 줄씩 줄을 지어 회칠한 벽이 군데군데 떨어져 내리고 있는 초라한 식당에 들어가니 개밥그릇보다 더 더러운 그릇에 시라지(시래기)죽이 삼 분의 일도 안 되게 담겨 있었다. 숟가락은 손잡이가 없었다. 끊어서 목에 넘겨 자살 할까봐 손잡이를 모두 잘라 버린 것이다. 동그란 부분만 남은 숟가락을 들고 식사 구령이 떨어지자 모두 정신없이 먹었다.

세상에 태어나서 처음 보는 음식이었다. 손이 가지를 않았다. 자기 몫을 다 먹고 나서는 모두의 눈길이 나의 죽 그릇을 건너다보고 있었다. 옆에 있는 사람에게 죽 그릇을 넘겼다. 그러자 앞에서 "그거라도 먹어야 견뎌 낼 수 있고 일도 할 수 있으니 억지로라도 먹소!"라고 말했다.

✿ 도움의 손길들

　　그런 식사가 끝나자 대열을 지어 대열훈련(사열행진)과 대열합창, 정치학습을 통해 사상개조 교육을 받았다. 취침시간인 10시까지는 30분이 남았었다. 불법월경자(탈북자)와 강간범, 점을 치다 잡혀 온 사람, 절도범 등 범죄자들과 함께 오락회를 하는 시간이었다. 그러나 오늘 로동단련대로 넘어온 우리들에게는 신고식을 해야 하는 시간이기도 했다. 한 사람씩 노래와 춤도 추라고 했다. 오락회린 북조선을 띠니있는 동안에 자본주의에 물들었는지를 확인하는 시간이었다.

　남한 노래를 부르거나 남조선 말투, 하나님을 부르면 다시 보위부로 넘어가게 된다. 모두들 숨을 죽이고 행여 자기도 모르게 실수라도 할까봐 조마조마하게 차례를 기다렸다. 한 청년 호명되었다. 오랫동안 조선을 떠나 있었던지 노래가 잘 생각이 안 나 한참을 고개를 갸우뚱 거리다가 '칠갑산'을 부르기 시작했다. '콩 밭메는 아낙네야 베적삼이 흠뻑 젖는다' 구성지게 불러가는 청년의 노래솜씨에 오락회를 하는 목적도 잊어버린 채 많은 사람들이 박수를 쳤다. 그러다가 자신이 남한 노래를 하고 있다는 걸 깨닫고 화들짝 놀랐다. 뒷쪽에서 나란히 팔짱을 끼고 의자에 앉아 있던 간부들 중 한 사람이 다시 꽥 소리를 질렀다. 갑자기 얼음물을 끼얹은 듯이 싸늘한 분위기에 칠갑

산을 신명나게 부른 청년과 함께 박수를 치며 좋아했던 사람들이 모두 굳어져 버렸다.

"박수 친 간나 새끼들 다 나와! 벽 옆에 일렬로 섯!"

조선 노래를 다 잊어버려 남한 노래를 북조선 옛날 노래로 헷갈려 실수로 부르고만 청년은 부들부들 떨기 시작했다. 이들은 다시 보위부로 엄격한 조사를 받아야 한다. 여러 사람들이 노래와 춤으로 사상 검토를 받으며 아슬아슬하게 고비를 넘겼다. 마지막에 내 차례가 되었다. 사람들은 잔뜩 기대에 찬 눈길로 바라보고 있었다. 대열 앞으로 나가 이름, 나이, 집 주소, 중국 가기 전 한 일들을 먼저 말하고는 무엇을 할 것인지를 소개를 해야 했다. 중국에서 남조선 노래를 많이 불렀던 터라 혹시 실수라도 할까 너무 긴장 되어 무엇을 해야 할지 생각나지 않았다.

"저는 온찌(음치)가 돼서 노래는 못 부릅네다. 조선예술영화 '우리는 묘향산에서 다시 만났다'에서 나오는 김성준 씨의 묘향산 자작시를 읊겠습네다."

사람들이 눈이 휘둥그레져 나를 쳐다보고 있었다. 그 순간 나는 온몸이 얼어붙고 말았다. 김성준 동무라고 해야 하는데 남조선말로 '김성준 씨'라고 하고 만 것이다. 눈을 감고 "너도 이 옆에 일렬로 섯!" 소리가 들리기만을 기다리고 있었다. 그런데 뒤쪽에 앉아있던 간부들이 못 들었는지 빨리 시작하라고 손짓했다. 노래를 하지 않으려고 묘향산 시를 선택한 것인데 영화에서 잠깐 들은 시를 어떻게 다 낭독해야 할 것인지가 걱정이었다. 그런데 피해 갈 수가 없었다. 하나님께 도움을 부탁하면서 입이 열리는 대로 소리를 냈다,

"아마도 수수천년이 흘렀으리/ 비로봉이 솟아나고 만폭동이 생겨

나고 수려한 밀림이 여기 설레이는 것은 아마도 수수만년을 전해왔으리/호랑이도 말을 했다는 그 세월/인호대의 전경을 저 혼자 볼 수 없어/ 길가는 나그네를 청했다는 그 전설/물어보자 묘향산아 긴긴 그 세월/너의 아름다움을 즐긴 이 몇몇이더냐(중략)"

감정에 몰입이 되고 멋있게 제스추어까지 하면서 시 낭송을 마치자 사람들은 감동에 겨워 눈물을 흘렸다. 묘향산 시는 영화 도중에 나오는 시이긴 하지만 온 인민들이 그 시로 받은 감동을 잊지 못하고 가슴에 간직하고 있었다. 함성과 함께 박수가 터져 나왔고 제 자리에 들어가 앉으라는 소리가 들렸다. 하나님께서 살려주신 것이었다. 잠 낀 동안 본 영화에서 나오는 그 긴 시를 낭송해 낸 건 내 힘이 아니었나. 얼떨결에 묘향산 시를 낭송하겠다고 했는데 하나님께서는 그 시가 저절로 내 입을 통해 낭송되게 하였고 그것도 아주 감동적으로 들리게 해 주셨던 것이다.

시를 낭송하고 나서 하나님께서는 나의 위상까지 높여 주셨다. 그 곳에서는 이름대신 "야, 이 간나, 저 새끼"로 불렸는데 이후부터 나의 이름은 '묘향산'이 되었고 간부들도 나에게 함부로 하지 않았다.

사상점검의 오락회가 끝나고 또 대열을 지어 취침 준비와 함께 공동변소로 줄을 지어갔다. 남녀 총 6개 칸에서 100여 명이 20분 안에 볼일을 봐야했다. 나는 아직 순서도 되지 못했는데 "모엿"하는 구령 소리가 들렸다. 모두 종이가 없어 대변을 보고 닦지 못했다. 나도 처음엔 속옷을 찢어 쓰고 버렸지만 마지막 조각은 버릴 수가 없었다. 다시 빨아서 쓰기 위해서였다. 하지만 물동이를 들고 십리 길을 가서 길어오는 형편에 속옷조각을 빨아서 쓴다는 것은 도저히 불가능한 일이었다. 몇 번을 접어서 돌려가며 사용하고는 더이상 쓸 수 없어 버릴 수밖에 없었다. 다음부터가 문제였다. 대변을 보면서 이 참담한 현실을 하나님께 기도로 말씀드렸다. 변소 밖에는 줄을 서서 기다리는 사람들이 빨리 나오라고 소리를 질러 댔다. 할 수 없이 어정쩡한 자세로 밖으로 나와 대열이 있는 곳을 향해 아주 불편한 자세로 걸어가고 있었다.

어떤 남자가 다가와 "똥숫개(화장지) 종이 있소?"라고 물었다. 무슨 남자가 어자한테 망측한 말을 하나, 나도 없는데 지금 무슨 소리인가, 그런 생각에 대꾸도 없이 비참한 마음을 달래는데 그 남자가 내 손에 뭔가를 쥐여 주었다. 누가 볼세라 양옆을 둘러보고 조심스레 손을 펴보니 네모나게 자른 누런 학습장 종이 여섯 장이었다. 너무나 귀한 물건에 얼마나 감사했는지 모른다. 사실 고백하기 창피한 일이지만 넋두리조차 흘리지 아니하시고 세심하게 들어주신 참 좋으신 하나님 아버지를 자랑하고자 이 내용을 쓴다. 그 남자는 나중에 알고 보니 로동단련대 소대장 아바이였다. 하나님은 그를 통해 나를 도와주신 것이다.

밤 10시, 취침시간이 되었다. 잠자리라고 누운 곳은 시멘트 바닥이었는데 시멘트 바닥이 패이고 이불도 없어 자기 옷을 벗어서 깔고 덮었다. 그 어지러운 잠자리에 대한 불평조차 없이 밤을 뜬눈으로 지새야만 했다. 아침에 일어나 깔았던 겉옷을 다시 입으려고 보니 시멘트먼지가 온 옷에 묻어 모두들 먼지를 뒤집어쓴 듯했다.

날이 밝아오자 6시 기상 구령과 함께 '사상개조'라는 구호를 외치며 아침 달리기가 시작되었다. 식사라고 주는 것은 중국에서 짐승도 안 먹이는 썩은 시래기소금물이다. 그것도 모자라서 아쉬워하는 청년에게 넘겼다. 오전 10시가 되어 작업장으로 모두 줄을 지어 30리 구간을 행진해서 걸어갔다. 나는 도저히 굽 높은 신을 신고 걸을 수가 없었다. 다리를 절뚝거리며 뒤쳐져 걸으니 빨리 뛰라며 고함을 쳐댔다. 더는 발뒤축이 아파 걸을 수가 없어 신을 벗어 손에 쥐고 맨발로 뛰었다. 석비래 땅(네모난 잘잘한 돌로 바닥에 깔아놓은 길)을 행진하는 동안 발에서 피가 흘러내렸다. 터지고 갈라져 벌어진 살갗 틈새로 작은 모래 알갱이들이 가득 메워져 한 걸음 옮기는 것도 힘들었다.

'아이고 하나님 너무 아픕네다. 난 못 걷겠습네다. 이거 무슨 방법이 없습네까? 내가 일 하러 이렇게 가야합네까?' 6월은 참으로 무더웠다. 그늘 밑에 가만히 서 있기만 해도 온몸에서 땀이 비오듯 하는데 쨍쨍 내리쬐는 맹렬한 태양 아래 30리가 넘는 길을 맨발로 걷는 것은 고통 그 이상이었다. 너무 가물어 수돗물이 나오지 않아 주민들이 물동이를 들고 먼 곳까지 가서 물을 길어 와야 하는 형편이었기에 농작물도 제대로 자라지를 못하고 있었다. 산천의 푸르고 먹을 것이 풍성한 중국과 비교하니 조국의 현실이 참으로 참담하게 느껴졌다.

자동차가 한 번 지나가면 모두들 먼지를 뽀얗게 뒤집어썼다. 행진하고 있는데 마주 걸어오는 할머니가 눈에 띄었다. 우선 발부터 살폈다. 엄지발가락이 쑥 삐져나온 떨어진 편리화를 신은 할머니에게 다짜고짜 달려가 구두를 내밀며 바꾸자고 부탁했다. 할머니는 의아해서 나를 쳐다보았다. 얼떨결에 신을 벗은 할머니에게 구두를 안기고 구멍이 난 할머니의 편리화를 신고 대열을 향해 뛰었다. 오래 신어 색깔이 바랜 데다 엄지발가락이 쑤욱 삐져나왔지만, 편리화를 신고 달리는 내 마음은 하늘을 훨훨 날아가는 듯했다. 뛰면서 너무도 고마워 할머니를 돌아다보니 오히려 할머니는 내게다 대고 고맙다고 고개를 몇 번이나 숙이며 인사를 하고 있었다. 아마도 그 구두는 할머니의 식량을 살 수 있는 희망의 돈으로 탈바꿈하였을 것이다.

✿ 사탕 세 알

우리는 30리 길을 행진하여 힘겹게 걷고 또 걸어 두만강 가까운 국경 옆 시골 동네 쪽에 도착했다. 사람의 힘만으로 땅을 50m 깊이로 파 놓았고 웅덩이 바닥은 사람 키만큼 물이 차 있었다. 수감자들은 이름이 없었다. 내 이름은 15번이었다.

"이제부터 양수장 건설을 위한 작업을 시작한다! 한 사람이 지게에다 감탕(물속에서 파낸 흙)을 50번씩 나른다! 꾸물거리거나 과제를 다 못 하면 더 큰 벌을 내릴 것이다."

명령이 떨어지기 무섭게 작업이 시작되었다. 다른 사람들은 감탕물(진흙)이 흐르는 지게를 메고도 잘도 뛰어다니는데 나는 도저히 걸을 수도 없었다. 옷은 흙탕물로 흠뻑 젖어 버렸다. 50미터가 넘는 위쪽을 쳐다보면 경사가 급해서 아슬아슬했다. 거기에다 감탕을 지게에 지고 오르락내리락해 마치 기름을 칠해 놓은 듯 미끄러웠다. 로동단련대에 온 첫날부터 도저히 먹을 수 없어 건네준 시래기죽을 받아먹은 청년이 마침 나와 한 조가 되어 있었다.

그 청년은 삽으로 감탕을 퍼서 질통(지게)에 담아주는 일을 맡았다. 나는 질통을 메고 그 감탕을 위로 나르는 일을 해야 했다. 물을 잔뜩 머금은 나무질통은 그 무게만 해도 엄청났다. 질통을 메니 균형을 잡을 수가 없어 온몸이 비틀거리며 걸음을 제대로 걸을 수가 없었다. 청년이 감탕 한 삽을 떠서 질통에 얹는 순간 그 무게를 감당하지 못하고 나는 감탕물 속에 나자빠지고 말았다. 청년은 행여 감시원들이 볼세라 잽싸게 나를 일으켜 세우고 한 삽만 담은 질통을 지고 얼른 올라가라고 떠밀었다. 미끄러운 급경사 길을 힘겹게 겨우겨우 올라가는 사람들을 보고 있던 감시원이 "중국에서 잘 처먹고 왔으면 일도 잘해야지!"라며 고래고래 소리를 질러댔다.

나를 보고 욕하는 줄 알고 머리도 못 들고 비칠거리며 올라가는데 "어이, 묘향 산 힘들어?" 했다. 그 말에 더욱이 얼굴을 들 수 없었다. 겨우 감탕 한 삽을 담은 질통을 메고 걸음도 제대로 걷지 못하는 것이 부끄러웠고 그 속에서도 씽씽 잘 달리는 여인들이 부럽기도 하고 미안하기도 했다. 미끄러지지 밀라고 계속 직은 돌멩이를 뿌려놓은 미끄러운 경사받이를 닳고 닳은 편리화로는 도저히 걸을 수가 없어 맨발로 올라가니 발은 망신창이가 되고 말았다. 너무도 고통스러웠다. 로동단련대에 온 후로 한 끼도 먹지 못했고 물도 제대로 마실 수 없었던 터라 속이 비어 눈앞이 어질어질하여 금방이라도 쓰러질 것만 같았다. 눈물을 삼키면서 하나님께 힘을 달라고 기도했다. 그리고 골고다 언덕으로 십자가를 메고 올라가시던 예수님을 생각하며 나를 위해 오신 주님 찬송을 마음속으로 부르면서 50미터 높이에 겨우 올라가게 되었다. 발이 터진 아픔도 컸지만 십자가에 못 박히신 주님의 그 고통에 비하면 내가 겪는 이 고통은 아무것도 아니라고 생각했다.

생전 처음으로 지게를 짊어진 나는 마치 술에 취한 사람처럼 도저히 중심을 잡을 수가 없었다. 하지만 여기서는 누구도 나를 도와줄 사람이 없다는 것을 깨달았다. 눈물과 땀으로 범벅이 된 얼굴로 이를 악물었다. 비틀거리면서 겨우 서너 걸음을 올라가다 쭈욱 미끄러져 내려갔다. 지게를 진 채 물웅덩이 바닥에 거꾸로 떨어지고 말았다. 그렇게 두 번을 감탕 물속으로 떨어진 후에야 겨우 땅 위로 올라오며 가쁜 숨을 몰아쉬고 서 있었다.

사람들을 통제하는 대장이 진흙과 눈물로 범벅이 된 내 얼굴을 보더니 "왜 울어? 힘들어? 15번! 이제부터 여기서 움직이지 말고 두 시간 벌을 서서 자기반성해!"라고 했다. 억울했다. 그러나 벌을 서면서 가만히 생각해 보니 2시간이면 작업이 끝날 것 같았다. 나는 일하는 사람들의 모습을 바라보며 내가 차라리 벌을 서고 있는 것이 다행스러웠고 감사가 터져 나오기 시작했다. 그때 귀에 익은 그 음성이 생생하게 들려왔다.

'사랑하는 내 딸아! 힘들어도 조금만 참아라. 내가 너와 함께하리라.'

그제야 나는 정신이 번쩍 들었다. 너무 힘들어하니 하나님께서 나를 벌을 세워 휴식시킨다는 걸 깨닫고 하나님께 감사를 드렸다. 눈물이 쏟아져 내렸다.

80여 명의 중국 월경 죄인들은 고된 일을 마치고 대열을 지어놓고 작업총화(결산)를 하였다. 질통을 지고 몇 번씩 날랐는지, 목표량 50번을 모두 감당했는지를 한 사람씩 번호를 불러가며 발표를 했다.

"15번은 30번!"

신기한 일이었다. 한 번을 겨우 짊어지고 올라갔고 그 이후에는 제대로 못한다고 벌만 서다 끝났는데 30번이라니. 놀라는 나에게 옆에 있던 한 동생이 "언니가 벌서는 동안 저기 오빠가 자기가 질통을 지고 올라가 언니 번호에다가 올렸어요."라고 말해주었다. 하나님께서는 이렇게 나의 주변에 도움의 손길을 붙여주셔 어려운 고비를 잘 넘기게 해 주셨다. 일이 끝나 모두 두만강에 들어서서 몸을 씻고 또 먼지를 뒤집어쓰며 그 30리 먼 길을 힘겹게 걷고 걸어서 로동단련대 숙소로 향했다.

나는 맨발로 힘겹게 쩔뚝거리며 걸었다. 겨우 단련대 숙소에 도착하니 또 이번에는 대열 훈련시간이 기다리고 있었다. 탈북자들은 모두 사상개조를 받고 있었다. 너무 아프고 힘들어 더 이상 견딜 수 없어 마음속으로 '하나님, 하나님' 하고 불렀지만 너무 힘들어 기도도 나오시 않았나. 그런데 어디선가 귀에 익은 찬송가가 들려왔다.

"빈들에 마른 풀같이 시들은 나의 영혼 수님이 허락한 성령 간설히 기다리네. 가물어 메마른 땅에 단비를 내리시듯 성령의 단비를 부어 새 생명 주옵소서."

분명 찬송가였다. 나는 귀를 의심했다. '어떻게 찬송가를 여기서 부를수 있을까?' 하는 생각에 옆에 있던 사람에게 언제 나온 노래인지 물었다. 이 노래가 나온 지 몇 년 되었다는 것이었다. 성령과 주님을 장군님으로 바꾸어 부르고 있었다.

'아! 여기에도 하나님이 계시는구나! 내가 너무 견디기 힘들어하니 나를 위로해 주시는구나!'

하나님께 감사의 기도를 드렸다.

질통을 감당하지 못하고 벌선 다음 날 가물고 메말라 딴딴해진 고추밭에 김매고 물주는 작업을 대신하게 되었다. 양수장 건설 작업 첫날 찢겨진 발에 흙이 들어가 감염이 되었다. 아침에 기상 소리와 함께 아침 달리기를 해야 하는데 퉁퉁 부어오른 발은 걸음을 걸을 수가 없었다. 절뚝이며 발을 끄는 모습을 보고 환자로 분류하여 남겨 놓았다.

"난 언니 신세(덕분)에 이렇게 환자 취급받으며 놀고 있는데 언니는 힘든 일 해본 사람 같지 않은데 대신하지 못해 정말 미안했습네다."

나의 도움으로 정신병자로 분류된 숙이는 첫날부터 양수장 건설장의 작업에서도 제외되어 환자들 팀에 속해 있었다. 식당 앞에 있는 물대(펌프)를 저어 숙이가 물을 길어오면 걸음을 걷기 힘든 나와 나이가 많은 할머니들은 고추밭에 앉아 한 포기 한 포기 물을 주었다. 너무도 가물어 펌프에서 물을 넉넉하게 길을 수도 없었고 조금씩 주는 물도 먼지가 날 만큼 마른 밭은 물을 준 흔적도 없을 만큼 금세 스며들었다.

오뉴월 태양 볕이 얼마나 무섭게 내리 쬐이는지 땀은 온몸에 흘렀고 머리 위에 내려앉는 햇볕으로 타죽을 것만 같았다. 그러나 감사할 수밖에 없었다. 찢어지고 터져 부어올라 걸을 수 없는 발이 고맙기 그지없었다. 그런 와중에도 마음 한 켠에는 반 그릇도 안 되는 시라지(시래기)죽을 먹고 양수장 건설장에서 질통에 감탕을 메고 경사길을 오르내리고 있을 동료들에 대한 미안함과 불쌍한 생각이 떠나지 않았다.

이날의 작업을 마치고 저녁 시간이 되자 양수장 건설장에서 씩씩하게 활개치며 노래소리와 함께 작업을 갔던 사람들이 돌아왔다. 식사시간이 되어 멀건 시라지 죽을 앞에 놓고 앉았다. 종일 뜨거운 태양 아래 작업을 했던 젊은 사람들이 얼마나 배가 고팠을까 싶었다. 앉고 보니 바로 맞은편 가까이에 눈에 익은 한 청년이 보였다. 작업

첫날 내 질통에 감탕을 담아주던 그 청년이 죽을 다 먹기를 기다렸다가 도저히 먹히지 않아 내 죽 그릇을 슬며시 밀어주고 그의 빈 그릇을 내 앞으로 당겨다 놓았다. 첫 날 저녁식사 시간에 우연히 넘겨준 시라지 죽을 먹고 다음날 자신의 과제도 있는데 30번의 질통을 지고 내 이름에다 표시를 해 주었던 고마운 청년이었다. 그 후 식사시간 때마다 그 청년은 나의 맞은편에 앉았고 죽 그릇은 그의 빈 죽 그릇과 늘 맞바꿈 했다.

청년은 사양하며 "누나가 잡수시오. 그래야 살아날 수 있소" 그때마다 조용히 미소를 지어 보이며 나는 괜찮다고 했다. 며칠을 굶었는데도 배고픈 줄 몰랐고 단지 한 사람한테 밖에 줄 수 없다는 것이 안타까웠다. 북조선의 시래기를 남한의 시래기와 같이 생각하면 큰 오산이다. 풍부히 물을 먹고 자라서 잎이 무성하고 물기가 넘치는 통통한 배추가 아니나. 척박한 땅에서 서우 뿌리를 내려 사란 배추나 무우, 그것도 먹을 만한 부분은 당 간부들의 몫으로 구분이 되고 떡잎이 져 누런 배추이파리, 마른 이파리, 병들고 썩어 먹을 수 없는 배추이파리들을 모아 소금을 넣고 삶은 물에 중국에서 수입해온 돼지사료로 사용하는 옥수수겨(옥수수 껍질과 알맹이를 빼낸 대를 빻은 가루)를 한 숟갈 넣어 끓인 것이다. 이나마도 충분하지 않아 고역에 시달린 이들의 배를 채워 줄 수 없다는 것이 이해가 되지 않았다.

이곳에 온 지도 일주일이 되었다. 아무것도 먹지 않은 텅빈 배 속에서는 꼬르륵꼬르륵 요란한 소리가 났다. 하지만 가만 서있어도 땀이 주룩주룩 흘러내리는 6월의 뙤약볕 아래서 인력으로 양수장건설장에서 고생하는 저들에 비하면 나는 호강하는 거라 생각하며 물로 배를 채웠다. 저녁이 되자 일 나갔던 대열이 돌아왔다. 나는 힘든 일하고 돌아온 그들의 얼굴을 마주보기조차 미안했다. 굶주린 몸으로 치렀을 그 고역의 현장, 단 하루 일했던 그 고역의 양수장 건설 현장은 한마디로 지옥굴이었다.

잠시 변소 가는 시간을 주어 대열이 흩어졌다. 이때 등 뒤에서 조용히 "누나" 하며 내 손을 덥석 잡는 것이었다. 깜짝 놀라 "어마나" 소리가 저절로 나왔다. 기겁하며 손을 빼려는데 그는 뭔가를 손에 꼬옥 쥐여주고는 쑥스러워 눈도 마주치지 못하고 저쪽 변소 방향으로 뒤도 돌아보지 않고 급히 달려갔다. 사라지는 그 청년의 뒷모습을 보며 조심스레 손을 펴 보았다. 오므렸던 손가락을 펴는데 나의 손바닥 위에 나타난 것은 로동단련대 안에서는 구할 수가 없는 귀하고 귀한 눈깔사탕 세 알이었다. 놀라움을 금치 못하며 그가 사라진 방향을 바라보았다. 누가 볼세라 사탕이 있는 주먹을 살며시 감싸 쥐고 청년이 나타나기만 기다리고 서 있는데 그의 모습이 나타났다. 아주 먼 거리였음에도 그의 모습은 전혀 지쳐 보이지 않았다. 손에 들어있는 사탕을 도로 주려고 손을 흔들었다. 사람들이 눈치챌세라 주먹을 들어 흔들어 보이자 나를 보고 빨리 먹으라는 듯 그도 손시늉으로 신호를 보냈다. 옆에 있던 숙이가 한눈을 파는 사이에 일어난 일이었다. 손에 사탕을 쥐여준 그는 작은 쇠톱을 주며 수갑 줄을 끊고 같이 탈출하자던 그 청년이었다. 고역의 양수장 50미터 깊은 감탕을 질통에 메고 일했던 로동단련대 첫날 어려운 나의 몫을 그가 감당했었다.

무엇이라도 주고 싶은 고마운 청년이었다. 그런데 그가 오히려 나에게 세 알의 사탕으로 힘을 주는 것이다. 양수장 건설작업에 할 때도 작업복 호주머니에 넣어두었던지 진흙 물이 잔뜩 묻어 있었다. 한주 동안 물만 먹어 기운이 떨어질 대로 떨어진 나를 그 사탕 세알이

소생시켜 주었다. 그곳을 떠날 때까지 그 세 알의 사탕이 유일한 양식이었다.

✿ 천사를 보내다

　　북송되어 첫 번째 조사를 받았던 보위부에서 하루 만에 기적적으로 통과되어 안전부에 넘겨질 때 안전원에게 부장동지를 만나게 해달라고 부탁을 했었다. 회의에 갔다고 해서 만나지 못하고 '로동단련대'로 오게 된 것이다. 이튿날 대열 훈련을 하고 있는데 단련대 간부가 나를 불러내어 사무실로 데리고 갔다. 혹시 누가 나를 알아보고 다시 조사하는 거 아닐까, 걱정을 하며 사무실에 가보니 상당히 직급이 높아 보이는 간부가 앉아 있었다. 그 간부는 무슨 일로 자신을 보자고 했는지 물었다.

　　"부장동지, 도와주십시오. 중국에서 식당을 하다가 갑자기 체포되는 바람에 가지고 있던 돈들은 모두 빼앗기고 빈손으로 나왔습네다. 다시 중국에 들어가 은행에 저금한 돈을 찾아 올 수 있게 도와주십시오! 믿어지지 않으면 사람을 한 명 붙여 주십시오!"

　　씩씩하고 당당하게 말했다. 나무 의자에 앉아서 담배를 피우던 간부는 한참만에야 도와주면 자기에게 뭘 해줄 수 있는지 물었다. 돈이든 물건이든 다 드릴 수 있다고 하자 그가 "좋소. 생각해 보겠소. 가서 일 하시오!"라고 했다.

　　그 시간 이후로 마음속으로 더욱 간절히 기도하고 또 기도하였다.

전기가 부족하여 전기기관차가 다니지 못하다가 거의 한 달 만에 청진-무산행 렬차가 들어왔다는 소식이 들렸다. 갑자기 로동 단련대에서도 부산한 움직임이 일기 시작했다. "모두 모엿!" 하는 구령 소리가 들려왔다. 잠시 휴식하고 있던 불법월경자들이 순식간에 모여 대열을 이루었다. 100여 명을 네 줄로 세웠다. 내 이름만 호명되지 않았다. 로동단련대 마당 한가운데 나 혼자만이 덩그러니 서 있자니 불안한 마음에 가슴이 졸여 숨도 제대로 쉬기가 어려웠다. 왜 내 이름을 안 부르냐고 묻자 "동무는 보위부로 다시 가야 돼!"라고 했다. 순간 정신이 혼미했고 양쪽에 대열을 선 사람들도 술렁이기 시작했다. 숙이의 눈과 마주쳤다. 걱정과 근심 속에서도 슬며시 숙이 곁을 지나가는 척하며 조용히 말했다.

"숙이야 몸조심하고. 꼭 살아서 다시 만나."

"언니, 고맙습네다. 이 은혜 잊지 않겠습네다. 언니는 내 생명의 은인입네다. 살아서 다시 만나면 꼭 신세 갚겠습네다."

눈물이 앞을 가려 아무것도 보이지 않았다. 더 이상 그를 도와줄 수 없는 것이 안타까웠다. 그때 숙이는 임신 4개월이었다. 신발 끈을 풀어 서로 손을 묶으면서도 모두들 나를 걱정해 주는 눈빛들이다. 이들이 가야할 도 보위부는 무시무시한 곳이었다. 남녀 가릴 것 없이 개 패듯 때린다는 것을 잘 알고 있으면서도 오히려 모두들 나를 위로해 주었다. 나를 도와주던 그 청년이 눈인사를 보내왔다. 신발 끈으로 손목을 매느라 혼잡한 틈을 타 청년이 내 앞으로 다가왔다.

"누나, 어딜 가든지 몸 건강하시오, 내 이름은 정철이요."

"그동안 고마웠어. 혹 외울 수 있으면 전화번호 기억하고. 살아서 중국에 다시 들어가면 전화해서 나를 찾아달라고 해봐요."

그로부터 2년 후, 정철이 내가 아는 동생과 만난 적이 있는데 정철이 내 소식을 묻자 동생이 믿을 수가 없어 내 연락처를 알려주지 않았다고 한다. 만날 기회가 있었는데 아쉬운 일이다. 보위부 감옥에서 만난 수많은 사람들이 하나님의 인도 하심으로 한국에 와 재회를 했으나 그 청년의 소식은 전혀 들을 수가 없었다. 가장 힘든 그때 여러 가지로 나에게 도움을 주었던 정철이라는 청년을 꼭 만나고 싶다.

　　다시 보위부로 가는 건 참으로 위험한 길이었다. 드디어 대열이 기차 역전으로 이동하면서 다른 대열도 움직이기 시작했다. 정철이와 숙이가 걱정스러운 눈빛으로 내가 보이지 않을 때까지 뒤돌아보며 위로의 미소를 지어 보였다.

　　'아버지 하나님 불쌍한 저들을 살려 주십시오. 이제 저들이 가는 길은 죽음의 길입네다. 한 사람도 빠짐없이 모두 살려주세요. 꼭 부탁드립네다.'

　　나 혼자 남았을 때 안전원이 가자고 했다. 자전거를 타고 앞서 가는 안전원의 뒤를 따라 걸으며 불안한 마음을 하나님께 도와달라고 기도했다. 안전원이 "돈을 좀 썼갔구만. 부장동지 친척이오?"하고 물었다. 어디로 가는지 말해달라고 하자 따라오라고만 했다. 장마철이라 비가 많이 와서 길은 진흙탕이었다. 한참을 가다가 마을 길에 들어섰다. 공동변소 옆을 지나려는데 안전원이 자전거를 멈추고 변소에 들어가는 척하라며 종이쪽지 하나를 건네주었다. 일단 잠시 숨어 있어야 했다. 변소는 오물이 넘쳐나고 파리와 구더기가 득실거렸다. 코를 찌르는 고약한 냄새로 인해 숨을 쉴 수가 없어 도저히 발을 들여놓을 수 없는 끔찍한 형편이었다. 하지만 그런 것을 가릴 처지가 아니었다. 코를 막고 변소 안으로 들어가 쪽지를 급하게 펴 보았다. 종이쪽지에는 어느 마을에 가면 도와주는 사람이 있다는 글이 적혀 있었다. 무서운 죽음의 문턱에서 구출해 주신 하나님께 감사드리고 잠시 후 변소에서 나왔다.

이제는 영영 돌아올 수 없는 길을 떠나야만 했다. 연로하신 부모님, 사랑하는 남편, 딸, 누구도 마음에 내려놓지 못할 사람들이었다. 차마 발걸음이 떨어지지 않았다. 이제 떠나면 다시는 올 수 없는 이 땅, 딸의 목소리라도 듣고 싶었다. 하나님께 딸의 목소리라도 한번 들을 수 있게 해달라고 기도하면서 어디인지도 모르고 발걸음을 재촉했다. 먹을 것을 구하러 다니는 듯 배낭을 메고 지나가는 어떤 아주머니를 붙잡고 체신소(전화국)가는 길을 물었다. 손가락으로 가리켜 줄 힘도 없는지 아주머니는 겨우 고개짓으로 방향을 알려주었다. 체신소에 도착하니 사람들이 인산인해를 이루고 있었다. 먹을 것이 없어 죽게 된 형편을 중국친척들에게 알려 구호물자를 요청하는 전화를 하고자 기다리는 사람들의 줄은 끝이 보이지 않았다.

전기상태가 안 좋아 전화 도중 끊어지기가 예사였다. 여기저기서 싸우는 소리들이 시끄럽고 복잡하기 그지없었다. 그들의 무리를 헤집고 체신소 안으로 들어간 나는 교환수에게 평양에 전화할 수 있는지 물었다. 전깃줄이 끊겨 국내 전화는 전혀 안 된다는 답변이었다. 김일성, 김정일 직통 전화인 정부교환도 안 되는지 물었다. 교환수가 연결할 수 있는 최고 전화통로였다. 그는 나를 중앙에서 내려온 무역 일꾼이나 당 일꾼으로 생각했는지 이유도 묻지 않고 안으로 들어오라고 했다. 교환실 안으로 들어서려는 순간 문득 신발이 생각났다.

옷은 감탕작업 때 입지 않고 따로 놔둔 옷으로 갈아입어서 품위가 있어 보였는데 신발을 이들이 보게 되면 참 곤란한 일이 발생할 수 있었다. 그들이 눈치채지 못하게 내 신발이 아닌 양 한쪽 구석으로 밀어놓고 교환실 안으로 들어갔다.

전화번호를 묻는 교환수에게 말없이 남편 회사 전화번호를 적어주었다. 마음속으로 한창 기도 중인데 교환수가 전화가 연결 되었다는 것이다. 남편의 목소리가 아니어서 철렁 가슴이 내려앉았다. 부사장 동지를 찾자 누구냐고 했다. 현희엄마라고 했더니 전화받던 사람이 놀라며 남편을 찾아 전화기를 건네주었다. 남편도 놀라서 거기가 어디냐고 물었다. 체신소리고 한 뒤 현희를 바꿔 달라고 했다. 남편은 10분 후에 다시 하라고 했다. 혹시 딸이 학교에서 돌아오시 않았다면 이 좋은 기회를 놓치고 만다. 혹시 '딸이 집에 없으면 어쩌나?' 하는 생각에 가슴이 비쩍비쩍 디드는 것만 같았다.

하나님! 제발 딸의 목소리를 듣게 해주세요, 기도를 끝내고 눈을 뜨니 10분이 되었다. 전화기를 들고 남편을 찾으니 "여보, 이젠 돌아와서 자수하면 안 되겠소!"라고 했다. 그 말에 버럭 화가 났다. 내가 뭘 잘못해서 자수한단 말인가? 억울하게 생이별당한 것만도 기막힌 일인데. 그만 목이 메어 목소리가 나오지 않았다. 겨우 마음을 진정하고 현희를 바꿔달라고 했다.

"엄마 보고 싶어요. 언제 와요? 이젠 집에 오면 안 돼요?"

"엄마가 계란 사다 주지 못해 미안해!"

"계란 안 사와도 좋으니 보고 싶어요! 이젠 같이 와서 살면 안 돼요? 엄마 보고 싶단 말이에요.! 엄만 나쁜 사람! 세 밤 자고 온다 해서 내가 얼마나 기다렸는데, 아무리 기다려도 엄만 안 오구!"

울먹이는 딸의 목소리에 그만 아찔하여 할 말을 잃었다가 정신을 차리고 집에 쌀이 있는지 물었다.

"엄마, 아버지가 손풍금(아코디언) 팔아서 옥수수로 바꿔먹었고 이젠 먹을 것이 다 떨어졌어요! 엄마 빨리 오세요. 보고 싶어요. 거기 어디에요?"

딸의 얘기를 듣는데 숨이 턱 막혔다. 엄마가 손풍금, 고운 옷, 신발 돈도 많이 보내주겠다고 하자 딸이 엉엉 목 놓아 울었다. 남편이 전화를 받아 들어 모레가 현희 생일인데 알고 있냐고 물었다. 어떻게 잊을 수가 있겠는가. 눈물만 쏟아져 내렸다.

"생일인데 현희에게 해줄 것이 없어 당신 옷 팔아서 신발 사주고 당신 옷 줄여서 교복을 만들어 입혔소! 아무래도 엄마가 있어야지 현희 불쌍해서 더는 볼 수가 없소! 여보! 이제는 집으로 돌아오면 안 되겠소? 거기가 어디오? 내가 지금 당장 차 가지고 데리러 갈게."

남편도 흐느껴 울었다. 어린 딸을 데리고 나를 기다리고 기다린 남편의 마음은 얼마나 아팠을까? 가슴이 아파 쓰러질 것만 같았다. 체포되는 것도 두렵지 않았다. 나를 기다리는 남편과 딸에게 당장 달려가고 싶은 충동이 불길처럼 일어났다. 순간 '빨리 이 땅을 떠나라' 하는 소리가 연거푸 귓전을 울리며 집으로 향하는 마음을 주저앉혔다.

더는 이 땅에 있을 마음이 없었다. 한시바삐 중국에 가서 딸에게 돈과 쌀, 옷, 아코디언을 보내 주고 싶었다. 물건을 보낸다고 해도 얼마나 제대로 전달이 될지 의문이었다. 그동안 돈 벌어서 수없이 보냈건만 딸은 내 옷으로 교복을 만들어 입고 손풍금도 빼앗겨 버렸다. 다시는 돌아보고 싶지 않은 저주의 나라였다. 하지만 그 땅에 사랑하는 사람들이 사는 곳이었다.

정부교환 전화는 김일성, 김정일 외에는 절대 연결할 수 없는 통로였음에도 불구하고 하나님께서는 교환수의 마음을 움직이셨다. 꿈결에도 못 잊은 딸과의 통화를 허락하신 것에 감사드렸다. 한 치의 오차도 없이 체신소로 발걸음 인도하시고 기적의 전화 통화를 허락하신 하나님의 오묘한 섭리와 사랑에 감탄을 금할 수 없었다.

전화를 하고 다소 편안한 마음으로 쪽지에 적힌 주소를 찾아가니 한 여성이 나를 기다리고 있었다. 사실을 이미 알고 중국까지 잘 안내하겠다고 했다. 맨 처음 조국을 떠나기 전에는 이 땅이 참으로 아름다운 곳이라고 생각했는데 다시 돌아온 조국은 너무 어두웠다. 불빛 하나 없는 캄캄한 땅! 진탕에 발이 빠져 어디로 옮겨지는지도 모를 정도로 어지러운 암흑의 땅이 되어 버렸다. 제2의 예루살렘이라 칭할 만큼 성령의 역사가 강하게 일어났던 평양, 그러나 그 조국 땅은 지금 말 그대로 그 어디를 가나 캄캄한 암흑의 땅, 칠흑 없는 감옥, 곡식도 뿌리 내리지 못하는 저주의 땅이 되어 버렸다.

'내가 예루살렘을 무더기로 만들며 승냥이 굴이 되게 하겠고 유다의 성읍들을 황폐하게 하여 주민이 없게 하리라. 지혜가 있어서 이 일을 깨달을 만한 자가 누구며 여호와의 입의 말씀을 받아서 선포할 자가 누구인고 이 땅이 어찌하여 멸망하여 광야 같이 불타서 지나가는 자가 없게되었느냐' (예레미야 9:11~12)

❖ 두만강의 기적

화려했던 추억과 언제 다시 만나게 될지 모르는 부모님과 자식들을 뒤로하고 다시 두만강을 건너야만 했다. 동행하기로 한 여성과 약속된 장소에 도착 하니 이미 보위부의 지시를 받고 국경 경비대 군인들이 우리를 기다리고 있었다. 새벽 2시! 달빛이 유난히도 밝았다. 휘영청 밝은 달빛을 바라보노라니 시린 가슴은 더욱 아려왔다. 경애하는 김일성 원수님을 아버지라 부르며 목숨 바쳐 충성하며 살도록 교육받으며 그런 삶을 오히려 영광으로 알고 심장을 다 바쳐 살아왔는데 중국을 경험하고 세상을 깨닫게 되었다. 기만당하고 살아온 세월에 허탈함이 밀려왔다. 중국에서 본 휘황찬란한 불빛들, 그중에서도 유난히 빛나던 십자가의 붉은빛. 반면에 사방이 캄캄함 속에 불이 들어오는 유일한 곳. 오직 김일성 동상에서만 불빛을 찾아볼 수 있는 그곳이 비교되며 생각이 달라졌다.

'이제 두만강을 건너가면 이 땅으로 다시는 돌아오지 않으리라. 내 기필코 성공해서 사랑하는 내 가족들을 속히 데려가리라.'

막상 나서 자란 고향을 아주 떠날 생각을 하니 눈물이 났다. 더는 이 땅에 있을 수 없는 몸이 되었기에 피눈물을 삼키며 두만강에 들어섰다. 강 중심으로 들어가니 허리까지 닿는 깊고 거센 물살로 인해 남자들의 도움이 없이는 도저히 건널 수 없었다. 찢어진 편리화와 겉옷을 보자기에 싸 머리에 이고 군인들의 부축임 까지 받으며 두만강을 건넜다. 돈과 필요한 물품들을 보내주기로 약속했기에 안전하게 중국 쪽 강기슭에 당도했다. 강 옆 자갈밭에서 젖은 팬티를 벗어 물을 쥐어짜는데 달빛이 너무도 밝아 벗은 몸이 그대로 드러났다. 우리를 건네다 준 군인들이 다시 강을 건너 북조선 쪽으로 가면서 "올 때 축구볼 좀 사다주오"라고 소리쳤다. 두만강 물소리와 달빛만이 조용히 비춰주고 있는 강가로 북조선 군인들의 목소리가 메아리쳐 허공에 울려 퍼졌다.

바로 이때였다. "거기서라!" 고함치며 뛰어 오는 사람들이 있었다. 너무 놀라 그 자리에 풀썩 주저앉아 머리를 땅에 박았다. 뛰어오던 사람들은 내가 엎드려있는 바로 앞에 멈춰 섰다. 하체를 벗었다는 부끄러움 느낄 사이도 없이 몸이 굳어짐을 느끼며 숨도 제대로 쉬지 못한 채 서로 손을 잡고 머리를 땅에 박고 있었다. 죽음과 같은 시간! 말없이 흐르는 두만강 물소리. 얼마쯤 지났을까?

"이쪽이 맞지? 분명 여자들 같았는데..."

조선족들이다. 목숨이 경각에 이른 우리에게는 그 몇 초가 몇 시간처럼 길게 느껴졌다. 하도 조용해서 살며시 고개를 든 순간, 한 사나이의 눈과 딱 마주쳤다. 아이고! 하나님 맙소사, 살려주시오, 나도 모르게 말이 튀어나왔다. 1미터도 안 되는 팔만 뻗으면 맞닿는 거리였다. 온몸이 얼어붙은 듯이 싸늘해졌다. 이제는 그들이 머리채를 잡아 일으킬 때를 기다리며 모든 것을 포기한 채 다시 머리를 땅에 박았다. 또 몇 초의 시간이 지났을까? 심장의 박동소리가 어찌나도 요란한지 앞에 서있는 사람들이 금시 듣고 달려 들것만 같았다,

'아! 원통하구나 어떻게 다시 여기까지 왔는데 공안이 아니라 이번에는 인신매매범들에게 잡혀 팔려가게 되였구나, 제발 이 위기를 면케 하여 주실 수는 없습네까? 하나님 아버지 제발 도와주십시오!'

갑자기 저쪽 편에서 '부스럭' 소리가 들렸다. "저쪽이다"하며 두 남자가 정신없이 뛰어갔다. 대낮처럼 환한 달빛 아래 엎드린 나를 보

지 못했다. 그들은 여자들을 팔아먹는 인신매매범들이 틀림없었다. 당시 두만강 주변에서 사는 중국여자들은 도시나 외국으로 돈 벌러 가고 보토리(홀아비)들과 노인들이 많이 살고 있었다. 이들은 조선 여성들이 두만강을 건너오면 자기들이 데리고 살다가는 수소문하여 먼 안쪽 한족들에게 팔아먹는 인신매매를 하는 것이 업이었다. 수시로 순찰하며 탈북자들을 찾아 북송시키는 공안들과 주변파출소 때문에 데리고 살 수는 없었다. 낮에는 낚시하는 척 밤에는 강 옆 풀숲에 숨어 있다가 무작정 강 건너오는 여자들은 팔아먹고 남자들은 탄광이나 목장으로 소개시켜 주고 소개비를 받아 생계를 유지하고 있었던 것이다.

하체를 벗은 채 잡혔더라면 그 자리에서 강간당하는 것은 물론이고 성 노리개로 팔려가는 것은 기정사실이었던 것이다. 참으로 신기한 일이었다. 왜 그들이 나를 놔두고 다른 곳으로 달려갔을까? 그렇게 위기를 면하고 무사히 연길 시내로 다시 들어왔다.

세월이 흘러 하나님 사역을 하면서 그때를 더듬어 간증을 하게 되었는데 장로회 통합 측 '300만 성도운동 본부장'으로 활동하셨던 광주서남교회 안영로 목사님이 나의 손을 잡으며 말씀하셨다.

"하나님의 귀한 사명을 지닌 딸이어서 하나님께서 그 사람들의 두 눈을 가려 사람으로 보이지 않게 해 주신 것입니다."

진정 하나님께서는 그 위기의 순간에 나를 눈동자와 같이 지켜 주셨다. 늦게나마 하나님의 놀라우신 기적들을 추억하며 죽음의 고난과 역경 속에서 지켜주신 아버지 하나님의 뜨거우신 그 사랑에 참으로 감사하고 또 감사했다.

'그들이 이르되 너는 물러나라 또 이르되 이 자가 들어와서 거류하면서 우리의 법관이 되려 하는도다 이제 우리가 그들보다 너를 더 해하리라 하고 롯을 밀치며 가까이 가서 그 문을 부수려고 하는지라 그 사람들이 손을 내밀어 롯을 집으로 끌어들이고 문을 닫고 문 밖의 무리를 대소를 막론하고 그 눈을 어둡게 하니 그들이 문을 찾느라고 헤매었더라.'(창세기 19:9~11)

part.**4**

희망의 통로

욥기 11:18
네가 희망이 있으므로 안전할 것이며 두루 살펴보고
평안히 쉬리라

You will be secure, because there is hope; you will
look about you and take your rest in safety.

✿ 한국으로 가라!

　　중국 연변에 들어와 식당에서 일하던 동생들을 만났다. 서로 부둥켜안고 얼마나 울었을까? 다시는 못 보는 줄 알았다는 동생들에게 하나님의 도우심으로 무서운 보위부에서부터 무사히 빠져나오게 된 경위를 말해주었다. 동생들은 하나님이 조선 보위부까지 따라갔냐, 어떻게 생겼느냐고 물었다. 동생들과 만난 기쁨도 잠깐이었고 식당운영도 무서워 자신이 없었다. 동생들이 모두 이제부터 중국 땅에서의 삶에 대해 불안해하기 시작했다. 나도 북송까지 겪고 보니 고향에 대한 미련마저 접게 되었다. 기도밖에는 더 좋은 방도가 없어서 동생들과 손을 잡고 기도를 시작하였다.

　　"아버지 하나님 사망의 음침한 골짜기에서 나를 구원해주신 그 자애로운 사랑에 감사의 인사 삼가 드립네다. 내가 없는 동안 불쌍하고 귀한 동생들을 무사히 지켜주신 사랑과 은혜도 감사 드립네다. 아버지 하나님 이제부터 이 땅에서 어떻게 살아야 할지 우리는 모르겠습네다. 언제 들이닥칠지 모를 중국 공안이 무섭습네다. 죽어가는 조국 인민들의 고통과 죽음을 보고 왔습네다. 저들에게 먹을 것과 입을 것을 보내야 하는데 더 이상 이 땅에서 우리가 할 수 있는 일이 없습네다. 더는 중국에서의 삶은 자신 없습니다. 우리가 자유롭게 일하며 돈을 벌수 있는 길로 인도해 주십시오. 동생들과 함께 안전하게 자유롭게 살아 갈 길을 열어주십시오. 예수님의 이름으로 기도를 올립네다. 아멘."

기도가 끝났지만 동생들이 나의 손을 놓지 않았다. 우리는 소리 내서 울고 또 울었다. 어떻게 살아야 할지 막막했다. 이때 내 귀가에 속삭이는 듯한 말소리가 들렸다.

'사랑하는 내 딸아 이제는 이곳을 떠나라. 젖과 꿀이 흐르는 가나안 땅으로 가라. 가나안 땅으로 가라.'

가나안 땅이 무슨 말인지 알 수가 없었다. 예림이를 데리고 택시를 타고 한참 가다가 십자가를 발견하고 다급히 내렸다. 교회당에 들어가서 나이 좀 많아 보이는 남자 분에게 혹시 중국에 가나안 이라는 곳이 있는지 물었다. 그러자 그 사람이 성경책을 펼쳐 읽어주며 설명을 해 주셨다. 설명을 다 듣고 동생들이 있는 아파트로 가서 성경책을 펼치고 교회당에서 들었던 성경 구절을 읽어 내려갔다.

'내가 내려와서 그들을 애굽인의 손에서 건져내고 그들을 그 땅에서 인도하여 아름답고 광대한 땅, 젖과 꿀이 흐르는 땅 곧 가나안 족속, 헷 족속, 아모리 족속, 브리스 족속, 히위 족속, 여부스 족속의 지방에 이르려 하노라.' (출 3:8)

동생들은 농촌에 시집갔다가 겨우 도망쳐 나왔는데 하필이면 가나안 촌으로 가야 하냐며 도시로 보내 달라고 기도하자고 했다. 하나님께 가나안 촌이 아니라 다른 곳을 알려달라고 기도했다. 그제서야 동생들의 얼굴이 밝아졌다. 이때 다시 귓가에 말소리가 들렸다.

'한국으로, 한국으로 가라.'

한국이라니, 그럼 가나안은 어떡한단 말인가. 그 순간 한국이 바로 가나안이라는 깨달음이 왔다.

"애들아. 가나안 촌이 바로 한국이다. 약속의 땅 가나안이 바로 축복의 땅 대한민국이다! 하나님은 우리가 축복의 땅으로 가길 원하신다."

동생들은 한국으로 가면 북조선에 있는 식구들 다 죽는다며 못 가겠다고 했다. 나도 가족들에게 누가 되는 길을 선택할 수가 없었다. 한국으로 가는 길은 북조선 가족들을 죽이는 길이있다. 하나님께 한국에 가기 힘들다는 말씀을 기도로 바쳤다. 그렇게 며칠이 지나고 나서 답답해진 동생들이 또 기도해달라고 졸랐다. 그들과 함께 손잡고 기도를 시작했다. 한참 눈물의 기도를 하는데 또 한국이 떠오르면서 '꼭 가야 한다.' 는 소리가 들려왔다.

"애들아. 우리가 살 수 있는 곳은 한국으로 가는 길 밖에는 다른 길은 없어. 이제부터 잘 생각해보고 결심하자."

거의 한 주 동안 생각하고 또 생각을 거듭한 끝에 모두 한국행을 결심하게 되었다. 하지만 한국으로 갈 수 있는 길을 알 수가 없었다. 예심이가 시골에 팔려가서 살 때 말이 통하지 않는 한족굴에서 견딜 수 있었던 것은 소형 라지오(라디오) 덕이 였다며 라지오를 사자고 했다. 예림이도 라지오를 사서 남조선방송을 들었다고 했다. 우리는 즉시 라디오를 구입했고 극동방송과 여러 방송들을 통해 한국으로 가는데 도움될 만한 소식에 귀를 기울였다. 한국에 먼저 간 탈북자들의 방송 인터뷰에서 한국행 루트가 바로 중국 내몽고 변경이라는 것을 알게 되었다. 철조망 7개 중 4개가 내몽고, 3개가 몽골 쪽이라는 것도 들었다. 지체하지 않고 우린 함께 떠날 준비를 했다.

나는 여권과 신분증, 동생들은 신분증만 가지고 떠났는데 경비로 중국 돈 1만 5천 위안이 필요했다. 경비와 준비물, 사진들을 가방에 넣고 옷가지들을 준비했다. 드디어 연변을 떠나 북경으로 향했다. 기차를 타고 가는 도중 열차 안에서 차표와 신분증을 검사할 때마다 기도하고 나면 무사히 통과되었다. 가짜 신분증을 가지고 있는 동생들을 검사할 때 가장 긴장되었다. 여섯 번에 걸친 검사를 무사히 통과하고 하나님의 도우심으로 북경 역까지 왔는데 이번에는 더 무시무시한 검문이 우리를 기다리고 있었다.

북경 역에 컴퓨터를 앞에 두고 앉아있는 경찰들! 그 앞을 통과하는 사람들마다 신분증 대조와 호구조사, 중국말로 묻는 조사로 인해 머리에 쥐가 날 지경이었다. 파룬궁이라는 종교집단 색출 때문에 이십여 명이 넘는 경찰들이 역대합실 쪽에서 한 사람씩 신분증을 대조하고 있었다. 눈앞의 상황은 우리를 두려움과 공포로 몰아넣었다. 동생들이 두려워하는 모습을 보며 처음에는 아찔했지만 다음순간 '아! 긴급 기도를 드려 보자'는 생각이 들었다. 기차에서 내린 수많은 사람들의 무리 속에서 우리는 대합실 기둥을 의지하고 기도하기 시작했다.

"하나님! 지금 보고 계시죠? 우리가 저 무리 속을 뚫고 무사히 나가게 해주십시오! 컴퓨터로 검사하면 가짜 신분증이 다 드러나게 되어 있습네다. 저들의 눈과 귀를 가려 우리가 무사히 통과하게 해 주십시오. 무서운 북송 길에서도 보위부 감옥에서도 놀라운 기적을 보여주신 것처럼 지금 여기로 오셔서 꼭 도와 주실줄 굳게 믿겠습네다. 아멘"

기도를 막 끝내자 눈물범벅이 된 예림이가 "언니 '예수 그리스도 이름 받들어서 기도를 드립네다'를 왜 안 합네까?"라고 했다. 다시 정신을 차리고 "예수님의 이름으로 부탁하며 기도를 드립네다."라고 하자 동생들이 "암 그렇구말구"하고 합창했다.

그런데 이게 웬일인가? 간절히 기도를 끝내고 앞을 보니 눈앞에 있던 사람들과 경찰들의 무리가 온데간데없이 사라져 버렸다. 경찰이 어디갔냐고 옥신각신하던 동생들이 "경찰들 없게 해달라고 기도를 드려놓고는 또 어니 갔느냐고 크게 말하면 예수님이 들으시고 다시 경찰 보내면 어쩌자구 그럼매"라며 웃었다. 다시 동생들의 손을 잡고 감사기도를 드렸다. 하나님은 긴급한 우리들의 기도를 들으시고 경찰 무리들을 순식간에 다 물러가게 하신 것이다. 참으로 신기한 일이었다. 기도하면 우리가 원하는 대로 되는 것이 정말 놀랍고 재미있었다. 숨바꼭질 하듯이 우리의 생각과 소원을 이루어 주시는 하나님! 그 하나님의 모습이 늘 그리웠다. 하나님의 도우심으로 북경 역을 무사히 통과해 나온 우리는 역대합실에서 2시간을 기다려야 했다. 내몽고 행렬차를 한참 기다리고 있는데 갑자기 예림이가 말했다.

"언니 어쩜 하나님은 언니 기도를 그렇게도 잘 들어 주십네까? 아까도 그 무서운 검사를 앞에 두고 기도하니까 빗자루로 말끔히 싹 쓸어간 듯이 경찰들 수십 명이 다 없어지지 않았습네까?"

이 말이 끝나기가 바쁘게 예정이가 아까 그 사람들이 식사 시간이어서 다 없어진 거라고 했다. 이 말에 모두 화가 났다. 순간 예림이가 총알처럼 쏘아 보며 말했다.

"언니, 예선언니 기도가 끝나자마자 우리 모두 눈을 떴을 때 경찰들이 한 명도 안 보이는 것이 기도응답이지 뭐요. 보자 보자 하니 언니는 딱 사탄처럼 말하오? 하나님 들으시면 얼마나 섭섭해 하겠소? 빨리 하나님께 반성하오"

반성하는지 예정이 조용했고 예림이도 입을 다물었다. 신기하게도 기도가 끝나고 눈을 뜬 순간 깜짝 놀라지 않을 수 없었다. 아무리 식사하러 간다고 해도 교대로 갈 수 있는 상황이었는데 그렇게도 말끔히 싹 쓸어 갔을까? 기도하기만 하면 기적을 보여주시는 하나님이심을 믿도록 동생들에게 이야기하고 다투지 말라고 타일렀다. 무섭고 두려워 울면서 기도했고 또 감사해서 기도하다 보니 나와 동생들 얼굴은 눈 화장이 지워져서 말이 아니었다. 안정을 다시 찾은 우리는 서로의 얼굴들을 쳐다보며 배를 끌어안고 웃었다. 세수하고 화장도 다시 하며 한국에 도착하면 얼마나 좋을까? 설레는 마음으로 상상하기도 했다.

드디어 시간이 되어 내몽고행 기차를 갈아타게 되었다. 그때 우리에게 있어서 기도는 생명이었다. 열차가 내몽고로 향했다. 열차 안에서의 검사도 그때마다 기도로 무사히 통과되었다. 하루 반이 지나서 새벽 5시경에 내몽고 이련(얼렌)이라는 도시에 내렸다. 참으로 놀라운 하나님의 기적들을 체험하면서 걸어온 나날들을 어떻게 다 표현할 수 있을까?

✿ 계속되는 위험

열차가 목적지에 도착했다. 차표 받는 사람들 역전 승무원들 모두가 우리 눈에는 우리를 잡으려고 기다리는 경찰들로만 보였다. 내리기 전에 기도하고 내렸지만 낯설고 산 설은 내몽고 이롄 역에 내린 우리는 모두 불안에 떨고 있었다. 중국 땅 맨 끝이었다. 우리 마음은 어쩐지 여러 가지로 혼란스러웠다. 중국말을 잘하는 막내 예림이가 조심스레 역무원에게 물었다.

"삥관, 짜이날?"(여기 호텔이 어디 있나요?)

역 승무원의 안내로 벌리가지 않고 철노호텔에서 숙식하기로 했다. 불안한 생각에 잠이 오지 않아 이불을 뒤집어쓰고 지나온 시간들을 회상해 보았다. 북조선과 중국 땅, 이 땅에는 우리에게 자유도 인권노 없다. 마음껏 하나님을 소리쳐 아버시라 부를 수 있는 대한빈국을 꿈꾸며 이 무서운 사막까지 온 것이다. 스산한 모래바람과 침을 뱉으면 바로 얼어버리는 살을 에는 강추위에 안내자도 없이 모든 것을 우리가 개척해야만 했다. 날이 밝자 우리는 가방을 메고 호텔을 나섰다. 앞에 승용차 2대가 서 있었는데 한 대는 자가용이고 한 대는 택시였다. 그들은 서로 우리를 태우려고 말을 시켰다. 콧수염이 난 택시기사에 마음이 가지 않아 얼굴이 순해 보이는 자가용차를 타기로 결정했다.

어디를 가느냐고 묻는 운전사 아저씨에게 사야 할 물건이 있다며 시장에 가자고 했다. 어디서 왔느냐는 말에 예림이가 연변에서 몽금포 구경을 왔다고 대답했다. 자가용을 타고 시장으로 가서 솜바지, 솜 동복, 모자, 양말, 장갑들을 다시 구입했다. 앞으로 넘어야 할 철조망을 생각하며 든든히 옷들을 챙겨 입었다. 이제부터는 철조망 상태를 살펴보는 일이 남았다. 자가용차 아저씨에게 택시요금 80위안을 부르면 100위안을 주며 거스름돈은 받지 않았고 또 밥 사 먹으라며 중국 돈 100위안을 그냥 주기도 했다. 넓디넓은 사막 길을 달리며 우리는 몽금포를 구경하는 척하였고 차창 밖으로 이제 넘어야 할 철조망들을 찾아보았다.

한참 차가 달리는데 예정이가 다급하게 뒤에 공안 차가 따라온다고 했다. 예림이가 운전사에게 차가 따라온다고 했다. 운전사는 잠깐 돌아보더니 중국말로 괜찮다고 말했다. 이때 예림이가 다시 입을 열었다.

"언니. 아까부터 이 사람이 전화를 누구하고 통했는데 느낌이 이상했습네다."

아무 생각도 나지 않고 멍한 기분이었다. 너무 긴장한 나머지 눈물이 나왔다. 한참 가다 보니 사막의 구경거리인 몽금포에 도착했다. 낙타와 기린들이 있는 동물원을 구경하는 척했다. 그때 우리들은 넋이 나간 상태여서 판단력은 완전히 흐려져 있었다. 기도도 나오지 않았다. 한참 따라오던 경찰차가 어디론지 없어지자 안도의 숨을 몰아쉬고는 차를 돌려 내몽고 시내에 있는 식당에 도착하였다. 운전사는 여기까지 온 김에 몽고 구경이나 하라며 자기가 일일여행 증명서를 떼다 주겠다고 했다. 예림이가 통역하는 말을 듣고 귀를 의심했다. 아니 그런 간단한 방법도 있단 말인가? 철조망을 넘지 않고 승용차로 쉽게 갈 수 있다니 꿈만 같았다. 우린 안도의 숨을 쉬었다. 통행증만 나오면 쉽게 몽골로 갈 수 있었다. 철조망을 넘는 일이 무서웠는데 통행증으로 갈 수 있다니 '하나님이 길을 열어주시는구나!' 하는 생각이 들었다. 식당 근처에 도착하자 운전사가 신분증을 달라고 하였다. 아저씨는 자기가 올 때까지 식사를 하며 기다리라 하였다. 그런데 마음이 그렇게 불편할 수가 없었다.

"얘들아 도저히 안 되겠어. 이렇게 마음이 불편하면 아니야. 이 길이 아니야. 빨리 여기를 뜨자."

얼른 그 식당을 나와 택시를 타고 한참 달려 다른 식당으로 들어갔다. 마침 그 식당은 심양에서 온 한족들이 운영하는 만두집이었다. 연변에서 왔다고 하니 더 반가워했고 마음이 좀 편해졌다. 만두를 주문하고 기다리는데 또다시 마음이 불안 해지는 것이다. 이때 예림이기 들고 있는 핸드폰 벨 소리가 울렸다.

"언니 어쩔까요? 운전사 아저씬데"

동생들 모두를 둘러보았다. 얼굴이 모두 하얗게 질려 있었다. 계속 벨이 울렸다.

"혹시 내몽고 가는 여행증명서를 떼 가지고 왔을 수도 있지 않겠슴매?"

혹시나 하는 동생들의 모습을 보며 철조망을 넘는 막연하고 무서운 방법보다 안전하게 여행 버스로 가는 길을 놓치지 말자는 생각에 전화를 받아보라고 했다. 예림이가 조심스럽게 통화를 하더니 "여행증을 떼왔다는데 식당을 알려줄까?"하고 물었다. 우린 서로 마주 쳐다보며 머리를 끄덕였다. 예림이는 식당 주인에게서 위치를 물어 알려주었다. 자꾸 마음이 불안해져 기도를 하려 했으나 기도가 전혀 되지 않았다. 5분도 못되어 밖에 큰 군용 트럭이 멈춰 서더니 무장한 군인들 대여섯 명이 들이닥쳤다. 그렇게도 불안했던 우리들의 예상이 틀리지 않았다. 너무 억울했다. 눈물도 기도도 나오지 않았다.

변방부대 군인들이 몰고 있는 트럭에 실려 가는 우리는 사형장으로 끌려가는 죄인들의 모습이었다. 불안과 공포에 부들부들 떨고 있는 동생들의 얼굴을 둘러보니 기가 막혀 숨도 제대로 쉴 수 없었다. 그제서야 그렇게도 안 나오던 기도가 나오기 시작했다.

'하나님! 이렇게 잡혀 가면 우린 죽습네다. 살길을 열어 주세요! 어디로 가는지도 모르는데 하나님도 같이 가주세요. 제발 저 불쌍한 동생들만이라도 살려주십시오. 꼭 도와 주십시오.'

기도를 하고 나자 마음이 편해졌다. 동생들에게 돈을 나누어 줘야 한다는 생각이 번개같이 떠올랐다. 잡히는 대로 돈을 꺼내 군인들 몰래 동생들 손에 쥐여 주었다. 돈만 있으면 북송될지라도 살 수 있다는 희망을 안겨주면서 돈을 감추라고 눈짓했다. 모두들 재빨리 돈을 감추었다. 트럭은 한참을 달려 보초병이 총을 메고 서 있는 큰 대문으로 들어섰다. 간판이 내리붙어 있었지만 내몽고 지방 글이어서 알 수가 없었다. 나중에 알고 보니 '내몽고 얼렌 변방간수소'였다. 넓은 울타리 안에 건물은 몇 개 없고 담장은 아주 높았다.

간수소 사무실에 떠밀려 들어간 우리는 몸 검사와 짐 검사를 당하게 되었다. 한 명씩 옷을 벗으라고 호통을 치자 예정이부터 벗기 시작했고 예심이와 예림이도 모두 앞으로 나가 부들부들 떨며 옷을 벗었다. 나도 함께 나오라는 줄 알고 두어 발자국 나서는데 장교인 듯한 사람이 손짓을 했다. 뒤로 물러나라는 것 같아 주춤 서 있었다.

"언니 속옷두 다 벗으랍네다."

남자들 앞에서 차마 속내의를 벗지 못하자 앙칼진 여자군인 목소리가 공포에 잠긴 방에 울러 퍼진다. 예정이가 가슴띠(브레지어)를 풀자 중국 인민폐가 와르르 쏟아져 나왔고 예심이와 예림이에게서도, 다른 동생들한테서도 돈이 줄줄이 땅바닥에 쏟아져 내렸다. 여성 군인이 큰소리로 뭐라고 소리쳤지만 나는 제정신이 이미 아니었다. 동생들이 벌거벗은 몸으로 엎디어 자기가 흘린 돈들을 주어서는 장교가 앉아있는 책상 위에 올려놓았다. 그 모습을 보며 떨리는 마음으로 기도를 하기 시작하였다.

'하나님 아버지 이 일을 어찌합네까? 저 돈을 다 빼앗기면 우리는 다 죽습네다. 제발 내 몸에 숨긴 돈이라도 빼앗기지 않게 도와주시고 수치를 면하게 해 주십시오. 제발 부탁입네다. 제발 도와주십시오 네? 예수님 꼭 부탁합네다.'

기도를 급히게 끝내고 나니 동생들은 옷을 주워 입으면서 나를 거정 어린 눈길로 바라보았다. 팬티와 브래지어 안에 수 친 위인씩 감춘 돈들이 나오니 변방대원들이 눈이 휘둥그레지며 이상하게 생각했다. 도대체 무슨 사람들이기에 돈이 이렇게 많으냐고 물었다. 예림이 우리는 중국 조선족들인데 몽금포와 몽골을 구경하러 왔다고 말했다.

드디어 내 차례가 되었다. 우선 책상 위에 있는 가방을 가리키며 앞으로 나와 내 손으로 가방을 열고 안에 있는 소지품들을 꺼내라고 했다. 떨리는 손으로 가방을 열었다. 가방 안에서 나온 옷가지들 중에는 출장 들어올 때 입었던 김정일 잠바 한 벌과 상의 왼쪽에 모셔져 있는 당 깃발 초상휘장(당 깃발 가운데 김일성초상이 그려진 뺏지)이 보였다. 나의 소지품에 관심이 집중된 가운데 이번에는 사진첩이 나오자 자기들끼리 펼쳐보기 시작했다. 한참 사진을 보다가 김일성과 함께 찍은 사진을 가리키면서 "쩌거 쩌거 찐를성아?"(이게 김일성이 아니야?) 라더니 엄지손가락을 빼들고 흔들었다. 그 옆에 있는 나를 보며 "쩌거 니야?(이게 너야?) 니이 헌빵(너 대단하다)"이라고 했다. 이때 옷을 다 입은 예림이가 중국말로 한마디 했다.

"제제쓰 쯔이빵 더 앤위엔"(언니는 대단한 배우였다)

이번에는 내가 옷을 벗을 차례였다. 많은 사람들 앞에서 혼자 옷 벗을 생각에 눈앞이 캄캄해졌다.

'아! 하나님 수치를 면하게 해 주십시오.'

옷을 벗으려는데 여자 군인이 다가와 손으로 더듬어 몸 검사를 대충 하고는 끝났다며 솜옷을 입으라는 것이다. 꿈이 아닌가 싶었다. 수치는 물론 팬티에 숨긴 인민폐 7,500위안도 고스란히 지켰다. 가방에 있던 나머지 돈을 빼앗긴 아쉬움이 있었지만 그래도 이 돈이면 살 수 있다는 믿음이 생겨 감사가 터져 나왔다.

'하나님 정말 고맙습네다. 몸수색 때문에 걱정했는데 수치를 면하게 해주시고 생명처럼 귀중한 7,500위안을 지켜주셔서 고맙습네다. 이 돈이면 우린 북송되어 가서도 살 수 있습네다. 고맙습네다. 정말 고맙고. 감사합네다.'

동생들도 나를 바라보며 눈물을 머금고 하나님께 감사드리고 있었다. 하나님께서는 정녕 생명보다 더 귀중한 그 돈을 지켜주셨다. 김일성과 함께 찍은 사진을 통해 그들의 마음을 흐려 놓았던 것이다. 잡혀 온 것이 억울해서 울었지만 그나마 내 몸에 감춘 돈이라도 빼앗기지 않은 것에 감사의 기도를 드리게 되었다.

❖ 돈을 먹다

텅 빈 감방에 갇힌 우린 마주 앉아서 몸에 숨겼던 돈을 지켜주신 하나님께 감사드리면서 오직 돈을 목숨처럼 지켜야 할 방안에 대해 모색하였다. 예정이가 돈을 먹는 게 제일 안전하다고 말했다. 인민폐 100위안짜리 2장씩 꽁꽁 접고 또 접어서 돌돌 말아 놓고 보니 손가락 두 마디보다는 작고 손가락 두께보다 가늘었다. 돈을 다 접어놓고 보니 비닐이 필요했다. 예심이가 자기 앉은 침대 요를 들더니 검은색 비닐봉지를 두 개 꺼내는 것이었다.

"우리가 필요할 서라 생각하고 누가 어기나 숨겨놨음내"

정말 신기했다. 한 사람에게 2,000위안씩 나누어 주고 이 돈을 어떤 일이 있어도 목숨처럼 지키고 꼭 살아야 한다고 당부했다. 비닐로 꽁꽁 싸 놓고 보니 돈 봉지를 목으로 님길 물이 없있다. 또 믹싱 띡띡하게 말아 묶은 봉지를 삼켜야 할 것을 생각하니 끔찍했다. 돈을 목구멍으로 삼킨다는 것은 정말 어려운 전투였다. 간수에게 물을 달라고 했다. 큰 물통 3개를 다 마시고도 물이 모자랐다. 돈이 잘 넘어가지 않아 토하면서 또 먹고 목에 넘어가지 않으면 또다시 물을 마시며 돈을 넘기고 온 밤 사투를 벌였다. 한 사람이 거의 12개씩 먹었다. 그러나 힘들게 다 먹고 나니 이젠 내일 아침부터는 어떨지 그것이 걱정이다. 그런데 돈을 먹고 난 뒤 두 시간 후부터 위에 들어간 막대기 같은 돈들이 위경련을 일으켰다. 배를 끌어안고 신음소리를 내면 돈 먹은 것이 탈로가 날까봐 서로를 위로하며 뜬 눈으로 밤을 보냈다. '하나님 돈을 지키려고 모두 먹었는데 배가 너무 아파 죽을 지경 임네다. 제발 배가 아프지 않게 도와주십시오.' 하고 기도를 해서인지 서서히 통증이 가라앉았다.

낡은 군대 담요 하나씩 덮고 추위에 떨고 불안에 떨며 내몽고 변방 국경 감옥에서의 공포스런 첫 밤을 보냈다. 모두 정신없이 돈을 삼키고 위의 통증으로 배를 끌어안고 기도하느라 참으로 끔찍하고 기막힌 하루 생각만 해도 몸서리쳐지는 지옥 같은 하루였다. 나는 옆에 누운 예림의 손을 꼬옥 잡고 깊은 생각에 잠겼다. 처음부터 하나님께 맡기고 철저하게 의지하고 떠난 길이었는데 도대체 어디서 잘못되었을까? 철조망을 넘기로 하고 떠난 길이었는데 난데없이 일일여행증이라는 유혹에 빠지면서 덫에 걸렸다. 경찰차가 뒤에서 따를 때부터 하나님은 우리가 피하도록 보여주셨고 식당에서까지 피하게 하셨다. 하지만 사람을 바라보다가 생사를 헤아리기 어려운 기로에 서게 된 것이다. 나를 믿고 함께 떠난 동생들에게 미안한 마음이 컸다. 동생들을 살리기 위해서는 기도밖에 다른 방법이 없었다.

깜빡 잠들었다가 인기척에 놀라 깼다. 이미 깬 동생들은 맘고생 하느라 잠도 못 잤다며 나에게 더 자라고 위로했다. 다시 자려고 하는데 철창 사이로 경비병이 고래고래 소리를 질렀다. 예림이가 맞받아 소리치자 그는 어디론가 잠시 없어졌다.

"언니가 환자라 했으니 그냥 누워있으시오"

동생들의 사랑을 느끼며 다시 자리에 누웠다. 하지만 갑자기 참을 수 없는 통증이 또다시 시작되었다. 배를 끌어안고 기도를 하자 통증이 멎었다. 대변이 나올 것 같아 감방 안을 둘러보니 출입구 쪽 구석에 파란색 비닐 통이 놓여있었다. 하나님께 배 아프지 않게 해 달라고 기도했다. 그런데 대변 속에 돈이 섞여 나오면서 '부르릉 팡팡, 부르릉 팡팡' 소리가 났다. 동생들은 박수를 치고 물통을 두드리며 돈이 나오는 소리를 못 듣게 하려고 애를 썼다. 조용한 감방을 뒤흔드는 누구도 경험해보지 못한 소리였다. 과연 누가 이런 일을 경험했으랴. 우리는 손잡고 기도를 시작하였다.

"하나님 아버지 대변 볼 때 돈이 나오지 않게 도와주시고 혹 돈이 나오더라도 요란한 소리가 나지 않게 도와주십시오. 꼭 도와주시리라 굳게 믿겠습네다. 예수그리스도 이름 받들어 기도를 올립네다. 암 그렇구 말구"

동생들은 "별난 기도를 다 부탁해서 하나님이 욕하겠다, 하나님도 지금 기도를 듣고 웃으실 거다"라고 말했다. 감방 안에서의 하루하루는 두려움과 공포의 연속이었다. 그때부터 우리는 돈을 지키기 위한 전투를 벌였다. 돈이 변으로 나오면 다시 대충 물로 씻어서 다시 목으로 넘겼다. 구린내가 나는 그 돈은 우리의 생명이기에 아픔을 참고 다시 목에 넘기고 또 넘겼다. 언제 어느 때 우리가 어디로 가게 될지는 아무도 몰랐기에 나오면 또 돈을 목에 넘기고 넘기기를 수십 번 되풀이했다.

✿ 중국 끝 사막의 비극

우리 여섯 명만 있던 감옥에 새로운 사람들이 들어오기 시작했다. 저들은 분명 북조선 사람들이었다. 말하나 마나 모두들 한국으로 가던 중에 잡힌 것이다. 그 사실을 숨기려고 우리들과의 접촉을 싫어했다. 서로가 경계하며 비밀을 지키려 했다. 남조선으로 가다가 잡힌 것을 보위부에서 알기만 하면 무조건 총살이라니 그들의 모습에서 희망이라고는 찾아볼 수 없었다. 그들을 바라보니 저절로 눈물이 나왔다. 철조망을 넘다가 잡혀 와서 그런지 옷은 갈기갈기 찢어지고 얼굴에서는 피가 흘렀다. 그중에는 임산부와 대 여섯 살짜리 아이도 끼어 있었다.

감히 누구도 말을 못하고 있는데 그중에 초라해 보이는 한 여자가 "언니네는 조선족임까?"하고 물었다. 분명 북조선 사람 같은데 말씨는 연변 조선족 말투였다. 아무 말 없이 그들을 바라보고만 있으니 또다시 왜 잡혀 왔는지 물었다. 예정이가 "우린 관광 왔다가 식당에서 식사하다가 잡혔소."라고 말했다. 그들은 자기네끼리 수군거리더니 "언니네도 북조선사람 맞슴까?"하고 물었다. 북조선에서 왔다고 하자 그제야 우리 쪽으로 다가왔다. 며칠을 같이 생활하다 보니 믿음이 생겼는지 자기들이 잡혀 오게 된 얘기를 꺼내 놓았다. 그녀들은 내몽고 쪽에 있는 철조망을 3개 넘고 4번째 것을 넘다가 잡혔다며 억울해했다. 듣고 보니 내 일처럼 안타깝고 가슴이 아팠다. 네 번째 철조망만 넘으면 몽골 땅이라 국경수비대에 잡혀 가기만 하면 안전하게 한국으로 갈 수가 있었을 텐데 말이다.

감옥에 들어온 사람들 중에는 몇 번씩 잡혀 북송되었던 사람들이 있어서 생생하고 다양한 경험들을 들을 수 있었다. 그러나 막상 그 말들을 듣고 나니 앞으로 우리가 당할 일들이 생각할수록 끔찍하고 두려웠다. 그래도 돈이 있으면 산다. 하나님께 우리 몸에 있는 돈만이라도 지켜달라고 기도했다. 우리의 기도 제목은 시종일관 변함이 없었다. 하룻밤 자고 나면 또 사람들이 잡혀 왔다. 이번에 잡혀 온 여자들은 사막의 모래와 먼지로 뒤덮여 얼굴을 알아볼 수 없었다. 산사람이 아니라 차라리 시체였다. 나침반이 있는 것도 아니고 오로지 하늘에 있는 북두칠성만 쫓아가면 몽골 땅이라는 말을 듣고 가던 중에 날이 흐려 길을 잃었다고 했다. 무작정 걷다가 지쳐서 죽게 생겨 차라리 국경경비대에 잡혔으면 하다가 체포되어 구사일생으로 살아왔다는 것이다. 모두가 이런저런 사연 속에서 잡혀 들어오는 시간과 방법은 달랐지만 분명한 것은 북조선 땅에서 굶주림과 고통을 피해 이머나먼 중국의 끝 사막에까지 밀려왔다는 점이다. 한국으로 가는 희망의 시작점이라는 내몽고 이련에서 죽음의 함정에 빠져 몸부림치고 있었다. 차마 눈 뜨고 볼 수 없는 이 모습은 정녕 하나님을 등진 나라와 민족의 슬픔이었다. 이련은 이미 탈북자들을 잡아들이는 함정이었다. 보름이 지나니 잡혀 온 탈북자들이 거의 40여 명이나 되었다. 그들을 위해 내가 할 수 있는 것은 마음속으로 기도하는 것뿐이었다.

눈 뜨고 입 나물고 기도하는 것이 그렇게 힘들 줄 몰랐다. 그리할 수밖에 없는 것은 이 사람들 중 누가 보위부에 고발할지 모르기 때문이었다. 기도하는 것을 보고 고발한 자는 살려주기 때문이란다. 감옥의 상황을 알아갈수록 우선 여기 내몽고 이련 땅으로 오는 탈북자들을 막아야 한다는 생각이 들었다. 예정이가 감추어 온 볼펜과 화장지 3장이 있었다. 나는 화장지에 UN 인권 위원회 선생님들께 우리들을 북송되지 않고 한국으로 갈 수 있게 해달라는 내용의 편지를 썼다. 자유를 갈망하며 눈물로 써 내려간 이 편지는 결국 부칠 수가 없었다. 감옥 밖으로 이 편지를 갖고 나갈 사람이 없었기에 가슴으로 쓴 그 글은 결국 보낼 수 없는 편지가 되고 말았다.

어느 날 한 여인이 밖에 있는 화장실에 가겠다고 사정을 했다. 승낙이 떨어져 무장군인 1명이 뒤를 따라가고 창밖을 내다보던 은숙이 아지매는 바깥 구경해서 좋겠다며 부러워했다. 그렇게 한참 시간이 지났는데 우린 그녀가 나간 빈자리를 까맣게 잊고 있었다. 몇 시간 지난 후 군인이 급하게 감옥 문을 두드리며 나간 사람이 들어왔느냐고 물었다. 한참만에야 그 여인은 군인들의 양팔에 이끌려 다리를 질질 끌며 끌려왔다. 담장에서 뛰어내리다 다리가 부러진 여인이 멀리 도망치지 못하고 잡힌 것이다.

이 사건 이후 바로 변방군인들과 장교들이 여성감옥에 뛰어들어 다짜고짜로 솜옷과 겉옷 양말과 바지 신발들을 모두 빼앗아 갔다. 성에가 낀 차디찬 감옥 안에서 속옷 바람의 여인들과 아이들이 추위에 떨었다. 그 여인 때문에 또 이런 추위의 고통을 받게 된 것에 대해 애기엄마가 욕설을 퍼부어 댔다. 그녀는 여인들의 퍼붓는 욕을 먹으면서 아무 대꾸도 못했다. 다리가 퉁퉁 부어 있었지만 신음소리도 내지 못했다. 얼굴도 못 들고 있는 사람을 향해서 또다시 여인네들의 욕설이 쏟아졌다. 이성을 잃고 흥분한 사람들로부터 뭇매를 맞을 것만 같아서 그녀를 위로할 수도 없었다. 혜심이 엄마는 추위를 견디다 못해 와들와들 떨고 있는 딸의 애처로운 모습에 화가 나 마구 욕을 했다. 신경이 곤두선 아낙네들이 싸우기 했다. 변방부대 군인들이 들이닥쳐 혜심이 엄마의 손에 수갑을 채워 출입문에 고정시켜 놓았다. 일곱 살 딸 혜심이는 엄마를 보고 소리쳐 울지도 못했다.

"야 이 개새끼들아! 우릴 여기서 죽여라! 이렇게 짐승보다 못한 대접 받으며 살 바엔 죽여라. 북송되어 맞아 죽을 바엔 차라리 여기에서 죽어 버리겠다."

혜심이 엄마의 절규가 아직도 귀에 쟁쟁하다. 그는 수갑이 채인 팔목의 동맥을 이빨로 끊으려고 몸부림쳤다. 요란한 고함 소리에 감옥은 아수라장이 되었다. 얇은 벽 하나 사이의 남자 감옥에서는 자기 가족들이 안전한지 확인하느라 식구들의 이름을 불러댔다. 개 짖는 소리, 고함소리, 호각소리, 무시무시한 내몽고의 으스스한 겨울밤에 지치고 불안한 탈북자들의 모습은 너무나도 가슴 아픈 몸부림이었다. 마음속으로 하나님께 절규하듯 기도했다.

'아! 하나님! 어디 계십네까? 이 피타는 절규를 듣고 계십네까? 살려 주세요! 구원해 주세요! 하나님 저 불쌍한 사람들을 정녕 탈출시킬 방법은 없습네까? 꼭 북조선까지 가야합네까? 네? 하나님 제발 북송뇌시 않는 방법은 없겠습네까?'

✿ 내 몸에 날개가 있다면!

탈북자들은 북송되는 감옥 안에서 서로가 믿지 못하여 말을 함부로 할 수 없었다. 가장 안타까운 것은 기도를 할 수 없다는 점이었다. 혹시 누가 눈치챌까봐 눈을 뜨고 서로 마주 보면서 마음속으로만 해야 하는 기도는 그야말로 영적 전쟁이었다. 철창 밖을 바라보며 날아가는 새를 부러워하며 눈물 흘렸다. 누군가가 '야, 비행기다!' 하고 소리쳤다. 모두 일제히 비행기를 내다보려고 창가로 모여들었다.

"혹시 유엔에서 우리를 구하려 오는 비행기가 아님까? 편지도 못 보냈는데 어떻게 알고 우릴 구하려 온단 말이야?"

이때 모두 입 다물라는 무서운 고함 소리가 들려왔다. 그 소리에 모두 숨죽이고 제자리에 굳어져 버렸다. 행여나 우리를 구하러 온 비행기가 아닐까, 하는 희망을 순식간에 잃어버리고 힘없이 늘어진 다리를 이끌고 모두 자기 자리로 가서 앉았다. 살을 에이는 차디찬 감방에서 솜옷도 입지 못하고 부들부들 추위에 떨고 공포에 떨고 있는 모습을 생각하면 지금도 눈물이 난다.

감옥에 들어오는 사람들의 사연을 마음에 새기고 또 새기며 굶주림과 추위에 떨면서도 자유를 찾아 희망을 찾아가는 이들의 앞길을 그 누구도 막을 수 없다는 것을 깨달았다. 북조선에 있을 때 너무 행복했던 일이 미안해서 할 말이 없었다. 그렇게 소란스럽고 공포에 질려 있던 여성 감옥에 조용히 밤이 깃들고 모두가 잠이 들었다. 남자 감옥도 잠이 들었는지 조용했다. 좁은 방에 사람이 많으니 잠자리도 불편했지만 옆에서 잠든 예림과 예정이가 내 손을 잡고 잠들어 있었다. 살며시 그들의 손을 내려놓고 조용히 자리에서 일어났다. 잠이 든 감옥의 여인들과 아이들의 모습을 바라보며 기도하기 시작했다.

'하나님 아버지! 우린 언제 이 사막을 떠날지도 모릅네다. 북조선에 가면 어찌될지도 모릅네다. 하지만 당신은 아십네다. 알려주세요. 앞 일이 어찌 될지 알아야 겠습네다.'

한참 하나님께 기도하다가 지나온 북조선생활과 중국에서 체포되었던 순간들을 생각하다가 나도 모르게 잠이 들었다. 비행기 한 대가 사막에 내렸다. 비행기에서 내리는 사람들은 바로 UN 인권 단체 사람들이었다. 그들은 우리 모두를 앉혀 놓고 기자회견을 하였고 우리가 가고 싶은 곳이 어딘지 물었다. 대다수가 남조선으로 가겠다고 하였다. 어떤 이들은 천국으로 가겠다고 하였고 어린애들은 맛있는 것을 많이많이 주는 곳으로 보내 달라고 했다. 그들은 기꺼이 승낙했고 우리 모두를 비행기에 태웠다. 나는 동생들을 먼저 올려보내고 다른 사람들이 다 타고나서 맨 나중에 비행기에 올랐다. 그런데 비행기가 출발하지 못했다. 저편에서 총을 든 사람들이 무리지어 달려오는데 '아이구 하나님!' 하다가 눈을 번쩍 떴다. 꿈이었다. 내가 소리를 질렀는지 모두 깨어 있었다.

동생들이 무슨 꿈을 꾸었는지 물을 때 못내 아쉬워하며 꿈 이야기를 했다. 그랬더니 모두들 꿈을 마저 연속해서 꾸라며 나를 자리에 눕히는 것이었다. 잠이 오지 않았지만 행여나 하는 마음에 눈을 감고 기도하다가 상기된 마음으로 아침을 맞있다. 분명 하나님은 나의 기도를 들으시고 천사들을 보내셨다. 오전 10시쯤에 쇠창살 너머로 비치는 두 남자의 모습을 보게 되었다. 그들은 사복 차림이었는데 우리 감옥을 들여다보는 것이었다.

"저 사람들이 언니를 들여다보고 가오! 언니만 석방시키러 온 사람들인가 보오."

예림이가 속삭이듯이 말했다. 잠시 후 무장근무병이 나를 나오라고 손짓했다.

'하나님 무슨 일입네까? 도대체 어디로 데려 갑네까?'

불안에 떨며 걸어가다가 멈춘 곳은 변방부대장의 방 앞이었다. 북경에서 왔다는 사람들은 나에게 이것저것 물었다. 한 명이 통역하러 온 조선족이고 다른 한 사람은 한족이었다. 나는 중국 여권까지 가지고 있는데다 김일성과 함께 찍은 사진까지 나오다 보니 특별조사를 받게 되었다. 조사는 아주 엄격했지만 기도하면서 받은 조사라 아무

일 없이 끝났다. 우리가 북송될 때 내몽고에서 체포되었다는 서류는 나가지 않게 해달라고 부탁했다. 그래야 모두 무사히 처형을 면할 수 있게 되기 때문이다.

✿ 잊지 못할 설 명절

체포된 지도 40여 일이 지나 2002년 1월 1일이 다가왔다. 내몽고 추운 감옥에서의 설 명절, 모두가 다 슬픔에 잠겼다. 내일은 설날인데 북녘땅 고향에 두고 온 가족들을 생각하니 한숨이 나왔다. 모두들 마음속으로는 피눈물을 흘렸다. 감옥으로 온 이후 한 달이 넘도록 강냉이 빵 한 덩이와 소금에 절인 무 조각만으로 지내왔다.

"설날에는 떡이라도 줄까? 사람들이 굶어 죽어가는 저 조국 땅에서도 설날만은 식구들이 모여 앉아 당에서 배급 주는 쌀로 떡이라도 해 먹었는데."

"북조선에 남은 식구들한테는 설 명절이라고 한 끼 식량이라도 나눠 주었을까?"

여기저기서 탄식이 흘러나왔다. 잠깐 생각에 잠겨있는데 여인들의 시선이 나에게 쏠렸다.

"언니네들은 감옥에 잡혀 들어올 때 돈을 많이 빼앗겼다는데 그 돈 찾을 수 없소?"

예림이가 "그렇게 돌려줄 돈이면 왜 발가벗겨서 돈을 빼앗았을 리 없어. 불쌍한 조선사람 잡는 초소를 만들어 놓고 우리 피를 빨아먹는 미제 승냥이보다 더 나쁜 놈들"이라고 분개했다. 사실이었다. 저들에게는 불쌍한 북조선 사람들을 난민으로 대해주려는 동정도 애정도 없었다. 우리의 몸뚱이만 감옥에 처넣고 자기들은 우리의 돈이며 옷, 귀중한 물품들을 다 빼앗았다. 나는 그때에야 정신을 차렸다. 그렇다! 빼앗긴 돈으로 저들을 살리자! 남자 여자 모두 합치면 60명이 넘는다. 우리가 빼앗긴 그 돈으로 설날만이라도 배불리 먹게 해야 한다는 생각이 번쩍 들었다.

'아버지 하나님! 불쌍한 저들에게 음식을 사 먹이려 합네다. 감옥 간부들의 마음을 움직여 주시고 감동시켜 주십시오!'

예림이가 보초병에게 변방대장을 만나게 해달라고 말했다. 보초병은 한참 만에 나타나더니 감옥 문을 열고는 둘이 나오라고 손짓을 했다. 예림이와 함께 보초병을 따라 감옥 문을 나섰다. 예정이와 예심에게 기도하라고 우리끼리 통하는 눈짓을 보냈다. 감옥 안이 여자들은 걱정 반 기대 반의 눈길로 우리를 배웅했다. 감옥 안에 있는 모든 사람들의 생사운명이 마치 우리 두 사람에게 달려 있는 듯 우린 그들을 위로하며 나갔다.

변방대장의 사무실에는 몇 명의 장교들과 변방대장이 있었다. 그들과 마주 앉는 순간 기도를 시작했다. 그리고는 무엇 때문에 만나자 했는지를 묻는 변방대장의 질문에 탈북자들의 한 많은 사연을 그들이 알아듣든 말든 눈물을 쏟으며 대변하였다.

"대장동지! 우린 모두 북송되어 가면 죽습네다. 모두가 죽기 전에 한 번만이라도 실컷 맛있는 음식을 먹고 죽었으면 한이 없겠다고 합네다. 당신들은 보름 동안이나 설 명절을 지내면서 먹을 것을 쌓아 놓고 즐겁게 보내지만 우리 조선 사람은 겨우 하루 쉬는 설 명절도 사랑하는 가족들과 생이별하고 차디찬 감방 안에서 강냉이빵 한 조각 놓고 설 명절을 보낸다는 것이 말이 됩네까? 우리가 감옥에 들어올 때 회수당한 돈으로 감옥에 있는 60여 명에게 빵과 떡, 사탕, 과자, 과일을 많이 사다 주십시오. 부탁합네다.”

예림이는 내가 한말을 열심히 통역하느라 정신이 없었다. 내가 우는 대목에 가서는 서럽게 울면서 손짓 몸짓 다 해가며 서툰 중국말로 그들이 알아듣게 표현하느라 애를 쓰고 있었다. 나와 예림이를 번갈아 바라보며 말을 듣고 있던 변빙대장과 함께 듣던 장교들도 손수건으로 눈물을 닦고 있었다. 사랑하는 딸에게 사다주지 못한 계란과 가족들에 대한 미안한 마음 이제 다시 볼 수 없는 사랑하는 사람들의 모습이 떠올라 흑흑 흐느끼면서 울분을 토했다. 실컷 울면서 알아듣지 못하는 내몽고 변방부대 장교들과의 대화는 정말 답답하고 어려웠지만 예림의 통역과 우리들의 표정에서 그들도 감동받았음을 알 수 있었다.

감방에 돌아온 우리는 눈을 뜨고 기도 밖에는 아무것도 할 수가 없었다. 중국 땅 내몽고의 거친 모래 바람도 설날 아침만큼은 잔잔했다. 일찍 잠자리에서 깨어난 감옥의 여인들과 아이들 모두가 나와 동생들의 얼굴을 번갈아 쳐다보고 있었다. 이때 발자국 소리가 나더니 감옥 문이 열렸다. 아침 식사가 들어왔다. 여느 때나 마찬가지로 강냉이빵 한 조각, 염장 무 몇 조각 모두가 실망어린 눈빛이었다. 빵을 놓고 한동안 모두 말이 없었다. 나는 그 모든 것이 내 죄라도 되는 것 같아 고개를 들 수가 없었다. 이때 소란스런 발자국소리와 함께 변방군인 세 명이 감방 앞에 서서 문이 열리기를 기다리고 있었다. 문이 열리면서 큰 비닐 주머니에 넣은 음식들이 들어왔다.

"야!" 감옥이 떠나갈 듯 탄성이 울려 퍼졌다. 내 입에서 그제야 감사의 기도가 터져 나왔다. '하나님, 고맙습네다! 저희들의 마지막 소원을 들어주신 그 사랑에 감사합네다. 감사합네다.' 마음속으로 하나님께 감사의 기도를 드리고 또 드렸다. 모두 음식과 나를 바라보고 있었다. 들여온 음식의 절반을 나눠 조금 더 많은 양을 남자 감옥으로 보냈다. 변방부대 대장은 정말 특별한 호의를 베풀어 여러 가지 음식들을 넣어 주었다. 우리의 기도를 받으신 하나님께서는 변방대장과 장교들의 마음을 감동 시켰던 것이다. 모든 음식을 골고루 어른들과 애기들 몫까지 나누어 각자 사람들 앞에 차려 놓았으나 감히 누구도 먼저 먹으려 하는 이가 없었다. 그렇다고 기도할 수도 없었다. 그러나 오늘 이 순간만큼은 대표로 기도를 해달라고 간절하게 요청하는 것처럼 느껴졌다. 하지만 나의 입이 열리지 않았고 목소리가 나오지 않았다. 하는 수 없이 다시 입을 열었다. 그렇지 않고서는 누구도 음식을 먹을 수 없다는 표정이었다.

"여러분! 우리 모두 조선 땅 태어난 고향은 다르지만 어쩌다보니 여기 중국국경 내몽고에서 그것도 감옥에서 만나 이렇게 알게 되었습네. 오늘 설 명절 이 뜻 깊은 날! 다른 생각하지 말고 내 마음속에 가장 사랑하는 사람들과 대화하는 시간을 잠시 갖도록 합시다!"

이렇게 말을 떼고는 마음속으로 대표 기도를 하였다.

'아버지 하나님! 이 불쌍한 사람들을 살려 주실 줄 굳게굳게 믿습네다. 예수님의 이름으로 간절히 기도를 드립네다.'

그들의 눈빛은 모두가 다 '아멘' 이라고 말하는 것처럼 느껴졌다. 고향에 두고 온 사랑하는 부모자식 남편들을 생각하며 자신들의 앞일을 생각하며 눈물을 흘리며 음식을 먹었다. 나는 목청껏 하나님께 감사의 기도를 드리고 싶었다.

❀ 돌개 바람의 기적

"예림아. 보초병에게 밖에 있는 화장실에 나가게 해달라구 말 해봐라."

보초병이 예림이 말을 듣고는 감옥 문을 열어 주었다. 슬리퍼를 신은 채 예림이 손을 잡고 감옥 밖으로 나섰다. 하지만 다른 사람들한테는 허용이 안 되는 나와 예림이만이 받은 특혜였다. 뒤에는 총을 멘 보초병 두 명이 따랐다. 한 달 동안 바깥출입이 금지되었던 우리들이었다. 여성감방은 물론 남자감방에서도 모두 철창 사이로 얼굴을 내밀고 부러운 시선을 보냈다.

'아! 불쌍하고 가련한 저 사람들을 하나님 꼭 살려주시기를 간절히 부탁 드리옵네다.'

한걸음 또 한걸음 차디찬 내몽고의 거센 먼지 모래바람이 불어와 눈을 뜰 수조차 없었지만 한 번이라도 마음껏 소리쳐서 하나님께 기도하고 싶은 그 열망에 모래바람도 문제가 되지 않았다. 바로 이런 자유의 공간 속으로 모래바람이 우리를 떠밀어 가고 있었다.

2002년 1월 1일 오전 11시였다. 화장실 간다는 명목으로 밖에 나서자마자 눈에 띄는 것은 높은 담장과 몇 채 안 되는 군인들의 막사 건물과 저편에 바라보이는 야외화장실이었다. 화장실을 향해 가는 우리 앞길에 갑자기 사막의 모래바람이 세차게 불어서 한 발짝도 앞으로 나아갈 수 없었다. 돌개바람이 불어 커다란 모래 기둥이 우리 앞을 가로막았다. 더는 앞이 보이지 않아 앞을 막고 있는 모래 기둥을 따라 하늘을 올려다보는 순간 나는 깜짝 놀랐다. 정오의 푸른 하늘에 해가 아닌 둥근 달이 떠 있었다. 그 속에 사람의 얼굴 모습이 보였다. 분명 '나사렛 예수' 영화에서 보았던 예수님의 모습이었다.

'하나님이 우리를 위로 해주시려고 여기까지 오셨구나.'

내 말에 예림이도 하나님이 맞다고 맞장구를 쳤다. 환한 대낮에 달속에 나타나신 하나님! 우리는 털썩 그 자리에 무릎을 꿇고 앉아 두 팔 벌려 둥근 달을 우러러 소리 질렀다.

"하나님 아버지! 지금 우리를 보고 계시지요? 저 감옥 안에 있는 불쌍한 사람들을 살려주세요! 서들 모두가 이제 북송되면 죽을 운명들입네다. 구해주세요! 하나님 우리 모두를 제발 살려주세요!"

이때 귓전으로 '휘익' 희는 급히고 강한 바람이 지나가면서 귀가에 사람 목소리가 또렷하게 들려왔다.

'사랑하는 내 딸아! 무서워하지 마라! 내가 너희들과 함께 있고 너희를 지켜 주리라!'

바람 소리에 더 이상 말소리가 들리지 않자 나는 너무 급한 나머지 또 소리쳤다.

"하나님 도와주세요. 좀 더 말씀해 주십시오. 아이구 하나님 아버지 무섭습네다. 지금까지 도와주신 것처럼 북송길도 꼭 도와주실 것을 약속해주세요."

이때까지 우리를 지켜보던 군인 두 명이 내가 하늘에다 대고 울면서 기도하는 것이 정신병자처럼 보였는지 예림이에게 물었다. 언니는 환자라고 하자 그들은 총탁으로 우리를 밀치면서 빨리 일어나 걸으라고 했다. 아랑곳하지 않고 하늘을 우러러 하염없이 눈물을 흘리고 또 흘렸다.

추호도 의심할 수 없는 분명한 하나님의 음성이었다. 예림이와 나는 소리쳐 하나님을 불렀고 울분을 토하며 기도를 올렸다. 감방 안에 있는 80여 명의 북송을 앞둔 불쌍한 영혼들을 대표하여 거의 40일 만에 처음으로 소리내어 하나님께 기도드릴 수 있었다. 화장실에 들어가서도 손잡고 기도했다. 정말 오랜만에 소리쳐서 드리는 그 기도만으로도 가슴 벅찬데 달 속에 비쳐진 하나님의 형상과 음성까지 들려주신 위로의 하나님. 구원의 하나님은 우리와 언제나 함께하시며 우릴 꼭 지켜 주실 거라고 굳게 믿었다.

바깥화장실에서 실컷 기도하고 눈이 부어서 감방으로 돌아오자 모두가 놀라며 도대체 무슨 일이 있었는지를 물었다.

"간부 동지를 만났는데 우리가 국경에서 체포된 서류가 안 따라간단다."

불쑥 나오는 말이었다. 여자감방에서 기뻐하는 함성 소리에 남자감방에서는 무슨 일이냐 소리쳐 물었다. 서로가 자기 동생에게 남편에게 아들에게 전해 주니 남녀 감방 모두 경사가 났다. 오랜만에 느껴보는 기쁨이었고, 하나님을 만난 잊지 못할 그 감격을 그렇게 전할 수밖에 없는 것이 안타까웠다. 하지만 그렇게라도 충분히 위로가 되었다.

모두가 처음으로 마음껏 먹고 놀자는 의견에 설맞이 공연 프로그램을 짜서 1월 1일 저녁 한바탕 즐겁게 놀았다. 감방 안 침대를 무대 삼아 모두 자기들의 장기 자랑으로 즐거웠고 우리들의 공연 모습을 장교들과 군인들이 들여다보며 웃어댔다. 내가 대충 소개를 마치고 종목별로 순서가 이어졌다. 여성 감방에서 한참 모두가 웃으면서 재미있게 시간을 보내고 있는데 갑자기 호각소리와 개 짖는 소리에 밖은 아수라장이 되어 버렸다.

갑자기 개 잡는 듯한 남자들의 비명 소리가 들렸다. 이번엔 여자 감옥 쪽으로 장교들과 군인들이 달려 들어와 꼼짝 말고 앉아 있으라고 위협했다. '도대체 남자 방에서 무슨 일이 있었을까?' 남자들의 비명이 더 크게 들리자 그 비명소리에 이번에는 여자 감옥에 있던 두 여인이 기절하고 쓰러졌다 .

여성호실에서 사람 죽는다고 소리를 치자 군의관들이 달려와 쓰러진 여성들을 응급치료를 하면서 옆 사림들과 밀도 못 하게 소리 질렀다. 도대체 무슨 일이 일어나 변방군인들에게 총 비상이 걸렸는지 이유도 모르며 입고 있던 겉옷을 다시 빼앗기고 내의 바람에 벌을 받으면서 남자감방에서 전기곤봉에 맞아 죽어가는 그들을 위해 마음속으로 또다시 눈을 뜨고 기도를 시작하였다.

'저 죽어가는 우리형제들을 불쌍히 여기시고 구원의 손길을 내밀어 주십시오.'

우리 여자감방에서 설맞이 공연 준비를 하느라 프로그램을 짜고 있을 때부터 일이 시작되었다. 남자감방에서는 이 틈을 타 억울한 감옥살이와 북송의 절망 속에서 탈출을 결심하고 남자들이 서로 엎드려 목마를 타고 천장을 뚫고 탈출을 시도하였던 것이다. 맨 먼저 두 명이 천장을 뚫고 올라갔다. 남자 몇 명이 낮에 잠깐 밖에서 일을 할 때 봐 놓았던 굴뚝 쪽으로 나 있는 어두운 천장 위를 기어 도망치다가 하필이면 변방대장의 방 위쪽 천정이 뚫리면서 발이 쑥 빠지고 말

앗다. 그날따라 설날이어서 변방대장이 직접 나와 특별근무를 서고 있던 참이었다. 남자감방 전원이 옷을 벗고 벌을 서고 탈출을 시도한 3명에게는 전기곤봉 고문이 시작되었고, 그 아픔과 고통의 절규가 혹시라도 내 남편, 내 가족의 소리가 아닐까 하는 걱정에 여자감방에 있던 여인 중에 두명이 기절까지 하게된 것이다. 남자 감옥과 여자 감옥 모두 아수라장이었다.

'하나님 아버지! 저 울부짖는 소리를 들으시고 보시고 계시지요? 불쌍한 백성들이 제 나라를 떠나 님의 나라에 와서 개보다도 못한 신세가 되어 짐승처럼 팔려 다니다가 겨우 햇빛을 찾아가는 이 길이 이렇게도 멀고 험난한 고통과 시련의 연속이 될 줄이야 어찌 알았겠습네까? 불쌍히 여겨주십시오.! 한시바삐 이 내몽고 저주의 도시에서 떠나게 해주십시오.'

참으로 감옥 안에서의 기도는 힘들다 못해 죽을 지경이었다. 마음껏 소리치며 기도하고 싶지만 북송되면 어찌 고발당하게 될지 모르는 상황에서의 이 기도는 불안과 공포 그 모든 것을 초월한 생명의 기도요, 소망의 기도요, 영적 전쟁이었다. 기도가 끝나갈 무렵 또다시 철창 속의 밤은 소리없이 깊어 갔고 고요한 정적만이 흘렀다. 잠이 든 감옥의 여인들을 바라보며 자리에 누웠다.

'탈출에 실패한 남자들은 어찌 되었을까? 개 잡듯이 매 맞던 그들은 정신을 잃었을까? 왜 이렇게 조용 할까?

까무러치고 정신을 잃었던 여인들도 지쳐 잠들어 버렸다. 이것이 바로 중국 땅에서 겪는 탈북자들의 운명이고 삶이다. 내몽고 변방 감옥에서의 고달픈 나날은 하루하루 속절없이 흘러갔다.

"하나님이시여! 불쌍한 이민족을 살펴주십시오"

심장의 기도는 잠시도 멈출 수 없었다.

✿ 비참한 도문 감옥

　　새벽까지 아무 말 없던 내몽고 감옥에 대소동이 일어났다. 갑자기 솜옷과 신발을 가져다가 한곳에 모아놓고 자기 것을 찾아 입으라고 호령했다. 모두가 자기 옷과 신발 소지품들을 찾느라고 야단들이다. 그 외중에 에림이가 돈을 먹자고 했다. 우리는 재빨리 서로의 옷들을 찾아주고는 물을 컵에 서로 따라 주며 돈을 심키기 시작했다. 다른 때에는 그렇게도 힘들게 넘어가던 돈들이 급하다 보니 꿀떡꿀떡 잘도 넘어 갔다. 눈물 흘리며 우리는 돈을 삼켰다. 일부 눈치 챈 여자들도 있었지만 이미 그들한테는 인민폐 한두 장씩을 나누어 주었기에 별 탈이 없었다.

　　모든 대열이 정렬된 상태에서 버스에 올랐다. 무장군인과 짝을 지어 수갑을 차고 같이 앉았다. 전에 호송 버스 안에서 창문을 깨고 도망쳤던 일이 있어서 그런 조치를 취한 것이다. 차창 밖으로 내몽고 전경이 눈앞을 스치며 흘러갔다. 내몽고 건물에 쓰여 있는 글씨마저도 이상하게 생겼고 모든 것이 낯설고 싫었다.

　　"하나님! 언제까지 이 시련과 고통을 겪어야 합네까?"

　　하나님께서는 이미 피할 길을 주셨는데 믿음이 부족했고 판단력이 흐렸고 또 사람을 바라보았던 어리석음을 후회하고 또 후회하면서 버스 안에서 또 회개하였다. 버스는 하루 종일 달렸다.

함께 타고 가는 장교들과 군인들은 즐거운 표정이었다. 자기들은 맛있는 음식을 먹으면서 우리들에게는 빵 조각만 먹으라고 했다. 목이 말라 물을 찾으니 참으라고 했다. 물을 먹으면 화장실 가겠다고 할까 봐 하루 전부터 우리에게 물을 주지 않았다. 차를 세워 놓고 길 옆에서 대소변을 볼 때 남자들이 도망치려고 해서 매번 골탕을 먹었기 때문이었다. 겨우 오후에야 버스가 멈추었다. 우리가 잠시 버스에서 내려 볼일을 볼 때도 우리 바로 앞에 서서 지키고 있었다.

이 넓은 사막에서 우리가 뛰면 어디로 뛰겠는가? 괜한 몸부림일 뿐. 가도 가도 끝이 없는 만주광야 이 엄동설한에 어디 갈 곳이 있단 말인가? 나는 서러운 생각을 하며 수갑 찬 손으로 옷을 입고 있는데 예림이가 스치면서 얘기했다.

"언니! 질 속에 넣어 둔 돈 뭉치를 떨어뜨렸습네다. 그런데 여군이 지키고 있어서 줍지 못했습네다. 그게 어떤 돈인데 정말 아까워 죽겠습네다. 급해서 두 개를 먹지 못했던 건데 소변보다가 뚤렁 떨어뜨렸습네다."

빨리 타라며 소리 지르는 중국 무장군인들의 횡포에 그 생명과 같은 돈을 사막의 눈 위에 떨어뜨리고 그렇게 버스는 떠났다. 모두 잠들어 있었는데 뒤에서 살며시 나를 건드리는 느낌이 들었다. 조심스레 뒤를 돌아보니 예림이와 함께 수갑을 차고 있던 군인이 깊이 잠들어 있었다. 예림이가 손을 내밀며 손 좀 잡아달라고 했다. 나는 갑자기 목이 메고 눈물이 나왔다. 두려움에 떨고 있는 예림의 손을 꼭 잡고 속으로 기도했다.

'아버지 하나님! 예림이만이라도 살려줄 수 없습네까? 이 불쌍한 동생을 지켜주십시오. 제발! 한창 피어야 할 꽃봉오리들이 피기도 전에 부모 잃고 고아가 되어 만주 광야에 팔려 다니다가 하나님을 알게 되었습네다. 하나님 계신 곳이 바로 남쪽 나라인줄로 알고 그곳을 찾아 떠났다가 이 시련의 길에 들어서게 되었고 지금은 북송 길 죽음의 현장으로 나가면서 떨고 있습네다. 하나님! 믿습네다. 구원해 주시고 살려주실 줄 믿습네다. 예수님 이름으로 기도 드립네다. 아멘'

'나의 가는 길을 오직 그가 아시나니 그가 나를 단련하신 후에는 내가 정금 같이 나오리라.' (욥기 23:10)

3일을 달려서야 버스가 중국과 북한의 변방도시 도문에 도착했고 도문감옥 앞에 버스가 멎었다. 어스름 어둠이 깃들기 시작한 중국 도문 감옥 옆쪽을 보니 북조선 땅이 보였다. 생각을 할 사이도 없이 버스에서 내린 우리 모두는 중국 도문감옥에 인계되었다. 감옥을 지키는 군인들과 장교들은 매일 탈북 죄인들을 받아들여서인지 아무 감정도 없는 듯 보였다. 마치 짐승 떼들 몰고 가듯이 우리를 감옥 안에 몰아넣었다. 5명씩 옷을 홀랑 벗기고 또 돈을 빼앗고 귀중품을 다 빼앗았다.

감옥 방이 열 칸도 더 되었다. 빈칸으로 들어간 우리 일행은 사방을 살펴보다가 어찌해야 할지 몰라 그냥 서 있었다. 내몽고에서 함께 고생했던 사람들뿐만 아니라 처음 보는 여인들이 무리지어 들어왔다. 그들은 들어오자마자 팬티에서 무엇인가를 꺼내면서 가슴 쪽에 숨겼다. 5분도 안 되어 갑자기 군견과 함께 두 사람의 무장한 군관들이 들어와서 그녀들에게 감춘 것을 내놓으라고 소리 질렀다. 그 여인들이 감춘 거 없다고 하자 다짜고짜 전기곤봉으로 사정없이 때렸다.

옆에 있던 군견까지 으르렁대자 피를 토하면서 쓰러지던 여인들이 숨겨두었던 돈을 내놓았다.

우린 돈을 먹었기에 별로 걱정이 없었는데 저들은 질 속에 넣어가지고 며칠째 오다보니 불편하고 염증이 나서 아팠을 것이다. 그래서 몸수색이 끝나 감옥에 들어서자마자 그 돈부터 꺼내 감추었는데 감옥 안의 일거수일투족을 감시 할 수 있도록 카메라 장치가 되어 있는 것을 몰랐던 것이다. 생명 같은 돈인데, 라며 통곡하던 그 여인들의 절규가 지금도 내 귀에 쟁쟁하다.

개구멍만 한 구멍으로 한 여인이 머리를 들이밀고 감방 인원이 몇 명인가 묻더니 밥그릇 국그릇이 잽싸게 들어왔다. 그러더니 다시 여인이 그 구멍으로 얼굴을 들이밀고 우리를 쭉 훑어 보면서 물었다. 어디서 잡혀 왔느냐고 물었다. 아무도 대답하지 않자 여인이 말했다.

"여긴 지금 200명이 넘는 탈북자들이 있소! 마음을 느긋이 가지고 조사를 받아야 하는데 조사과정에서 도와준 조선족이나 남조선 사람들을 붙잡아서 벌금을 받아 내는 것이 이 감옥 사람들의 임무요. 그러니 알아서 잘 처신하오."

모두가 걱정과 불안에 휩싸였다. 나는 눈을 뜨고 그들을 바라보면서 우리 모두들 지켜달라고 기도했다. 한 명씩 불려 나가 조사를 받기 시작했다. 시간과 상관없이 저녁 시간에도 불려 나갔다. 모두 나가서는 쉽게 들어오지 못하고 비명 소리 울부짖는 소리만 들렸다. 이렇게 시작된 도문감옥에서의 고문과 조사의 나날도 일주일이 되었다.

거의 일주일 만에 내가 조사받게 되었다. 나는 기도하면서 시작한 터라 별일 없이 쉽게 끝났다. 동생들도 쉽게 끝났다. 그런데 별일 없을 것 같던 몇 명 여인들이 눈바람 속에 전봇대에 3시간여를 묶여 있기도 했다. 그녀들은 실신해서 감옥으로 돌아왔다. 꽁꽁 언 몸과 슬리퍼만 신은 맨발은 이미 동상에 걸려 있었다. 정신이 든 여인들이 말했다.

"나를 도와준 사람을 대라고 해서 모른다고 했더니 막 때리고 전봇대에 묶어놓았소. 차라리 죽었으면 좋았을걸. 어떻게 우리를 도와준 사람들의 이름을 말해서 벌금을 물게 할 수가 있겠소."

비참하고 불쌍해서 볼 수가 없었다. 하지만 더 중요한 것은 감옥에 있는 사람 모두가 국경 쪽에서 잡힌 사실이 북쪽에 가서 드러날까 노심초사하고 있었다. 도문 감옥에서 보름이 지나가고 있었다. 소금국에 쌀밥 반 공기, 그래도 내몽고보단 좀 괜찮았다. 감옥에 갑자기 또 많은 사람들이 몰려들어 왔다. 그 속에는 아기 엄마도 있었고 할머니도 있었다.

점심식사가 들어왔다. 비닐 밥공기가 인원수대로 들어왔다. 네 살짜리 아기가 밥을 보고도 배고프다며 울었다. 엄마가 "이밥(쌀밥)이다, 빨리 먹어라!"하고 말해도 아이는 울기만 했다. 난생처음 보는 쌀밥이 먹는 것인지 몰랐던 것이다. 자기가 먹던 시래기죽이 아닌 이상한 흰 쌀밥을 앞에다 두고 밥을 달라고 울어댔다. 북조선 땅에서 내가 누렸던 행복과 중국 땅에서의 풍요로운 삶은 정녕 하나님의 특별한 은혜였다. 나는 눈을 감고 조용히 하나님께 감사드리고 불쌍한 백성들을 구해달라고 기도했다.

후에 안 일이지만 우리들과 함께 버스를 탄 무장군인들과 장교들 그들은 내몽고에서 근무하면서 북조선(탈북자)사람들을 북송 길까지 실어다 인계하고는 자기들은 우리한테서 빼앗은 돈으로 장백산(백두

산) 관광을 한다는 것이다. 공포에 떨고 있는 탈북자들의 모습과 즐거운 관광길에 오른 내몽고 변방감옥 장교들과 군인들의 모습은 참으로 판이했다.

얼마를 잤을까? '악!' 하는 비명 소리에 놀라 일어났다. 너나 할 것 없이 공포의 북송을 앞두고 있어 선잠을 잘 수밖에 없었다. 그런데 갑자기 요란한 비명 소리가 감옥의 새벽을 깨워 놓았다. 옆방에서 들려오는 남자의 비명 소리였다. 무엇인가 눈에 보이는 것은 닥치는 대로 던지며 고래고래 소리 지르며 울부짖는다. 남자감방의 한 남자가 내일 북송을 앞두고 못을 먹었다는 것이다. '얼마나 아프면 저렇게 소리를 지르며 몸부림칠까?'

군인 여러 명이 소리 지르던 남자를 끌고 나갔다. 군인들이 아파서 몸부림치는 그 남자를 의자로 때리고 야단들이다. 그 소리가 무겁게 침묵이 흐르는 감옥 안을 공포로 뒤흔들었다. '아 원통하다!' 하고 외치던 남자의 목소리가 지금도 내 귀에 쟁쟁하다. 모두가 두 주먹을 불끈 쥐었다. 음력설을 쇠려고 감옥을 비운다고 탈북자들을 짐승떼처럼 몰아서 두만강 다리를 건너던 그날의 모습들을 나는 영원히 잊을 수가 없다. 어떤 사람은 달리는 호송트럭에서 뛰어내렸다. 그 다리에서 떨어진 사람 중에 살아난 사람이 없었다. 차라리 다리에서 떨어져 죽는 것이 낫다고 결심한 그 중년 남자는 이미 이 세상 사람이 아닐 것이다.

✿ 기적의 기도

조사가 끝난 탈북자들이 매일 트럭에 실려 북송되었다. 우리보다 앞서 감옥에 들어온 무리들의 배후를 찾아내기 위한 한 달여간의 조사가 끝나자 드디어 우리 차례가 되었다. 중국 변방부대 트럭이 100여 명의 탈북자들을 물건 싣듯이 마구 실었다. 그렇게 많은 사람들 속에서 동생들을 찾아 챙겼다. 불안과 공포로 가득한 그들을 눈빛으로 위로했지만 사실 두려운 건 나도 마찬가지였다. 중국 변방부대는 북조선 사람들을 잡아 보내는데 혈안이 되어 있었다. 통나무 3톤과 탈북자 1명씩 맞바꾼다는 얘기도 있었다. 정말 슬픈 일이었다. 한참 트럭을 타고 가다 보니 〈경고문 탈북자에게 빵 하나를 주거나 밥 한끼라도 먹이면 3,000위안 벌금〉이라는 현수막이 여러 개 보였다.

그제서야 감옥에 있을 때 누군가에게 들은 말이 생각났다. 두만강 옆에 살고 있는 조선족들은 계속 밀려오는 북한 사람들 때문에 화를 많이 당한다고 했다. 대체로 두만강 주변에는 홀로 사는 남자들이 많았다. 조선족들은 그들을 보고 '보토리' 혹은 '홀애비'라고 했다. 어쩌다 눈이 맞은 사람들끼리는 참사랑을 나누며 재미있게 살면서 농사도 짓는단다. 그리고 조선족 남편들이 가을이면 북조선으로 가서 친척들에게 양식과 옷들을 전해주고 왔다. 그것이 고마워 여자들은 진심으로 남자들을 하늘처럼 받들어 모셨단다.

어느 날 감옥에 끌려온 한 여성이 나에게 팬티가 여유 있으면 좀 달라고 했다. 감옥에 들어오자마자 남의 팬티를 요구하자 옆에 있던 탈북여성들이 그에게 남의 팬티를 달라니 미치지 않았냐며 화를 냈다. 무슨 사연이 있는 것 같아 그 여인에게 어떻게 해서 잡혀왔는지를 물었다. 그녀는 조선족 남편과 농사를 지으며 오손도손 나름대로 재미있고 행복하게 살고 있었다고 한다. 어느 날 저녁 남편과 함께 동네 시장에서 친구생일이어서 술도 마시고 노래방에서 노래도 부르며 즐거운 시간을 보내고 남편 등에 업혀 집으로 돌아왔다. 집에 들어가서 불을 끄고 잠자리에 들어 5분이나 되었을까? 갑자기 문을 당기며 구둣발로 걷어찼다. 문고리가 온전하지 않은 탓에 미처 옷도 입기 전에 문이 열리자 그녀는 급히 옷장 안에 숨었다. 경찰 3명이 들어와서 다짜고짜 남편을 세워 놓고 금방 밖에서 들어올 때부터 지켜봤으니 당장 여자를 내놓으라고 소리 질렀다. 남편이 없다고 대답하자 그들은 벌거벗은 남편을 전기방망이로 때리기 시작했다. 비명소리에 남편이 죽을 것만 같아 참다못해 그녀는 옷장 문을 열고 튀어나왔다. 그도 벌거벗은 몸이었다. 그리하여 그녀는 속옷도 입지 못하고 겉옷만 대충 입고 끌려 왔던 것이다. 남편은 벌금 5,000위안을 내고 풀려났지만 그녀는 북송되는 감옥으로 오게 되었다.

고향 산천을 바라보며 중국 변방 군인들로부터 인계된 우리들은 모두 트럭에서 내려 남양 세관에 들어가 복도에 줄을 지어 앉혀졌다. 보위부 간부들이 왔다 갔다 하면서 눈에 띄는 사람에게 말을 시킨다. 성형수술을 했지만 혹 나를 알아볼까봐 불안했다. 중국에서 넘겨진 이름과 인원을 확인하고 중국 공안이 채워온 수갑을 다 회수해서 중국 쪽에 넘긴 뒤 우리에게 신발 끈과 허리띠를 풀어 두 명씩 짝지어 손목을 묶으라고 했다. 그런 다음 자동차 적재함에 태웠는데 인원이 많아서 여러 대가 동원되었다. 추운 2월의 날씨보다 더 무서운 공포감이 밀려왔다. 목탄 난로에 불을 피워서 열을 가하여 달리는 목탄차였다. 연기가 너무 나서 제대로 숨을 쉴 수가 없었다.

온성 땅에 도착해 모두 보위부로 실려 갔다. 많은 사람들이 차에서 짐짝처럼 쏟아져 내렸다. 10명씩 방으로 들어가서 알몸으로 뜀뛰기를 50번씩 해야 했다. 몸속에 감추어 둔 돈을 빼앗기 위해서였다. 무시무시한 북한 보위부에서의 첫 밤이 깊어갔다. 10평도 안 되는 여성 감옥은 너무 좁아 앉아 있는 것조차 힘들었다. 낮에는 보위부 조사가 진행되었다. 동생들에게 기도하라고 눈짓했다. 모두가 숨죽이고 자기 순서를 기다리는 불쌍한 사람들의 모습은 도살장으로 끌려나가는 짐승들의 모습과 다를 바 없었다.

'아 하나님, 이 감옥 안에도 당신의 그 기적과 사랑을 쏟아 부어주십시오. 두려움과 공포에 떨고 있는 저 불쌍한 사람들을 구원하여 주십시오'

나와 동생들은 눈을 뜨고 마음속으로 목숨을 건 기도를 하기 시작했다. 돈만 지키면 처형이나 정치범 수용소에 갈 길도 면할 수 있었다. 내몽고 감옥에서부터 그처럼 공포에 떨고 떨었던 북송 북조선의 보위부 감옥 1차 조사에서는 돈이 무사했다. 하나님께서 주신 지혜로 우린 돈을 먹었기에 이미 몸 안에 있는 돈을 그들이 찾아낼 수가 없었다.

다음은 발가벗겨서 하는 몸 조사를 하기 시작했다. 이를 잡듯이 깐깐히 하는 옷 검사. 50번씩 앉았다 일어났다 하는 점프, 다른 여성들이 점프검사에서 질 속에 넣은 돈들이 똘렁똘렁 떨어져 나왔다. 이렇게 1차 검사에서 무사히 통과되었지만 끝이 아니었다. 이튿날 아침 5명씩 조를 묶어서 바깥에 있는 공동변소로 줄을 지어 가서 대변검사를 받아야 했다. 우리의 마음은 초조와 불안에서 해방될 시간이 없었다. 차례를 기다리면서 맘속으로 같은 기도를 반복해서 했다.

'하나님 먹은 돈이 대변과 함께 나오지 않게 도와주세요. 대변은 나와도 돈은 나오지 않게 도와주십시오.'

드디어 우리 차례가 되었다. 5명이 "앉아!" 하는 보위부 군인들의 구령에 따라 땅에 앉았다. 너무 긴장해서 대변이 나오지 않았다. 이때 나는 더 갈급하게 속으로 기도를 시작했다. '하나님 대변은 나오게 해주세요. 돈만 안 나오게 해 주세요. 부탁드립네다. 예수님의 이름으로 기도 드렸습네다. 아멘' 정말 그때 우리의 기도 제목은 기가막혔다. 동생들도 마음속으로 이 기도만 하였다. 자신이 본 대변을 나무꼬챙이로 헤쳐서 검열 마쳐야 끝난다. '하나님 대변 속에 돈이 나오더라도 소리가 나지 않게 해주시고 돈이 만약 나왔더라도 저들의 눈에 띄지 않게 제발 도와주십시오. 부탁 드립네다 제발. 제발 부탁 드립네다.' 하나님께 그토록 간절히 애타게 기도드리면서 긴장한 속에서 대변검사까지 기도대로 모두 무사히 안전하게 마쳤다. 참으로 신기했다. 나도 동생들도 단 한 개도 나오지 않았다. '아 하나님 돈을 지켜주셔서 정말 고맙습니다.' 그다음부터는 자체로 지켜야 하는 어려운 전쟁이 계속되었는데 언제까지 이 감옥에 있는 한 변기통 속에 돈을 떨어뜨리면 끝장인 것이다. 기도는 멈추지 않았다.

다행히 나는 그 많은 여성 불법 월경자(탈북자) 중에서 반장으로 선출되었고 보위부 간부를 조용히 만날 수 있는 시간을 얻을 수 있었다. 그를 감동하게 해 화장실에서 몸속에 있는 돈을 받아 보위부 간부에게 건네고 그 무시무시한 보위부 감옥에서 탈출할 수 있었다. 다른 동생들도 먹은 돈이 나온다고 급하게 말해 모두 무사히 보위부 감옥을 탈출하는 꿈같은 현실을 경험하게 되었다.

내몽고에서부터 북조선 보위부 감옥까지는 돈을 지켜달라는 간절한 기도, 기도 할 수 없는 중국 감옥과 북조선 보위부 감옥, 보위부 스파이한테 들키면 무조건 총살 아니면 정치범 수용소로 끌려간다는 불안과 공포 속에서 쉴 새 없는 영적 전쟁을 치렀다. 결국 기도로 지킨 생명의 돈으로 우리 일행은 2002년 3월 5일, 하나님의 도우심으로 보위부 감옥에서 기적같이 나왔다. 수백 명의 탈북자들은 모두 도 보위부 집결소로 이송되었다. 모두 함께 탈출할 수 없는 미안함과 죄스러운 심정을 안고 기도를 올렸다.

'하나님 우리들만 이렇게 감옥에서 무사히 나오니 저 안에 있는 사람들 너무 불쌍합네다. 저들도 매 맞지 않게 도와주시고 놀라운 기적으로 다 살려 주시고 꼭 한국으로 가도록 도와 주십시오. 꼭 부탁 드립네다. 네? 하나님 아버지!'

우리는 마음속으로 하나님께 감사를 드리고 또 드렸다. 우리의 기도를 들어 주시고 환란에서 지켜주심에 진심으로 감사드렸다. 그리고는 더 이상 지체할 수 없는 고향 땅을 한시바삐 떠야 한다는 상황을 판단하고 동생들과 함께 당장 중국으로 들어가기로 결심했다. 그리고는 우리를 도와줄 사람들을 소개받아 우리의 의사를 전했다.

그토록 그리웠던 고향에 갔건만 사랑하는 가족들을 만날 시간조차 없이 발길을 다시 중국으로 돌릴 수밖에 없었다. 불빛 한 점 없는 캄캄한 고향 땅. 타향에서 그토록 순간도 잊지 못하며 눈물짓던 고향 산천. 부모님 계신 곳은 기차역 몇 정거장 사이였고 사랑하는 아들딸이 엄마를 기다리며 굶주림에 지쳐 쓰러져 있을 생각을 하니 가슴이 찢어지는 것만 같았다. 이제 떠나면 언제 다시 돌아올까? 아니 영영 다시 돌아오지 못할 수도 있다고 생각하니 발길이 떨어지지 않았다.

급하게 그곳에 사는 외삼촌 집을 수소문해 찾았다. 조선은 전기가 없어 기차가 달리지 못했고 집집마다 전기 불이 없어 수수떡(희미하고 여린 불빛)같은 석유등잔이 고작이었다. 그것도 국경 쪽에 사는 인민들은 그것조차 없어 초저녁부터 먹지도 못한 채 차디찬 구들방에서 죽지 못해 살아간다고 했다. 한참 헤매다가 겨우 친척 집을 찾았다. 대문 앞에 서서 보니 아직 초저녁인네 불빛도 인기척도 없었다. 가까스로 마음 진정하고 대문을 조심스레 두드렸다. 두 번이나 두드렸으나 아무 기척이 없었다. 다급한 마음에 "계십네까?"라고 좀 더 크게 소리치며 불렀다. 그때 창문 쪽에 수수떡 같은 불빛이 켜졌다. 가슴이 세차게 방망이질하기 시작했다. 삐거덕하고 문 여는 소리가 들리더니 "뉘기요?"하는 가르다란 여인의 목소리가 들렸다. 목소리로는 누구인지 짐작이 가지 않았다. "접네다! 명수엄마."라는 말에 나를 귀신 보듯 했다. 외삼촌 어머니(외숙모) 내가 죽었다고 해서 장례까지 치렀다며 놀랐다. 한참 울다가 집으로 들어갔다. 부엌이 달린 한 칸짜리 방 작은 방 하나 밝힐 불조차 없는 것이 내가 나서 살아온 고향의 현실 조국의 현실이었다. 기름등잔 불심지를 돋우어 놓자 방이 좀 환해졌다.

"아이 명수엄마 아이재요(아니잖아요)? 어째 얼굴이 아이요! 목소리는 좀 비슷한데! 사람이요? 귀신이요?"

얼굴을 보면 반갑게 맞아줄 것이라는 생각만 했지 내 얼굴이 변했다는 사실을 나 자신도 까맣게 잊고 있었던 것이다. 내가 성형수술했다는 사실을 말하자 예뻤던 얼굴이 밉게 변했다며 놀랐다. 건강했던 외삼촌은 생사가 오락가락할 정도로 중병을 앓고 있었다. 군당간부여서 생활수준이 아주 괜찮았는데 다 죽게 된 상황이었다. 돈이 있으면 약이라도 써보았으면 한이 없겠다는 말에 부모님과 가족들에게 보내려던 300달러를 고스란히 내놓았다. 죽어가는 한 사람의 생명을 연장시킬 수 있는 이 기회가 정말 감사했다. 외삼촌어머니는 너무 감격해 울면서 나의 손을 잡고 놓을 줄을 몰랐다. 외삼촌도 누워서 눈물을 흘렸다. 이제 떠나면 다시는 볼 수 없는 그들을 바라보며 우리 부모님께 딸의 인사를 전해 달라고 신신당부했다. 부모님이 서운해할까 봐 돈 받았다는 말은 하지 말라고 부탁했다. 언제 다시 돌아올지 모를 고향 땅을 떠나려니 가슴이 터질듯이 아팠다. 하지만 이미 나는 그 땅에서는 죽어 이 세상에 없는 사람이다.

'하나님 정녕 이 땅에서는 사람들이 이렇게 밖에 살수 없습네까? 왜 하늘은 하나인데 중국과 한국은 먹을 것이 남아 썩어가고 있고 이 나라는 먹지 못해 사람들이 굶어 죽어가야 합네까? 이 캄캄한 내 고향땅에도 오시어서 먹지 못해 굶어 죽어가는 불쌍한 인민들을 살려주십시오. 꼭 부탁드립네다. 예수님 이름 받들어 기도를 올립네다.'

part.5

십자가로
빛나는 땅

고린도전서 1:18
십자가의 도가 멸망하는 자들에게는 미련한 것이요
구원을 받는 우리에게는 하나님의 능력이라

For the message of the cross is foolishness to those
who are perishing, but to us who are being saved it
is the power of God.

❖ 살얼음판 두만강을 건너다

3월이라 두만강의 얼음이 녹기 시작했다. 꺼져가는 얼음장을 건너가는 건 불가능한 일이었다. 우리를 노와준 보위부 간부 동지는 며칠 전 물이 너무 차가워 심장마비로 죽은 청년이 있다며 기다렸다가 물이 좀 덜 차갑고 깊이도 줄어드는 5월에 건너라고 말했다.

"안됩니다. 지금 가지 않으면 중국에서 운영하던 식당이랑 저축해 둔 돈이랑 다 없어집니다. 우리가 있을 때도 우리를 신고하여 돈을 빼앗고 무작정 북송시켰는데 한순간이라도 빨리 가야 합네다. 정말 한시바삐 떠나야 합네다."

순간도 지체할 수 없이 고향을 떠나지 않으면 안 될 우리들의 운명이었다. 고향을 등지려고 하니 문득 지나온 시절이 떠올라 목이 꽉 메었다. 꼭 돈을 많이 벌어서 가족들과 사랑하는 사람들을 도우리라 결심했다.

예정이는 집에 들렀다가 후에 떠나겠다고 하여 중국에서 전화로 만나기로 약속하고 헤어졌다. 보위부 군인의 안내로 우리가 건너갈 곳에 도착해 '하나님! 우리는 지금 녹아내리는 두만강 얼음 강판을 하나님께서 도와주시고 무사히 다 살려주실 줄 믿고 건너렵네다.' 하고 기도했다. 동생들의 손을 잡고 목숨 건 기도를 몇 번이고 하나님께 올린 다음 내가 맨 앞에 서고 예림이와 예심이, 예련이, 예진이가 그 뒤에 섰다. 먼저 조심스레 신을 신은 채 몇 걸음 내디뎌 보았다. 찌저정, 얼음장 꺼지는 소리가 하도 요란해 신을 벗고 양말 바람에 건너기로 했다. 두 동생은 말도 못하고 나만 바라보고 있었다.

"애들아 누구든지 얼음이 써셔서 빠시더라도 절대로 소리 지르지 말자! 입 다물고 하늘만 쳐다보자. 알았지?"

겁에 질린 두 동생은 머리만 끄덕이고 있었다. 그들은 나를 따라 여기까지 왔지만 정녕 이 길은 참으로 위험천만한 길이었다. 하늘을 올려다보니 달이 너무 환하여 얼음 강판 위에 서 있는 우리들의 눈가에 어린 걱정과 눈물이 다 보일 정도였다. 꺼져가는 얼음장이 무서워 아래를 내려다 볼 수조차 없었다.

아! 저 달, 내몽고 사막에서 정오의 푸른 대낮에 우리를 위로해 주던 그달이 지금 이 새벽 우리를 지켜 주시려고 내려 다 보고 있는 것이 아닌가? 그때의 사막의 둥근 달 속에 계셨던 하나님의 그 형상이 분명했다.

"예림아! 사막의 푸른 하늘 둥근달 속에서 우리에게 말씀하시던 그 하나님이 지금 우리를 지켜주고 계셔! 저 하늘의 달을 좀 봐"

우리는 하늘을 보고 마음을 진정하며 발을 디뎠다. 하지만 양편에서 좔좔좔 물 흐르는 소리와 찌저정 얼음 꺼지는 소리로 더 이상 지탱할 수가 없었다. 이때 초소 경비병이 자신을 따라오라고 했다. "여기서부터는 동무들끼리 가시오! 그리고 혹시 얼음이 꺼져서 빠지면

소리를 치지 말고 알아서 가시오!"하고는 가버렸다. 이제부터는 우리 셋이 알아서 건너야 할 살얼음판이었다. "하나님 홍해를 가르시던 그 기적을, 물위를 걸으신 예수님의 기적을, 우리들에게 베풀어 주십시오. 무조건 도와주실 줄 굳게 믿고 건너렵네다." 기도를 마치고 살얼음 강판위에 들어서서 손잡고 얼마나 뛰었을까? 너무 무섭고 긴장해서 하늘의 둥근 달만 쳐다보며 뛰다 보니 두만강 기슭에 당도한 것도 몰랐다.

"언니! 다 건너 왔습네다."

순식간에 북조선에서 중국 쪽으로 옮겨 온 것이다. 어떻게 그 넓은 강폭을 이렇게 빨리 안전하게 뛰어 올 수 있었는지 꿈만 같았다. 그 자리에 모두 풀썩 수저앉아 버렸다. 양발을 만져보니 물 한 방울 묻지 않았다. 하나님께서 천사들을 보내셔 꺼져가는 3월의 두만강 살얼음 위를 들이시 옮겨 놓으신 듯 무사히 긴네주신 것이다.

'할렐루야! 하나님 만세! 하나님 아버지, 고맙습네다. 무사히 건네주시고 살려주셔서 정말 감사를 드립네다.'

우리는 두 손을 번쩍 쳐들고 새벽하늘의 둥근달 하나님을 쳐다보며 눈물의 기도 드리며 기쁨의 눈물을 흘리고 또 흘렸다.

국경 연선을 한시바삐 벗어나는 게 시급했다. 순찰하는 군인들에게 잡히면 모든 것이 수포로 돌아간다. 멀리서 차 불빛이 보이면 우린 땅에 납작 엎드렸다가 지나가면 또 달렸다. 마을에 들어서니 그 새벽에 사람들이 다니고 있었다. 어디로 가야 할지도 모른 채 우리도 태연하게 그들처럼 걷는데 난데없이 저편에 십자가의 불빛이 보였다. 한달음에 달려 십자가 불빛 아래까지 당도했다. 참으로 놀라운 것은 겨우 내내 새벽 기도를 하지 않았다가 오늘 시작했다는 것이었다. 하나님은 이처럼 세밀하게 준비하시고 우리를 초대해 주셨다. 십자가 앞 땅바닥에 무릎 꿇고 내몽고에 체포된 그날부터 6개월 동안 우리의 기도를 들으시고 기적을 베풀어 무사히 빠져나올 수 있도록 해 주신 하나님께 감사하고 또 감사드렸다. 이제부터 우리 모두의 운명을 하나님께 맡기고 생명을 다 바쳐 충성된 삶을 살아가겠다고 맹세했다. 오랜만에 하나님 성전에서 꿀잠을 잤다.

우리는 아침 식사까지 교회에서 잘 대접 받고 연길 시내로 들어가는 길을 알아보았다. 교인들이 연길 시내까지 경비 초소가 3개나 되고 조사가 심하니 택시가 안전하다고 일러주었다.

'하나님! 이제는 택시요금이 필요합니다. 그런데 예림이가 아직 대변을 못 봅니다. 그때는 돈이 나오면 안 되겠기에 나오지 말게 해달라고 기도드렸는데 이제는 택시비가 필요하니 예림이 몸에 있는 돈이 다 나오게 해주세요.'

기도가 끝나자 보위부 감옥에서 나온 후 한 번도 대변을 보지 못한 예림이가 "언니 나옵네다" 하고 소리쳤다. 모두 경사 난 듯 화장실을 찾아 산모가 해산하듯 난리를 피웠다. 거의 보름 만에 첫 변을 본 예림이는 시원하다며 기지개를 켜더니 "참 하나님은 언니 기도를 그렇게도 잘 들어주실까요? 하나님은 언니를 제일 좋아하시는 것 같아요."라고 했다. 예림이 돈 만큼은 마지막까지 아껴 두었다가 가장 긴요하게 써야 할 돈이었는데 정말로 필요할 때 나오게 해주시니 그 놀라움과 감사는 이루 말할 수 없었다. 예림이 변속에서 돈뭉치 3덩이를 찾아 물에 깨끗이 씻었다. 그다음 꽁꽁 동여맨 실과 비닐봉지를 풀었다. 돈을 펼치자 모두 코를 찡그리고 입을 막고 난리였다. 중국 돈 3장은(300위안) 위액과 똥 색깔이 들어서 도저히 쓸 수가 없었다. 하지만 은행에서 돈을 바꿔 준다는 말에 그 돈을 버리지 않았다. 보위부에서 배운 대로 교회 휴게실에서 돈 300위안을 소금물에 담구어 냄새를 대충 제거했다. 소금물로 씻은 돈을 다리미로 다렸다. 그만하면 사용하는데 별 문제가 없을 듯 싶어 출발 준비를 하고는 택시를 기다렸다. 손잡고 간절한 마음을 담아 하나님께 또 기도를 드렸다.

'하나님! 지금까지 우리와 함께하신 아버지를 믿고 택시를 타렵네다. 하지만 단속초소 세 곳을 통과해야 합네다. 무사히 통과시켜 주실 줄 굳게 믿습니다. 예수님 꼭 부탁드립네다.'

택시 운전석 옆에 예림이 앉고 뒷자리에 우리 모두 빼곡히 앉았다. 출발하여 한참을 날리다 보니 드니어 단속초소가 나타났다. 버스, 택시, 자가용 할 것 없이 다 세워놓고 신분증 검사를 하고 있었다. 우리 택시도 세우고 군인 한 명이 치 안을 들어다봤다. 그런데 뭐라 하며 손시늉 하자 아저씨는 씽하고 차를 몰아갔다. 두 번째 초소는 우리가 탄 택시는 세우지도 않았다. 세 번째 초소도 무사히 통과했다. 왜 우리 차를 세우지 않을까요, 하고 묻자 운전사는 고운 여자들만 타서 그런가? 하며 농을 했다. '지금까지 함께하신 하나님, 이 순간도 우리와 함께하시는 줄 믿습니다, 하나님 아버지 정말 고맙습네다' 라고 속으로 기도하며 안도의 숨을 내쉬었다.

연길 시내까지 무사히 들어서자 십자가부터 찾았다. 정녕 우리가 갈 곳, 우리를 기다려 주는 분은 오직 하나님밖에 없다는 것을 뼈저리게 체험했기 때문이다. 택시에서 내릴 때 냄새가 나서 안 받으면 어쩌나 했는데 괜한 걱정이었다. 거스름돈을 받지 않으니 아저씨가 더 좋아했다. 한국행을 결심하고 떠나 내몽고에서의 체포, 죽음의 북송, 보위부 감옥 탈출, 다시 두만강 살얼음 건너 중국 성공, 기나긴 반년 세월을 우리와 함께하신 하나님. 우리의 기도를 들으시고 죽음의 고비마다 구원의 손 내밀어 주신 그분께 또 기도드렸다.

'아버지 하나님! 더 이상 우리가 이 땅에서 살 수 없습네다. 살아도 죽어도 한국으로 가야 합네다. 한국으로 가는 길을 열어주십시오!'

'오직 나는 여호와를 우러러보며 나를 구원하시는 하나님을 바라보나니 나의 하나님이 나에게 귀를 기울이시리라.' (미가 7:7)

❖ 긴장의 순간이 계속되다

아들 명수가 다니는 학교부터 찾아갔다. 접수실에서 잠깐 기다리라고 하더니 운동장에서 축구 하고 있다고 했다. 많은 애들 속에서 아들을 찾는데 멀리에서 "어머니!" 하는 소리에 얼른 뒤를 돌아보았다. 분명히 나를 어머니라고 부르는 것 같은데 키 큰 청년이 내 앞으로 달려왔다. 내 아들 명수였다. 내가 체포된 사연을 들으면 충격받을까 봐 식당 단골손님들이 그를 돌봐 주며 엄마는 북경에 돈 벌러 갔다고 했다는 것이다. 담임선생님이 급히 현관으로 나오시며 반갑게 맞아 주었다. 명수가 학교에서 중대장과 축구부 주장을 맡아 전교생들의 선망의 대상이라며 다른 학교로 전학도 못 보낸다고 하셨다. 내가 고난 속에서 헤매고 있을 때 하나님께서 명수를 잘 키워

주신 것이 감사했다.

감옥에 있을 때 애달픈 장면을 많이 목격했다. 아들과 함께 잡혀와 각각 수감된 엄마는 감옥근무병에게 자기 몫의 주먹밥을 안 먹고 아들에게 전해달라고 부탁했다. 감옥에서 주는 밥이 적어 배가 고프다고 칭얼대는 아들의 목소리를 듣고 "엄마 저녁에도 밥 보낼게. 알았재?"하며 보낸 것이다. 얼굴도 못 보고 서로 쇠창살을 부여잡고 소리쳐 이야기들을 주고받을 때 가슴이 미어지는 것 같았다. 마음 좋은 감옥근무병은 말도 하게 하고 밥도 전해주지만 어떤 근무병은 말도 못하게 할뿐더러 엄마가 전해 달라고 내보내는 주먹밥을 쓰레기통에 처넣어 버렸다. 짐승도 낯을 붉힐 중국 간수들의 만행을 생각하면 지금도 치가 떨린다.

내가 겪는 불행과 고통을 아들 명수가 그때 알았더라면 나는 아들에게 큰 죄인이 되었을 것이다. 그 모든 불행을 몰랐기에 학업에 열중할 수 있는 훌륭한 학생으로 자랄 수 있었다. 절대로 아들 마음에 탈북자 어린이들이 겪고 있는 고통과 불행의 그늘을 안겨서는 안 된다고 생각하며 학비와 생활비 용돈 절대 아끼지 않았다. 내가 데리고 있으면 언제 어떤 화를 당할지 모를 불법 신분이어서 집과 밥해주는 아주머니를 고용해 아들을 공부시켰던 것이다.

감방 안에서 굶주림을 견디다 못해 꽃제비로 떠돌아다니던 소년들과 인신매매되었다가 도망쳐 나와 감옥살이하는 13세 소녀를 만났다. 한창 공부해야 할 어린이들이 부모를 찾아 방황하다 감옥살이를 하고 있는데 사랑하는 내 아들은 중국에서 유학 생활을 하고 있었던 것이다. 아들을 내 곁에 보내주신 하나님께 감사하며 아들에게 타일렀다.

"명수야! 네 곁에는 엄마가 없다고 생각해라. 이 세상에 나는 혼자다! 이 험한 세상을 혼자 헤쳐 나가야 한다고 생각하며 공부를 열심히 하고 체력도 잘 다지고 언제 어디서나 강인한 성품을 간직하고 훌륭한 학생이 되어야 한다."

'주님은 나의 구원의 하나님이시니 주님의 진리로 나를 지도하시고 가르쳐주십시오! 나는 종일 주님만을 기다립니다.' (시 25:4)

하나님 도우심으로 무사히 북조선 땅을 떠나 중국 연변에 도착한 우리는 다시 한국행을 결심했다. 여러 곳에 수소문하여 베트남 쪽으로 가는 루트를 알게 되었다. 조선족 여자를 통해 그들이 요구하는 경비와 물품들을 준비했다. 그런데 고향에 잠깐 들렀다 오겠다던 예정이한테서 소식이 없었다. 그런데 우연히 시장에서 아는 사람을 만났는데 예정이가 한 달가량 자기 집에 있다가 한국으로 먼저 갔다는 것이었다. 처음에 들었을 때는 서운했지만, 무사히 한국에 갔다니 반가웠다. 우리도 걱정과 근심 털어 버리고 떠날 용기가 났다. 북조선에서 중국에 들어온 지 한 달밖에 안 되는 철수라는 북조선 군 장교와 합류하게 되었다.

더 이상 지체할 수 없이 출발 준비를 서둘렀다. 연변 조선족 집으로 가 북경에 있는 브로커들과 연락했다. 인민폐 3만 위안이 더 필요했다. 경비를 준비하고 군 장교와 함께 북경행 기차를 타게 되었다. 또다시 조마조마한 열차검사를 통과하여 북경에 도착했다. 순간순간 기도했으나 불안은 멈추지 않았다.

남한을 향해 떠났던 내몽고에서 첫 실패, 6개월 동안 겪은 무시무시한 북한 보위부와 중국 국경 감옥 생활, 그 험난했던 세월 속에 우리에게 가장 필요했던 것은 생명의 말씀이었다. 기도를 한다고는 했지만 항상 내 생각이 앞서 가는 것을 깨닫지 못했다. 기도로 구한 것은 받은 줄로 알라는 하나님의 말씀을 나중에 성경을 읽으며 깨닫게 되었다. 지금 와서 생각해보니 위급할 때마다 하나님께 기도는 했어도 당시는 믿음이 너무 없었다.

아직도 가야 할 길이 멀었다. 조선족 브로커 부부가 북경역에 내리자마자 대기하고 있던 차로 안내한다는 약속을 믿고 북경을 향했다. 그런데 그 약속은 어디로 갔는지 북경역에는 우리를 마중 나온 사람이 없었다. 또다시 넘어야 할 불안과 공포의 통과선이 우리를 기다리고 있었던 것이다. 나는 예림이와 예심이, 철수동지와 함께 손을 잡고 기도하기 시작했다.

'하나님! 사람을 바라보지 말고 하나님만 믿어야 할 우리가 또 사람을 바라보았습네다. 제발 우리를 무사히 지켜 주시옵소서. 도와주십시오. 두 번 다시 실패하면 절대 안됩네다. 굳게 믿겠습네다. 예수님 이름 받들어 기도를 드립네다.'

기도를 마치니 마음이 좀 편안해졌고 우리를 마중 나오기로 한 브로커에게서 전화가 왔다. 한참 여기저기로 위치를 바꿔가며 오라 가라 하더니 우리를 택시에 태우고 한참을 달려 식당으로 데리고 갔다. 조선족 브로커는 이번에 우리를 도와줄 사람들을 소개해주었다. 식사가 끝나고 민박집으로 안내하더니 조선족 브로커 부부는 우리에게 이제부터는 돈이 필요 없고 난징(베트남 변경)에 도착하면 곧바로 한국영사관에 들어가니 휴대폰과 돈을 모두 내놓으라고 했다. 떠나기에 앞서 한 약속과는 전혀 다르다. 예림이가 한국 대사관에 들어갈 때 돈을 주기로 하지 않았냐고 날카롭게 쏘아붙였다.

"지금부터는 돈도 휴대 전화도 다 필요 없으니 무조건 다 내놓소.! 국경에서 머물 호텔도 예약해야 하니 돈을 지금 당장 송금해야 하오. 믿지 못하겠으면 당장 이 집에서 나가시오. 나가는 순간 중국 공안이 따를 것이오."

불안과 공포 속에서 판단력이 흐려졌다. 또다시 내몽고의 그 공포가 엄습하며 지친 마음을 사정없이 괴롭히기 시작했다. 이미 우리는 조선족 브로커 부부에게 사기당했던 것이다. 한국행 루트에 대한 정확한 정보도 없이 단지 연변에 있을 수 없다는 조급한 마음에 기도 응답도 받지 않고 급하게 경비를 준비해 북경에 도착한 게 문제였다. 그들은 자기들이 하라는 대로 안 하면 경찰에 신고하겠다고 협박했다. 깡패들한테 전화하며 두려움으로 몰아가니 어쩔 수 없이 인민폐 3만 위안과 휴대폰을 내놓았다. 아무리 사기꾼이라 해도 양심은 있겠지, 하는 생각에 불안 속에 하룻밤을 자고 오전 열차로 중국 난징을 향했다. 기도 속에 무사히 중국 땅끝, 베트남을 마주하고 있는 난징(국경도시)에 도착했다. 순간순간 기도하려 했지만 기도가 나오지 않았다. 난징 호텔에서 날이 밝으면 국경통행증으로 세관을 통과한다는 조선족 브로커의 말도 믿어지지 않았다. 뜬 눈으로 밤을 새웠다.

날이 밝자 조선족 안내자가 베트남 관광 일일증명서를 만든다며 어떤 사람을 데리고 와서 우리가 보는 앞에서 돈을 건네주었다. 그리고 증명서만 있으면 국경을 아주 쉽게 넘어갈 수 있다고 말했다. 오전 10시에 증명서가 도착했다. 우리 모두 세관으로 향했다. 안내하는 조선족이 맨 앞에서 증명서를 내밀었다. 세관 군인이 그와 몇 마디 나누더니 그의 손에 수갑을 채웠다. 다음은 내 차례다. 역시 뭐라고 간단히 물었는데 대답이 안 나왔다. 결국 브로커를 포함해 5명이 다 체포되었다. 체포된 우리들은 넓은 세관 복도 모퉁이에 한 사람씩 세워졌다. 손에 채워진 수갑을 내려다보니 기가 막혔다. 돈을 바치면서 사기당하려고 이 멀고 먼 중국 땅끝까지 제 발로 찾아왔으니 얼마나 어리석고 기가 막힌 일인가.

이제 중국 공안 조사와 고문 그리고 북송과 보위부 그 고통의 순간들을 다 겪은 우리는 죽고 싶은 심정이었다. 문득 내몽고에서 체포되었을 때 김일성과 같이 찍은 사진 때문에 북조선 사람이라는 것이 들통 나서 무조건 북송되었던 생각이 났다. 다시 사진이 발각되면 북송은 피할 수 없는 길이었다. 화장실에 가겠다고 하고는 몸에 숨겼던 사진과 자료들을 모두 찢어 없애 버렸다. 그러나 철수라는 사람이 문제였다. 중국말을 전혀 모르는 철수 동지가 북조선 사람이라는 사실이 탄로 나는 건 시간문제였다.

'이 일을 어찌하면 좋습네까.? 하나님 또 잡혔습네다. 우리가 선택한 한국길이 왜 이렇게 어렵습네까? 저 철수동지 때문에 조선족이라고 우길수도 없습네다. 철수동지만이라도 도망치게 해 주십시오 네? 하나님, 도와주세요."

그때 조선족 브로커가 부들부들 떨며 "나는 당신들을 모른다 하겠소. 조사할 때 나를 모른다 하오."라고 했다. 돈을 사기 치고 가짜 증명서로 우리를 사지에 몰아넣은 그는 제 살 궁리만 하고 있었다. 우리의 한국행은 다시 '일일통행증'이라는 유혹의 덫에 걸려 헤어나기 어려운 함정에 빠져 버렸다. 그런데 아까부터 철수 동지가 보이지 않았다. 그가 도망쳤다고는 하는데 누구도 본 사람이 없었다. 그가 무사하기만을 진심으로 기도하면서 엄격한 몸수색과 짐 검사를 마쳤다. 조선족 관광객으로 위장한 우리는 한 사람씩 조사를 받았다. 연변 말은 대충 할 수 있는데 난징말은 전혀 몰라 두려움이 더 컸다. 조선족 남자와 예림이가 중국말을 잘했지만 나와 예심이가 문제였다. 그래서 조사관과 마주 앉으면 하나님께 '저 사람이 내 말을 알아듣게 해주시고 나도 저 사람의 말에 대답할 수 있게 도와 주십시오! 조선족 신분 인정받게 도와주시고 기적을 보여 주십시오!' 하고 기도했다.

조사 과정에 참으로 놀라운 일들이 일어났다. 이름과 집 주소 등 여러 가지를 묻더니 글로 쓰라고 했다. 한번도 써보지 못한 중국 글을 쓰라니 눈앞이 캄캄했다. 중국 글을 못 쓰면 북조선 사람이라고 탄로 나는 것은 시간 문제였다.

'하나님 이일을 어찌 합네까? 도와주십시오. 꼭 도와주실 줄 믿겠습네다.'

조사관이 주는 심문조서에 조선글이라도 쓸 심산으로 펜을 움직이기 시작했다. 그때 나는 흰 종이 위에 보이는 중국 글을 보며 내 눈을 의심했다. 조사관이 볼세라 마치 그림 그리듯이 재빨리 쓰기 시작했다. 손 놀려지는 대로 글을 써놓고 보니 분명 조선 글을 더 많이 썼는데 조사관이 "니 한족 글 참 잘 쓴다"며 엄지손가락을 내밀더니 주먹을 흔들었다.

3일째 되는 날 아침 조사에 앞서 중국어를 잘하는 예림이가 "오늘은 더 이상 삐치지(감당) 못할 것 같습네다. 우리 이제는 북조선 사람이라구 말을 합세다. 정말 오늘은 너무 힘듭네다."라고 했다. 동생들을 바라보는 내 마음은 괴로웠다. 말만 통한다면 이들을 이렇게 고생시키지 않을 텐데 중국말을 잘하지 못하는 것이 한스러웠다.

'하나님, 이들이 하는 말 다 들으셨디요? 하나님이 도와주시지 않으면 우린 또 북송될 수밖에 없습네다. 도와주십시오. 꼭 부탁드립네다.'

체포 3일째 계속 이어지는 조사, 차라리 북조선 사람이라면 말을 시키지 않으련만 중국 소수민족인 조선족이라니 더 말을 시키는 것 같았다. 그때 갑자기 눈앞이 흐려지며 아무 소리도 들리지 않았다. 정신을 가다듬으려고 애써 보았으나 귀에서 이상한 소리가 들렸다.

예림이와 예심이가 정신 차리라며 우는 소리에 일어났다. 거의 20분간 의식 없이 쓰러져 있었고 다른 방에서 조사받던 동생들은 내가 죽은 줄로 알고 울고불고 난리 야단법석이었단다. 그들 옆에는 조사관과 여러 사람들이 모두 나를 내려다보고 서 있다. 중국말로 이틀 연속 조사를 받으니 신경이 예민해 질대로 예민해 졌고 지칠 만큼 지쳐 있었던 것이디. 군의관이 주사를 놓는다, 혈압을 잰다며 분주한 통에 동생들이 심장병 있는 언니를 죄인 취급해서 죽게 했으니 책임지라고 발을 동동 구르며 울었다고 한다. 내가 졸도하는 바람에 우리 모두의 심문과 조사가 마무리 되었다. 이 모든 사건들과 꿈같은 일들은 하나님의 주권적인 섭리와 계획안에서 일어난 기적들이었음을 하나 둘 깨달았다.

✿ 3일 내내 기도와 찬양

낮에는 긴장한 채 조사를 받았고 이틀 밤을 감옥에서 기도와 찬송을 부르며 두려움을 이겨냈다. 기도하기 전에 꼭 주기도문을 먼저 외우고 찬송은 제대로 아는 것이 없어 북조선 노래 가사에 하나님 아버지를 넣어 불렀다. 밤마다 노래 부르고 기도로 하나님께 도움을 청하는 기도를 할 때면 남자 감방에 있는 조선족 브로커가 저 예수쟁이들 때문에 재수 없이 잡혔다며 큰소리로 욕설을 퍼부었다. 우린 그에게 돈도 빼앗기고 억울하게 감옥에 갇힌 것이 원통했다. 죽을 고비를 넘어 살아왔는데 사람을 바라보다가 또다시 감방 신세가 되었던 것이다.

낮에 조사받다가 졸도했던 일로 변방부대 사람들이 조심스레 감방까지 방문하였고 군의관이 심장약을 주었다. 뜨거운 물에 약을 먹어야 한다며 야단법석이다. 혹시 밤에 무슨 일이 생기면 소리치라고 예림에게 말하고는 모두 돌아갔다. 감방 안이 잠잠해지자 또다시 두려움과 그리움이 밀려왔다. 정말 이러다가 하나님을 소리쳐 부를 수 있는 축복의 땅으로 영영 가지 못할 것 같은 두려움과 함께 하나님의 자애로운 모습이 한없이 그리워졌다. 소리 없는 눈물이 두 볼을 타고 흘러내렸다.

'북두칠성 저 멀리 별은 밝은데 아버지 하나님은 어디 계십니까? 바람 세찬 사막의 철창 속에서 목 놓아 부릅니다.

나의 주님이여! 어디 계십니까? 그리운 하나님! 우리를 구원해 주시옵소서!'

얼마나 시간이 흘렀을까? 매일 밤 기도와 찬양으로 두려움을 떨쳐 버리던 동생들, 지나온 고난과 역경의 나날들, 예림이와 만났던 날부터 오늘까지의 가슴 조이고 숨 막히던 순간들이 영화 화면처럼 떠오르며 스쳐 지나갔다. 지금까지 나를 따라다니며 두 번씩이나 한국행에 실패하고 감옥에서 불안과 공포에 떨고 있는 그들을 바라보자니 너무 기가 막히고 가슴이 아팠다. 예림이라도 이 감옥에서 나가게 할 수 없을까 하는 마음이 뜨겁게 안겨와 눈물로 조용히 기도하기 시작했다.

'하나님 아버지 지금 어디 계십네까? 불쌍한 동생들입네다. 어떻게 감방에서 내보낼 수 없습네까? 지금까지 우리의 기도 다 들어주신 하나님! 제발 동생들만이라도 여기서 내보내 주실 줄 굳게 믿겠습네다. 예수님의 이름으로 기도를 드립네다. 아멘'

그렇게 반복하기를 몇 번, 어느새 나도 지쳐 잠들어 버렸다. 예림이가 다급한 목소리를 나를 깨웠다.

"언니! 빨리 일어나시오. 빨리빨리. 금방 예수님이 우리 감옥에 찾아 오셨습데다. 두루마기를 입은 예수님이 흰 보자기를 들고 감옥에 들어오시더니 나를 싣고 하늘로 올라갔습네다. 너무 좋아서 한참 올라가다가 놀라서 눈을 번쩍 뜨니 꿈이지 않습네까? 깨지 말고 끝까지 올라갔어야 했는데 너무 아쉽습네다."

잠들기 전 눈물로 했던 기도! 분명 하나님은 내 기도를 들으시고 예림의 꿈에 예수님을 보내셨다고 생각하였다.

"예림아! 이번에는 너라도 꼭 살아서 한국으로 가야 한다. 어떤 일이 있어도 꼭 여기서 나가야 해!"

예심이는 예림이한테 아직 날이 밝지 않았으니까 꿈을 마저 꾸면서 예수님한테 우리를 다 데리고 가라고 부탁해달라고 했다. 그 말에 모두 웃고 말았다. 우린 자리에 누웠고 예림은 행여 정말 꿈을 기다리는 듯 눈을 꼭 감고 말없이 잠을 청하는 듯했다.

'하나님! 방금 예수님이 감옥에 오셔서 예림이 데려가는 꿈을 꾸

다가 아쉽게 깨었습니다. 하나님 아버지! 예림이라도 여기 감옥에서 나가게 해주세요! 하나님! 하나님!'

그러다가 지칠 대로 지친 우리는 또다시 잠이 들었다. 날이 밝자 아침 식사가 들어왔다. 식사가 끝나자 감옥 문이 열리더니 자기 소지품들을 가지고 세 명 다 나오라고 했다. 아! 하나님, 정녕 또 북송되는 것입네까? 정녕 우리에게 자유와 희망 소망이 없단 말입네까?' 불안감이 밀려왔다. 감옥 밖으로 나오니 찬란한 햇빛이 눈이 부시게 내리비쳐 눈을 뜰 수가 없었다.

"이제 다시는 여기 오지 마시오! 연변으로 돌아갈 차표를 끊어 줄 테니 어서 차에 타시오. 역까지 데려다 주겠소!"

이게 꿈인지 생시인지 믿기 어려운 기적이 일어났다. 3일간의 눈물의 기도와 찬양을 들으신 하나님께서 우리를 기적으로 구해주셨고 또 차표까지 끊어 역전까지 경찰들이 우리를 안내를 해주었다. 혹시 철수 동지가 우리를 안타까이 기다리고 있을 것 같아 석방되면서 핸드폰부터 켜놓았다. 아니나 다를까 핸드폰 켜자마자 벨이 울렸다. 철수 동지는 그동안 공동묘지에 숨어 있다가 우리가 풀려나 전화를 켜는 순간 동시에 전화를 했던 것이다. 그는 우리가 체포되던 날 화장실을 따라가는 척하다가 슬금슬금 도망쳤는데 아무도 따라오지 않아 무사히 탈출했다고 말했다. 갈급한 우리 기도에 하나님은 국경 경비대의 눈을 가려 그를 무사히 도망치게 하였고 중국말을 한마디도 하지 못하는 그가 없었기에 우리는 조선족으로 인정받을 수 있었다.

하나님은 우리를 이렇게 지켜주셨고 구원해 주셨다. 중국에서 겪은 3년간의 연단과정은 성경에 기록된 사도행전의 기적, 그대로를 체험하는 기적의 체험 현장이었다. 우리는 3일간 감옥에서 찬양과 기도로 목숨을 건 기도를 했고 기적적으로 구원을 받은 것이다.

'바울과 실라가 기도하고 한밤중 쯤 되어 하나님을 찬미하매 죄수들이 듣더라. 이에 홀연히 큰 지진이 나서 옥 터가 움직이고 문이 열리며 모든 사람들의 매인 것이 다 벗겨진지라.' (행 16:25-26)

✿ 대한민국 영토를 밟다

난징 변방 감옥에서 하나님의 기적적인 도우심으로 북경역에 도착했는데 전화가 왔다. 평양말씨로 "주 선생님이세요?"라고 했다. 나를 어떻게 아는지, 무슨 일인지 묻는데 숨이 멎을 것 같았다.

"지금부터 내 말 잘 들으시오. 역사 밖으로 나와 오른쪽을 보시면 검은색 승용차가 있습니다. 차를 발견하면 그쪽으로 오시면 됩니다. 거기서 선생님을 도울 분이 기다립네다."

분명 평양 말씨다. 나 때문에 동생들이 위험에 처할 수도 있으니 사람들 속으로 빨리 피하라고 일렀다. 또다시 전화가 와서 "아! 네, 주 선생님! 접니다. 지금 어디 있습네까?"하는데 북조선 대사관 사람들이 틀림없었다는 생각이 들었다. 아직 내가 어디 있는지 모르는 것 같아 전화를 끄고 재빨리 대합실을 빠져나와 달렸다. 그러자 "이쪽이요! 주 선생님! 빨리 이쪽으로 오세요!"라는 목소리가 들렸다. 불과 몇 발자국 앞에 검은 승용차와 검은 안경을 쓴 사나이가 마주 서 있다. 소름이 끼치고 다리에 맥이 풀려 쓰러질 것 같았다.

정신을 차리고 나를 어떻게 아느냐고 하자 사진을 보고 금방 알아보았다는 것이었다. 베트남 변경에서 하나님 도우심으로 여기까지 왔는데 왜 또 이런 일이 생기는 것인지, 누구를 원망할 수도 없었다. 다만 예심이 예림이 철수 동지가 잡히지 않도록 빨리 도망가도록 빌 뿐이었다. 우리가 그토록 가고 싶은 대한민국으로 가는 길은 왜 이리도 멀고 험난한지. 나는 달리는 승용차 안에서 체념한 듯 눈을 감았다.

'하나님, 이젠 어찌해야 합네까? 그 무시무시한 베트남 변경 감옥에서도 나를 구원해 주시었는데 또 이렇게 체포되었습네다. 무섭습네다. 저 사람들은 분명 북조선 보위부 요원들입네다. 나를 구원해 주십시오.'

검은 안경을 쓴 사나이가 나에게 어디 갔다 오느냐고 했다. 두렵기도 하고 떨리기도 했지만 침착하게 관광 갔다 온다고 답했다. 방금 그 죽음의 소굴에서 빠져나왔는데 관광이라니, 말해놓고 나니 억울하기 그지없었다. 달리는 승용차에서 뛰어내리고 싶은 충동이 세차게 일어났다.

"주 선생! 이제부터는 우리가 시키는 대로 하시오! 뒷좌석에 누워보시오!"

중국 주재 북조선 대사관으로 납치되는 것이 분명했다.

'아! 하나님! 정녕 이제는 기회가 없습네까? 한 번만 더 기회를 주시면 안되겠습네까? 억울합네다. 진정 한국으로 꼭 가고 싶습네다. 가서 마음껏 하나님을 소리쳐 부르며 찬양하고 싶습네다."

승용차 뒷좌석에 누워있는데 심장이 뛰는 소리가 쿵쿵 들렸다. 이

때 또다시 앞좌석에 앉은 사나이가 누운 자리에서 발 놓는 쪽으로 몸을 떨구라고 했다. 점점 더 무섭게 압박 해 오는 듯한 긴장한 마음을 가까스로 억제하며 그들이 시키는 대로 몸을 의자에서 내리 떨구었다. 중국 공안도 몰래 북조선 대사관에서 이렇게 사람을 납치할 수 있다는 것을 너무나도 뒤늦게야 알게 되었다. 하지만 이미 때는 너무 늦었던 것이다. 나는 이미 제정신이 아니었다.

기도 하고 싶었지만 기도가 나오지 않았다. 깜빡 잠이 들었을 때 비행기를 타고 한국에 도착한 꿈을 꾸었다. 수많은 사람들이 꽃다발을 안겨주며 환영했고 '사랑하는 내 딸아! 두려워하지 말라! 놀라지 말라! 네가 너무 고생하기에 그처럼 오고 싶어 하던 한국으로 내가 직접 네리고 왔으니 이젠 안심 하여라.' 하는 소리를 들었다. 기뻐 어쩔 줄 몰라 하던 나는 동생들이 못 온 것이 너무 안타까웠다.

"주 선생, 이젠 지리에 앉아도 되겠습네다."

그제서야 꿈에서 깬 나는 운전기사와 옆에 앉은 검은 안경을 쓴 사나이를 번갈아 쳐다보았다. 지금 이 차가 어디로 가고 있는지 묻고 싶었지만 눈을 감고 기도했다.

"자! 주 선생님, 다 왔습니다. 그동안 고생하셨습니다. 여기는 대한민국 대사관입니다! 이제부터 여기는 대한민국 영토입니다. 누구도 주 선생을 해칠 사람이 없습니다."

"네? 어디라구요?"

이게 꿈인가? 생시인가? 나는 북조선 대사관에 넘겨지는 줄 알았는데 '대한민국 영토'라니 정말 꿈같은 일이 일어났다. 그 무서운 사막과 베트남 변경 감옥에서 수없이 실패만 거듭했던 한국행을 이렇게 승용차로 무사히 올 수 있다는 사실이 놀라웠다. 이럴 줄 알았더라면 예림이 예심이 철수 동지, 그리고 함께 고생했던 탈북여성들을 다 데리고 올걸. 체포되는 줄 알고 그들을 도망치게 하고 나 혼자 온 것이 너무 죄스러웠다. 꿈을 꾸는 것 같아 실감이 나지 않았다. 모든 것이 사실이고 믿을 수밖에 없는 현실이었다. 하나님의 사랑과 은혜의 손길이 이 딸을 축복의 땅 그 문턱을 넘게 해주신 것이다. 함께 오지 못한 예림이와 예심이 철수 동지를 위해 기도하기 시작했다.

'하나님, 저를 구원해 주신 그 사랑으로 예림이 예심이 철수 동지 그리고 중국 땅 광야에서 헤매는 북조선 사람들을 다 지켜주시고 구원해 주실 줄을 굳게굳게 믿겠습네다.'

2002년 12월 14일, 내 마음속에 영원히 간직된 날이다. 그날 나는 하나님의 은혜로 대한민국의 영토를 밟았다.

✿ 야! 김정숙이다

대사관에 들어서는 순간 깜짝 놀랐다. 너무도 많은 사람들이 북적거리고 있었다. 그들의 모습은 중국사람 같기도 하고 북조선 사람 같기도 했다. 내가 한 직원의 안내를 받아 들어서는데 "야! 김정숙이다!"하고 소리 지르는 여성이 있었다. 그동안 숨겨 왔던 신분이 들통 나는 순간 깜짝 놀랐다.

'어떻게 나를 알아볼까? 분명 성형수술도 했고 세월이 흘러 많이 변했을 텐데.'

조사를 받고 방으로 들어가니 거의 80여 명 정도 되는 남녀가 한

방에 꽉 차있었는데 모두 한국행을 기다리는 탈북자들이었다. 방에 들어서니 서로가 자기 옆으로 오라며 자리를 내주었다. 북송되어 끌려갔던 보위부 감옥이나 북송을 앞두고 공포에 질린 모습들이 아니었다. 마음 편히 성경을 읽고 기도할 수 있는, 완전히 다른 세상이었다. 모두가 거의 성경책을 들고 있었다. 꿈만 같았다. 지금까지의 고난과 역경의 시간들 속에 만났던 사람들과는 전혀 다른 북조선 사람들과 한방에서 얘기를 한다는 것이 신기하기도 하고 즐겁기도 했다. 여기는 딴 세상이다.

"김정숙 어머니 배우 맞지요? 글쎄 첫눈에 알아봤소."

아까 맨 처음 소리치던 여인인 듯했다. 나에게 배우 맞지요?라며 집요하게 물었다.

"글쎄! 종종 그렇게 얘기하던데 좀 닮은 모양이죠?."

어떻게 말할까? 고민하다 웃으며 적당히 얼버무렸다. 무시무시했던 감방에서는 어르신들부터 어린아이까지 나를 의지하였기에 책임감으로 긴장하였건만 여기서는 다들 나를 따뜻하게 보살펴주었다. 사람들은 자기들이 어떻게 여기로 올 수 있었는지 얘기하느라 바빴다. 담장을 넘었다는 사람들도 있었고 여권을 가지고 왔다는 사람들도 있었다. 그들과 같이 있으면서 왜 사람들이 많이 모여 있는지, 왜 빨리 한국에 못 가는지도 알게 되었다. 석 달은 기다려야 조사가 끝나고, 중국 당국의 승인이 떨어져야 순서대로 한국으로 갈 수 있다고 했다.

'하나님, 감사합니다. 넓고 넓은 만주광야에서 떠돌던 우리들에게 구원의 빛을 주시어 이렇게 축복의 땅으로 인도해 주심에 감사합니다. 하나님! 제발 저와 함께했던 동생들도 이 축복의 땅을 한시바삐 밝게 해주시옵소서! 혼자서 이렇게 성공의 땅에 들어앉아 있자니 가슴이 터질 것 같습네다. 제발 귀중한 동생들을 지켜주시고 축복의 땅 문턱을 넘게 도와주시옵소서!'

이스라엘 백성들을 우상의 땅 애굽에서 끌어내시어 광야에서 40년 동안 훈련을 주시고 축복의 땅 가나안으로 인도하신 그 하나님께서 오늘은 북녘땅에서 수천 수십 만의 백성들을 끌어내셨다. 만주광야에서의 연단과 함께 축복의 대한민국으로 인도하시는 이 과정을 밟으면서 진정 하나님의 오묘한 섭리와 계획, 그리고 지켜주시고 구원해 주신 기적의 순간순간들에 감사했다. 그분의 위대한 형상과 음성 메시지를 가슴 뜨겁게 새기며 그분의 살아 계심과 역사하심을 증거하는 복음의 증인이 되리라 굳게 다짐했다.

'오직 성령이 너희에게 임하시면 너희가 권능을 받고 예루살렘과 온 유대와 사마리아와 땅끝까지 이르러 내 증인이 되리라 하시니라.'

(사도행전 1:8)

2003년 1월 27일! 드디어 대한민국에 입국하였다. 새벽 6시경 인천 공항에 도착한 나는 어리둥절했다. 그때 꿈속에서 보았던 모든 것이 그대로 현실로 보여졌다. 꽃다발을 들고 와서 안겨주며 반가이 맞아주는 사람들, 사진을 찍으면서 인터뷰하는 기자들도 많이 보였다. 이제는 정말 고생이 끝났다. 성공이다. 그때 나는 사람들 속 맨 뒤에 숨어 카메라에 잡히지 않으려고 애썼다. 큰 버스에 나누어 탄 우리 일행들은 공항을 떠나 어디론가 달렸다. 차창 밖을 내다보면서 중국에서 힘들었던 나날들을 회고했다. 내 딸처럼 생각했던 예림이 예심

이, 예진이, 예련이, 예령이가 생각나 마음이 쓰렸고 철수 동지가 걱
정돼 마음이 아팠다. 가장 마지막에 위기를 함께 했던 동지들이 생각
나 나 혼자 누리는 자유가 미안하고 죄스러웠다. 그러다가 문득 여기
는 그토록 북조선이 싫어하는 적국 남조선이라는 생각이 들었다. 북
에 두고 온 부모 형제 자식들을 다시 볼 수 없다는 것과 나 때문에 무
조건 배신자로 취급받아 가족들이 고생할 걸 생각하니 못 견디게 괴
로웠다.

서울에 들어서자 한눈에 보기에도 셀 수 없을 만큼 많은 십자가들
이 보였다. 이 나라는 십자가의 땅, 십자가로 세워진 나라, 그래서 이
나라가 세계에 자랑할 만한 발전을 이룩한 축복의 나라가 된 것이다.
우상의 동상이 세워져 있는 나라와 십자가가 세워진 나라는 하늘과
땅 차이였다. 남한 땅은 천국이고 북한은 지옥이었음을 순간 깨닫게
되있다. 이 남한에서 열심히 살면서 가족을 위해 기도해야겠다고 생
각하니 마음이 조금 안정되었다.

❀ 하나원 생활

한국에 입국하면 대성공사 국정원에서 한 달간 조사를 받
고 하나원에서 2개월간 정착 교육을 받는다. 국정원 조사를 마치고
마지막 날 100여 명이 영락교회로 합동예배를 드리러 갔다. 6 · 25
동란 때 내려온 실향민 1세들이 지은 영락교회는 참으로 웅장해 보
였다. 교회 직원들과 목회자들 성도들이 모두 우리들을 뜨겁게 반겨

맞아 주었다. 눈시울이 뜨거워졌다. 내 옆에는 한국에 먼저 도착했던 예정이와 대사관에서 만나 내가 이름을 지어준 예진이가 늘 함께 했다. 셋이 나란히 앉아서 설교를 듣고 있는데 한 남자가 우리 앞으로 다가오더니 평양에서 온 사람 있느냐고 물었다.

옆에 있는 예진이가 나를 가리키자 그는 다시 모래터에서 오지 않았느냐고 했다. 갑자기 그 말에 정신이 번쩍 들었다. 모래터라면 호위사령부 청사인데 그 이름을 아는 사람이라면 호위국 출신이 분명했다. 실제로 그는 호위국 장교였다. 대한민국에서 호위국 출신을 만나다니 놀랄 일이었다. 그 사람이 나에게 호위사령부 협주단 배우 아니였냐고 하는 말에 깜짝 놀랐다. "협주단 정숙 동지 배우 아니오?"라고 할 때 더더욱 놀라지 않을 수 없었다. 지금까지 가슴에 묻고 누구에게도 말하지 않은 비밀이 튀어나와 너무나도 놀라웠다.

그동안 다른 사람들에게 말하지 않았던 나의 지난 화려했던 그 시절을 기억해 주는 사람이 있어 못내 반가웠다. 그는 하나원 교육 기간에 유혹이 많을 테니 조심하라는 충고도 해주었다. 그는 한국에 온 지 5년이 되었고 신학 대학을 졸업하고 목사안수만 받으면 목사님이 된다고 말했다. 목사가 된다는 말에 특별히 하나님의 총애를 받는 그가 몹시도 부러웠다. 북한에서 온 사람들도 공부하면 목사도 될 수 있는데 과연 나는 이 땅에서 무엇이 되어야 할까? 고민이 되었다. 나는 목사 자격이 없고 돈을 많이 벌어 교회를 짓고 싶었다. '그래 교회를 지어서 하나님께 드리자! 그리고 내가 세운 교회에 예정이를 목사 대학에 보내서 목사로 세우자! 아마 그러면 하나님도 찬성하시고 기뻐하실 거야!' 이런 생각을 하며 꼭 사업가로 성공해야겠다고 결심했다.

대성공사에서 한창 조사를 받던 어느 날, 너무나 기쁜 소식을 들었다. 예림이랑 동생들이 모두 여기서 조사를 받고 있다는 것이었다. 중국의 한국 대사관에서 3개월을 보내는 동안 함께 오지 못한 동생들을 놓고 화장실에서 기도하며 눈물로 밤을 지새웠다. 그런데 예림이는 중국 여권으로 비행기를 타고 나보다 먼저 한국에 도착한 것이다. 하나님은 혈육보다 더 진한 우리의 사랑을 지켜주셨다.

　경기도 분당에 있는 하나원 분원에 도착하자 하나원 선생님들이 나와서 우리를 반겨 주셨다. 뜨거운 환대에 하염없이 눈물이 흘렀다. 하나님께서 이토록 우리를 축복해 주실 줄은 상상도 하지 못했다. 우리는 모두 큰 강당으로 들어갔다. 얌전하고 조용한 여선생님이 우리들에게 하나원의 생활 규칙을 가르쳐 주셨다. 나는 37기 가운데 총무가 되었다. 38기와 39기가 들어오면서 나는 총무 겸 회장을 맡게 되었다. 북한을 떠나 중국에서 모진 고통을 견디어 낸 여인들과 함께 조직생활하기가 쉽지 않았다. 삶과 죽음의 갈림길에서 거칠어 질대로 거칠어진 사람들은 사소한 일에도 예민하게 반응해 마찰이 심했다. 하나원 선생님들은 사람들을 화합시키는 게 쉽지 않다고 미리 일러 주었다. 지나간 총무와 회장들이 모두 울었다더니 역시 간단치는 않았다. 하지만 대사관에서 함께 생활하다가 온 우리 팀들이 적극적으로 마음을 합쳐 도와주었고 예정이와 예진이가 곁에서 도와주었기에 크게 힘든 줄은 몰랐다.

　이른 아침이면 1층 방송실에서 상쾌한 아침 기상 구령과 함께 북한 음악을 틀어주었다. 방송을 들은 하나원생들은 거의 모두 눈물을 흘리며 기뻐했다. 북한 노래조차 들을 수 없는 중국에서의 피눈물 나던 때를 생각하며 마치 고향에 온 것 같다며 고마워했다. 또 주일날 아침이면 찬양 음악으로 기상을 시켰다. 하나님의 은혜로 하루를 시작할 수 있는 귀한 시간들이었다.

어느 날 정착 특강 시간에 선생님을 보고 깜짝 놀랐다. 어린 시절 중학교 1학년 때 남중 음악부에서 클라리넷을 불던 오빠였다. 선생님은 너무 달라진 내 얼굴을 몰라보았을 것이다. 하지만 나는 그를 첫눈에 알아보았다. 나보다 한국에 몇 년 전에 먼저 온 선배 오빠는 지루하지 않고 재미있었다. 그의 강의가 너무 빨리 끝나 모두가 아쉬워했다.

강의가 끝나자 잠시 후 그 선생님이 나를 찾았다. 군, 노동자 학생 종합 공연을 했지만 한 번도 말해본 적은 없는 오빠였다. 남녀 중학교가 따로 있어서 고등 중학교까지 나는 남학생들과는 전혀 말해 본 적이 없었던 것이다. 그런데 고향을 떠나 이 남한 땅에 와서 뜻밖에 아는 사람을 만나다니 그렇게 반가울 수가 없었다. 친오빠라도 만난 듯 기뻤고 눈물이 나왔다. 정착교육 선생님이 된 오빠가 너무 멋지고 부러웠다. 오빠는 정착의 좋은 경험들을 이야기해 주었고 나는 하나님 이야기를 더 많이 하였다. 오빠는 이름과 고향에 대한 서류가 맞아떨어져서 반가웠다고 했다. 어린 시절보다 많이 달라진 얼굴 모습이지만 증명사진을 보며 얼굴을 익혀 나를 찾았다고 했다. 아름다운 추억의 시절을 잠시 떠올릴 수 있었던 행복한 순간이었다. 또다시 나는 하나님께 감사의 기도를 드렸다.

선생님의 생신날을 알게 되어 총무들과 팀장들이 모두 모였다. 예정이는 아코디언을, 다른 친구들은 노래와 춤으로 생신축하 공연을 해드렸다. 선생님은 세상에 태어나서 자기 혼자 앉혀 놓고 하는 공연은 처음이라며 너무나도 기뻐하셨다. 그리고는 이 훌륭한 공연을 혼자 보는 것이 너무 아깝다면서 많은 사람들이 함께 보는 공연을 하는 것이 어떻겠느냐고 하셨다. 그로부터 우리는 새마을 연수원 연수생들 앞에서 3일에 한 번씩 공연을 하게 되었다. 생각지 않게 돈도 생기고 전화 카드도 생겼다. 돌이켜 보면 하나원 교육 과정이 대한민국에 와서 제일 편하고 재미있는 시절이었던 것 같다.

part.6

자본주의 속으로

이사야 55:1
오호라 너희 모든 목마른 자들아 물로 나아오라
돈 없는 자도 오라 너희는 와서 사 먹되 돈 없이,
값없이 와서 포도주와 젖을 사라

Come, all you who are thirsty, come to the waters;
and you who have no money, come, buy and eat!
Come, buy wine and milk without money and
without cost.

✿ 호프집을 열다

2003년 5월 4일, 하나원을 졸업하고 대한민국 생활의 걸음마를 뗀 뜻깊은 날이다. 예정이와 나는 목사와 장로가 되기로 결심하고 하나원에서 굳은 약속을 했다. 우리를 축복의 땅으로 인도해 주신 하나님께 감사하여 1년은 무상으로 찬양을 바치겠노라고 다짐한 것이다. 하나원에서 알게 된 목사님들과 홈스테이 나갔던 교회, 그리고 나에게 하나님을 알게 해준 장로님 교회, 예정이가 도움받은 수원 화목교회를 차례로 돌며 찬양 간증집회를 했다.

찬양팀 5명으로 시작된 우리의 찬양생활은 참 은혜가 넘쳤다. 부평교회에 갔을 때 뜨겁게 맞아 주셨다. 그런데 정영벽 목사님이 우리를 맞이하며 소개를 해주실 때 몰랐던 사실이 있었다. 내몽고 사막에 잡혀서 고생했던 6개월 동안 성도들 모두가 우리를 위해 하루 한순간도 쉬지 않고 기도해 주셨던 것이다. 그것도 모르고 우리의 기도로 모든 것이 해결된 줄 알았다. 간증과 찬양은 눈물바다를 이루었다. 살아계신 하나님을 직접 만나는 체험의 순간이었고 은혜와 축복의 시간들이었다. 정 목사님은 아주 작은 씨가 이렇게 많은 열매를 거둘

줄 몰랐다고 기뻐하셨다. 나는 그때 다시금 이 땅끝까지 복음의 증인
이 되겠다고 결심했다.

수원 화목교회 간증집회를 마치고 교회 교인들과 함께 새벽에 산
꼭대기에 올라가 기도를 하게 되었다. 새벽공기를 마시며 기도하던
중 나는 문득 식당을 해야겠다는 생각이 불같이 떠올랐다.

'하나님이 이제는 봉사를 그만하고 일하라고 하시는구나! 그래!
돈을 빨리 벌어서 교회도 짓고 우선 탈북자들이 정착할 일자리부터
만들어 보자. 탈북자들이 자꾸 정착을 못 한다고 하는데 한번 본때를
보여 주자. 중국에서 했던 영업 솜씨 한번 좀 보여주자. 이 땅은 우리
를 잡아갈 사람도 없고, 북송될 염려도 없다. 열심히 일해서 탈북자
여성들의 생활력과 성공을 좀 보여주자.'

서울로 올라와 곧 담당형사를 만나 식당 건물 좀 찾아봐 달라고 부
탁을 했다. 서울 집값이 비싸서 만만치 않을 거라는 말에 자그마한
가게라도 당장 하고 싶었다. 탈북자들이 정착할 일자리가 너무 빈약
했다. 설사 정착하여 성공하였다고 해도 사기를 당해 말할 수 없는
고생을 한다는 사실을 알게 되었다. 나는 자신이 있었다. 드디어 담
당 형사한테서 전화가 왔다. 부동산에 호프집이 하나 나왔다고 했다.
그때 사실 부동산이니 호프집이 뭔지도 몰랐다. 18평짜리 자그마한
가게이고 상계동 아파트 단지에 있어서 상권이 좋다고 했다. 돈이 문
제였다. 보증금과 권리금을 합쳐서 7,000만 원짜리 가게였다. 정착
금 받은 돈으로는 아파트 임대 계약하고 나니 남은 돈이 얼마 안 되
었다. 정작 돈을 빌리자니 아는 사람이라고는 하나원 동기들과 목사
님 몇 분뿐이어서 도무지 방법이 떠오르지 않았다. 그런데 뜻밖에
7,000만 원이라는 식당 인수 자금을 대 주겠다는 사람이 나타났다.

돈은 성공해서 갚으라고 했다.

나는 돈을 빌려 준 그에게 감사했다. 그런데 이때부터 감사와 영광의 푯대가 인간에게 서서히 옮겨지고 있음을 나는 까맣게 모르고 있었다. 너무 고마워서 당장 식당을 계약했다. 한국 대사관에서 함께 온 예진이와 성희와 함께 식당을 하기로 했다. 간판은 돈이 많이 들어서 현수막에 '평양 옥류관 라이브 음식점'이라고 써서 호프집 간판을 대충 가렸다. 그 무렵 탈북 체험수기와 함께 시를 발표했는데 그 글이 〈시로 여는 세상〉 계간지 가을호에 실렸다. 시 6편이 방송과 신문에 공개되면서 갑자기 상계동 가게가 유명해졌다. 평양냉면 평양온반 등 북한 고급 음식들을 만들어 내느라 정신이 없었다. 냉면을 먹으러 오는 사람들과 텔레비전을 보고 몰려오는 사람들로 인산인해를 이루었다. 국내는 물론 멀리 캐나다 호주 미국 일본 등지에서 비행기를 타고 몰려드는 손님들로 인해 하루가 어떻게 가는지 몰랐다. 미리 준비해 둔 음식과 술이 떨어졌고 이웃 슈퍼마켓에서 사온 물건들도 순식간에 없어졌다. 몰려드는 손님들은 앉을 자리가 없어 번호표를 나누어 주었는데 추운 날씨에도 식당에 들어온 사람보다 밖에서 기다리는 사람이 더 많았다.

하지만 마냥 좋은 일만 있는 것이 아니었다. 자본주의 생리를 전혀 터득할 시간도 없이 시작한 음식점은 시작부터 인기와 유명세 그리고 어려움을 동시에 겪기 시작했다. 동네와 주변가게 음식점 사장들이 "이 집은 호프 팔던 집이니 냉면 팔지 말고 호프를 팔아라! 현수막도 내리라. 계속 말 듣지 않으면 가만두지 않겠다."고 했다. 나는 식당을 찾는 사람들과 방송 인터뷰에 신경 쓰느라 주변가게 사람들을 접촉할 시간이 전혀 없었다. 계속 항의가 이어져 현수막을 걷고

2003년 8월 1일에 '대동강호프'로 간판을 바꿔 달았다. 북한 음식을 곁들이기로 하였다. 간판을 바꾸자, 언론에 '김정일 엄마 서울서 맥주 집'이라는 제목의 기사가 나왔다. 신문기사를 들고 사람들이 줄지어 들어섰다. 식당을 찾아오는 사람들의 전화는 끊이지 않았다.

나는 주방에서 음식하다 말고 홀에 뛰어 나와 서빙하고, 마이크를 잡고 노래 부르다 예약과 주문을 받을 정도로 바빴다. 오픈식 날에는 중국에서 하나님을 알게 해주신 장로님과 목사님, 교인들이 오셨고 하나원 신생님들과 목사님들 그리고 전국 각지의 관심 있으신 목사님들이 오셔서 기도해 주셨다. 이날 목사님들은 내가 맥주를 파는 것이 마음이 안 좋다고 하셨다.

"목사님, 근심하지 마십시오. 저의 가게에 오신 분들을 모두 전도하겠습네다. 이것이 하나님께서 저에게 주신 사명인 것 같습네다."

내 말에 가게에 모인 사람들이 한바탕 웃었다. KBS 〈피플 세상 속으로〉와 MBC 〈신창섭의 들어 봅시다〉라는 프로그램에서 촬영을 왔다. 그날 촬영한 것들이 추석 프로그램으로 방송에 나가다 보니 하루 아침에 '대동강호프'는 상계동의 명소가 되어버렸다. 덕분에 일본에서도 촬영을 와서 촬영팀들이 닭고기 오이냉채가 너무 맛있다며 세 번이나 주문했다. 명태 깍두기 왕새우 깍두기를 포장해 달라는 손님이 많아서 미처 그 수요를 충족시킬 수 없었다. 영업하랴, 방송 인터뷰하랴, 하루가 정신없이 흘러갔다.

어느 날 탈북자 선배가 혹시 숙이를 아느냐고 물었다. 그동안 너무 어렵고 힘든 고비를 겪다 보니 숙이를 잊고 있었다. 전화로 목소리를 듣고 보니 중국에서 맨 처음 북송 될 때 정신병자 연기를 잘했던 숙이였다. 그가 살아있다는 것만으로도 하나님께 감사했다. 그런데 그가 대한민국 축복의 땅으로 무사히 왔다는 것이었다. 더욱 놀란 것은 그도 이미 하나님의 딸이 되어 있었다. 몇 시간 뒤 숙이가 식당으로 찾아왔다. 들어오자마자 나를 부둥켜안고 엉엉 울었다. 북송 길에서 함께 했던 동생이 무사히 한국까지 왔다고 소개하자 손님들이 박수를 쳐주었다. 숙이와 나는 구사일생으로 살아 대한민국에서 다시 만났다.

✿ 식당 일에 푹 빠지다

대한민국 방송사들과 언론사들의 인터뷰 요청이 줄을 이었고 일본 NIIK, 후지, 아사히, 동경 TV까지 촬영이 진행되었다. MBC 〈화제집중〉에 소개되면서 우리의 노래와 음식을 맛보고 싶다는 전화가 끊이질 않았다. 식당이 좁아서 추운 겨울날에도 밖에서 줄을 서서 기다려야 했고 테이블마다 합석을 해야만 할 정도로 장사가 잘 되었다. 저녁에 집에 가면 셋이다 녹초가 되었다. 이렇게 쉬운 돈벌이를 왜 어렵다 하는지 이해가 안 되었다. 무엇보다도 남한 사람들의 문화를 알 수가 없었다. 북한 사람들을 모이게 하려면 조직적인 지시와 명령이 따르는 데 비해 남한 사람들은 방송과 언론을 보고 밀려드는 것이 신기했다.

어느 날 북한에서 온 탈북자들로 구성된 NK 프로덕션에서 북한을 떠나 중국 그리고 한국까지 오는 과정을 영화로 만들어보자고 했다. 나는 그동안 큰 도움을 받았던 적이 있어서 흔쾌히 〈인생의 길〉 주연

으로 촬영을 시작했다. 신촌 스튜디오와 동해, 영덕 등지에서 촬영을
했다. 그러던 어느 날 지방에서 갑자기 놀라운 소식을 듣게 되었다.
'대동강 호프'에서 미성년자 7명이 술을 마시다 끌려갔다는 것이다.
아직도 촬영이 3일이나 더 남아 경찰서에 직접 전화해 한 번만 봐 달
라고 사정을 했다. 하지만 이미 신고가 들어온 상황이고 미성년자 7
명이 다 조사를 받고 시인했기 때문에 자기들도 어쩔 수 없다는 것이
다.

"미성년자들의 얼굴과 옷차림이 너무 성숙해서 몰랐습네다. 그리
고 북한 청소년들 모습과 너무 차이가 나서 구분이 잘 안 되었습네
다. 또 미성년자들에게 술을 팔면 영업정지가 되거나 벌금을 내는 줄
몰랐습네다."

아무리 하소연을 해도 소용이 없었다. 그동안 한 동포라고 생각하
고 찾아온 이 남한 땅에서 겪은 또 하나의 충격이었다. 저녁 9시 뉴스
데스크에 그 사건이 소개되자 가게로 격려 전화가 끊이질 않았다.

"대동강 식당 여성 동무들! 힘내세요! 이 한국 땅에 나쁜 사람만
있는 것이 아닙니다. 좋은 사람이 더 많습니다. 꼭 찾아가서 도와 드
리겠습니다."

"우리도 이 땅에서 태어나 수십 년을 살아왔지만 실패도 하고 사
기도 당합니다. 힘내세요. 그리고 청와대에 우리가 진정서를 내서라
도 벌금과 영업정지 받지 않게 돕고 싶습니다."

이 한마디에 다시 기운을 차렸다. 그리고 차근차근 무엇이 잘못되
었는지 생각해 보았다. 자본주의를 터득할 시간도 없이 아무런 경험
도 없이 시작한 것을 후회했다. 우리를 격려해 주는 사람들의 마음에
감동을 받아 새 힘을 얻게 되었다.

2004년 새해가 밝았다. 가족들과의 생이별에 대한 아픔과 외로움을 물리치려고 대동강 호프 문을 열고 우리끼리 노래 부르며 손님 맞을 준비를 했다. 문을 열자마자 오늘 영업을 하는지 묻는 전화가 쉴 새 없이 울려왔다. 어느새 가게 안은 실향민들과 가족들로 가득 찼다. '반갑습니다' '고향의 봄' '휘파람' 등의 노래를 부르며 한 가정 한 집안 식구 같은 분위기에서 설 명절을 보냈다.

그런데 나는 가장 중요한 걸 잊고 있었다. 교회 가는 것과 십일조 생활을 새까맣게 잊고 있었던 것이다. 아니 내 정신이 아니었다. 어느새 나는 세상 속에 빠져 허우적거리고 있었다. 매일매일 방송사 인터뷰와 찾아드는 사람들의 물결 속에서 모든 것을 잊고 돈 버는 일과 인터뷰하는 데만 정신을 쏟고 있었다. 내가 지금 왜 여기에 와 있는지 내가 누구인지조차 잊고 말았다. 미성년자 출입 건은 가게에 온 손님들의 도움으로 법원에 진정서를 낸 결과 1개월 영업정지와 150만 원의 벌금이 내려졌다. 이렇게 손님이 차고 넘치는데 가게 문을 닫아야 한다니 여간 아까운 일이 아니었다.

가게를 다른 곳으로 이전해야겠다는 생각이 들었다. 그동안 가게가 작아 손님들이 문밖에서 대기표를 받고 기다려야 했고 방음장치 없이 라이브로 노래를 하다 보니 늘 다른 상가들의 항의가 이어졌다. 상계동 식당은 한 달 동안 문을 닫고 2004년 3월 5일, 영등포구청 앞 당산동 3가 지하 건물 100여 평에 '대동강 민족식당'을 열었다. 영등포에 문을 열기 무섭게 눈코 뜰 새가 없이 바빠졌다. 오픈해서 3월 한 달은 방송과 인터뷰로 일할 시간조차 없었다. 식당에 찾아오신 손님들이 싫어할 정도로 방송 인터뷰가 잦았다.

어느 날 나이 든 여자가 영등포 가게를 찾아와서 자기가 하던 상계

동 가게가 장소도 좋고 임대료도 싸니 해보지 않겠느냐고 제안을 해
왔다. 당시 상계동 단골손님들이 상계동에 지점 하나 내달라는 부탁
을 많이 했었다. 탈북 여성들에게 직업과 안정된 일자리를 만들어 줄
수 있겠다는 생각에 흔쾌히 그 가게를 인수하게 되었다. 마음이 앞선
나머지 신중하게 살펴보지 않은 것이 잘못이었다. 계약서를 들고 영
등포 가게까지 찾아온 여인이 고마워서 가계약서에 사인하고 계약금
까지 건네주었다. 며칠 뒤 가게 공사를 하고 영업을 준비하려 할 때
실제 건물 주인이 나타났다. 나와 계약했던 여자는 온네간네없고 계
약금 1,000만 원만 날렸다. 건물 주인도 모르는 그녀의 어설픈 사기
에 걸려들었던 것이다. 문제는 그것으로 끝난 게 아니었다. 우리 식
당은 라이브 노래 들으러 오는 손님들이 더 많은데 건물 주인이 노래
를 할 수 없게 막으셨다. 노래를 마음 놓고 해도 된다고 해서 계약한
것인데 이만저만 큰일이 아니었다. 하는 수없이 더 큰 영등포 가게에
서 주로 시간을 보내고 상계동 가게는 탈북 여성들에게 전적으로 맡
기고 잠깐씩 들렀다. 하지만 나를 보러 오던 손님들이 내가 없으니
상계동에 잘가지 않았다. 장사는 안 되는데 직원들 월급만 꼬박꼬박
나갔다.

　그때까지만 해도 나는 이 세상 사람들 모두가 내 마음 같은 줄로만
알았다. 자본주의를 너무도 모르는 가운데 세상 욕망을 가지고 식당
에 매달리다 보니 몸만 고달프고 정신이 하나도 없었다. 하나님을 잊
고 세상의 수렁 속으로 점점 빠져들어 가고 있었다.

❖ KBS 인간극장과 부모님 상봉

KBS TV 〈인간극장〉에 출연하게 되었다. PD는 로또 복권에 당첨되었다고 생각하라며 지금까지 탈북해온 사람들 중에 성공한 사람들도 더러 있지만 인간 극장의 주인공은 내가 처음이라고 했다. 한 달 넘게 촬영한다는 것이 부담스러웠지만 매스컴의 위력을 알고 있기에 못이기는척 촬영을 허락했다. 촬영 초기에 이미 한국으로 온 아들 얘기가 나가고 이번에는 북한에서 부모님의 소식이 들려왔다. 위독하여 3일을 넘기지 못할 것 같다는 조선족 브로커의 전화에 나는 깜짝 놀랐다.

"돈은 요구하는 대로 드리겠으니 제발 무사히만 모셔 오십시오. 죽으면 시신이라도 중국까지 무사히 모셔와 주십시오! 도착하면 돈은 달라는 대로 드릴게요!"

며칠 후 드디어 아버지와 통화가 되었다. 걷지 못하는 엄마와 두고 올 재산이 걱정인 아버지에게 집도 재산도 동네 사람들한테 다 나누어 주라고 말씀드렸다. 아버지와 어머니는 안내하는 북한 청년들 등에 업혀 두만강을 건넜다. 약속한 수고비보다 두 배를 건네주었다. 부모님을 길림성의 어느 한 요양원에 모시고 몇 달간 치료를 받게 해드렸다.

〈인간극장〉 촬영이 시작된 지 보름이 지났을 무렵 갑자기 중국에 계시는 부모님이 위험하다며 빨리 중국을 떠나야 한다는 연락이 왔다. 왜냐하면 TV에 나가는 딸의 모습을 알아본 부모님들이 너무 반가운 나머지 우리 딸이라고 자랑을 하셨던 모양이다. 요양원에 드나드는 사람들이 혹시 신고라도 하면 거동도 하지 못하는 노인들을 인질로 삼아 중국 공안이 돈을 뜯어내려 할 수 있다는 것이었다. 한시도 지체할 수 없었다. 브로커를 통해 부모님은 한국으로 안전하게 들어올 수 있었다. 몸이 성하지 않은 장애인 아버지와 뇌출혈에다 다리가 불편하신 어머니가 한국에 오신 것은 기적이었다.

북한에서 전화 한 통이면 안 되는 일이 없는 생활에 익숙했고, 중국에서 네 번 체포되어 감옥생활을 하면서도 돈을 써서 풀려나는 경험을 했던 나로서는 자본주의건 사회주의건 돈이면 불가능한 일이 없다고 생각했다. 식당을 운영하면서부터는 주일예배도 드리지 못하고 교회에 가지도 않았고 십일조와 감사헌금도 잊은 채 뛰어다니느라 정신이 없었다. 모든 것을 다 내가 한다고 생각했고 내가 해냈다는 세상적인 생각과 교만에 빠져 있었던 것이다. 나는 하나님을 까맣게 잊어버리고 모든 것을 내 중심적으로 생각하며 생활했다. 어리석게도 나 자신도 모르는 가운데 이미 세속에 깊이 빠져가고 있었던 것이다.

〈인간극장〉 촬영이 계속되던 4월 어느 날 하나원에서 부모님을 모셔가라고 전화했다. 식당 직원들과 함께 부모님을 맞이할 준비를 다 끝내놓고 이튿날 안성에 있는 하나원으로 갔다. 아버지의 수척하신 모습에 나는 눈물 흘리며 손을 잡아 드렸다. 이번에는 어머니를 부르며 손을 잡았다. 그런데 어머니는 나를 알아보지 못하셨다. 가방과 짐보따리를 빼앗길까 봐 꼭 끌어안고 계셨다. 나는 어머니를 마구 흔들며 울었다. 너무 억울하고 원통했다. 자유 대한민국에 부모님을 모셔와 남은 생을 잘 모시며 효도하고 싶었던 내 마음이 한순간에 허물어져 내렸다. 이미 어머니는 제정신이 아니었고 물건에만 집착을 보이셨다. 고향 떠날 때 두고 온 집과 쌀 1톤과 콩 800kg을 비롯한 재산들과 남에게 빌려준 돈이 어머니의 발목을 잡고 있는 모양이었다. 어머니는 이때부터 치매가 시작되었다. 하지만 부모님을 모시고 하나원을 나오면서 한국으로 모셔온 것이 참으로 다행스러웠다.

장애인 아버지와 다리를 못 쓰시는 치매 어머니, 아들까지 네 식구가 한집에 모여 살게 된 것이 너무 꿈만 같았다. 오랜만에 가족이 손잡고 기도하는 것이 얼마나 큰 축복인지 그 동안 식당 때문에 잊고 살았던 하나님께 감사의 기도를 드렸다. 이렇게 함께 있는 것이 너무나도 큰 행복이고 축복이라는 것을 다시금 깨닫는 감사의 순간이었다.

❖ 대출사기를 당하다

영등포의 '대동강 민족식당'으로 손님들이 차고 넘쳤으나 종업원이 많아 월급을 주고 나면 월세내기도 힘들었다. 상계동과 영등포 두 가게에 종업원이 36명이나 되었다. 손님들이 종업원을 줄이라며 걱정해주었다. 하지만 저마다 일하겠다고 찾아온 이들을 어떻게 내보낸단 말인가. 월급 줄 돈이 모자라 고리에 사채까지 쓰느라속이 새까맣게 타 들어가는데 직원들은 퇴근 시간이 되면 손님들이 앞에 있어도 달려 나가기 바빴다. 나 혼자 바빠서 발을 동동 구르며 이리 뛰고 저리 뛸 뿐이었다. 경험도 없이 사업을 시작한 것에 대한 후회가 되기 시작했다. 하지만 이미 하나님을 의지하는 것을 잊어버리고 내가 수습해 보겠다는 어리석음의 늪에 빠져 있었다.

　어느 날 중국에 촬영 나갔던 영화감독이 중국에서 고생하는 탈북자들이 한국에 가야 하는데 돈이 없어 못 떠난다며 지원금을 보내달라고 했다. 원금은 꼭 돌려주겠다고 했다. 중국 브로커들은 현지에 있는 탈북여성들의 목소리를 직접 듣도록 전화까지 바꾸어 주었다. 내가 겪었던 그 고통과 시련이 떠올라서 도저히 모르는 척 할 수가 없었다. 나는 직원들에게 월급주고 남은 돈을 보내주기 시작했다. 그러나 그 돈으로는 어림도 없었다. 경비를 더 마련하기 위해 여러 은행을 다녀 봤지만 대출이 안 되었다. 어느 날 지하철을 타고 가다가 땅에 떨어진 신문에 대출광고가 눈에 띄었다. 얼른 신문을 주워들고 전화번호를 찾아 전화를 했다. 젊은 남자가 전화를 받더니 대출이 가능하다고 했다. 나는 너무 기뻐 당장 돈을 빌리기로 했다.

　나는 여기가 자본주의 세상이라는 사실을 깜빡 잊고 무슨 서류가 필요한지 물었다. 그 신문이 정부에서 운영하는 것으로 착각을 했던 것이다. 전화를 받은 사람은 국민은행에 가서 통장을 만들고 통장에 1,000만 원을 넣으라고 했다. 앞으로 갚을 수 있는 능력이 되는지 확인하고 돈을 넣어준다는 것이다. 식당 지배인이었던 미영 언니한테서 급히 700만 원을 빌려서 통장에 1,000만 원을 채워 넣었다. 그리고 은행에서 인터넷뱅킹 가입을 하고는 대출해 준다는 사람에게 다시 전화해서 그가 하라는 대로 내 주민번호와 비밀번호를 알려주었다. 5일 후 확인해보니 내 통장에의 1,000만 원은 없어졌고 넣어 준다던 5,000만 원은 그림자도 보이지 않았다. 사기꾼은 전화도 받지 않았다. 나는 신문을 들고 은행으로 뛰어가 통장을 만들어 준 직원에게 사정을 얘기했다. 은행 직원은 기가 막힌다는 표정으로 "이것은 저희 은행 대출이 아니라 개인이 사기를 치기 위해 낸 광고예요! 빨리 경찰서에 신고하세요."라고 했다. 나는 너무 억울하고 기가 막혀 경찰서까지 한달음에 뛰어갔지만 찾을 길이 없었다. 탈북자들에게 지원금을 보내려다 어렵게 빌린 남의 돈까지 날려 보냈던 것이다.

종업원들이 월급을 앞당겨 달라고 하여 200만 원을 주기도 했다. 중국에 오빠가 와 있는데, 북한으로 돈을 보내야 한다고 말하면 함께 울면서 그 돈을 마련했다. 그 시절 기도할 생각은 전혀 하지 않았다. 하나님이라는 존재 자체를 까맣게 잊어버리고 세상 속에 매달려 있었다. 무조건 내 힘으로 해결해 보려고 몸부림을 쳐가며 애를 태웠던 것이다.

그러던 어느 날 식당계단을 내려가다가 '대출 일수' 전단지를 보게 되었다. 돈이 급했던 터라 당장 전화했더니 젊은 남자가 전화를 받았다. 그는 식당을 확인하고 나서 1,000만 원을 빌려주었다. 매일 36만 원씩 갚는 게 쉬운 일은 아니었다. 하지만 목돈을 빌리고 매일매일 원금을 갚아나가니 참 좋다고 생각했다. 나는 지금도 그 사람이 고맙게 생각된다. 그 돈을 빌려 주지 않았더라면 어떻게 중국에 있던 탈북자들이 한국으로 올 수 있었을까?

탈북자들을 도우러 중국에 간 영화감독이 갑자기 중국 공안에 체포되었다는 전화를 받게 되었다. 7, 8명씩 제3국을 통해 한국으로 향하던 일행 중 한 팀이 중국 공안에 체포되었는데 도와준 사람들을 대라는 집요한 조사와 고문에 감독의 이름을 말하고 말았던 것이다. 그것도 모르고 그 감독은 탈북자 여성으로부터 중국 인민폐 5,000위안을 내면 감옥에서 나올 수 있다는 전화를 받고 부랴부랴 연변으로 나갔었다. 연변에 도착한 그 감독은 연변에 있는 몇 명의 조선족 한족들과 북한식당에서 식사를 하고 있는데 그 탈북여성으로부터 전화가 걸려왔단다. 그래서 식당의 위치를 알려 주었는데 전화를 끊고 10분쯤 있다가 들이닥친 공안들에게 체포되었던 것이다. 그들은 미리 계획을 세워놓고 한국에 있는 감독을 끌어내서 유인체포를 했던 것이다. 체포 소식을 중국에서 듣고 우선 북송부터 막아야 했다. 생각해 보니 참으로 암담했다.

먼저 하나님께 기도부터 해야 한다는 생각은 까맣게 잊어버리고 마치 무엇에 홀리기라도 한 것처럼 사람들을 찾아가 그들에게 부탁하고 호소했다. 감독이 자기보다 한국에 먼저 온 선배인데 크게 성공한 사람이라며 식당에 데리고 왔던 분이 떠올랐다. 그 사람에게 도움을 청해야겠다고 생각했다. 저녁 무렵 키가 자그마한 남자분과 함께 그 선배가 나타났다. 나는 인사할 겨를도 없이 감독이 중국에서 체포된 사연을 이야기했다.

"주사장님이 매스컴의 힘을 더 잘 아시잖아요? 알고 있는 기자들에게 도움을 좀 청하세요."

우선 중국에 체포된 사람을 살리는 것이 더 중요할 것 같아서 영화감독의 사진 2장을 가지고 조선일보 강 기자를 찾아갔다. 그가 체포되게 된 사연을 설명하며 북송 길을 막을 수 있게 기사를 실어달라고 부탁했다. 평소에 친분이 있던 연합뉴스 기자한테도 부탁을 했다. 다음날 신문과 인터넷에 '북한 출신 감독 중국 공안에 체포'라는 기사가 났다. 중국 공안에 체포되었던 그는 이렇게 신문과 인터넷을 통해 보도되어 강제 북송을 막을 수 있었다.

상계동 가게는 돈 한 푼 벌지 못하고 보증금까지 줄어들기 시작했다. 그런 상황에서 중국에서 한국으로 들어오려는 탈북자들의 입국 비용을 지원해 달라는 요청에 9,700만 원을 또 빌렸다. 일수로 2억을 갚기로 한 서류에 도장까지 찍었다.

방송에 성공한 식당으로 소개되다 보니 여러 장애인 단체와 어려운 사람들이 지원을 요구해 왔다. 그럴 때마다 적지 않은 돈을 주었다. 탈북자들을 위해 5,000만 원을 더 빌려 보내고 나서야 직원을 줄이기 시작했다. 가게가 어려우니 주방장도 자주 바뀌었다. 당연히 손님들의 음식에 대해 불평의 말도 많아졌다. 주방장이 바뀔 때마다 자신의 취향에 맞는 설비를 바꾸려고 해서 계속 목돈이 지출되었다. 하지만 일단 시작한 사업인데 그만둘 수는 없었다. 방송에 성공한 사업가로 소개되었는데 종업원들 월급도 못 준다는 것이 창피해 이를 악물고 버터나갔다.

돈 때문에 시달리자 웃음이 사라지고 여유가 없어졌다. 어느새 식당에 찾아오는 손님들조차 귀찮아지기 시작했다. 진정으로 걱정해 주는 위로도 듣기 싫었고 하루하루가 지겨웠다. 점심 손님으로 바쁠 때 누가 나를 잠깐 보자고 했다. 직원이 가리킨 곳에는 점잖아 보이는 남자 한 분이 앉아 있었다. 사람들과 눈 마주치기조차 싫었지만 할 수 없이 그 손님 테이블에 마주 섰다. 무슨 일인지 물으니 그 사람이 큰 가방을 식탁에 올려놓으며 "나는 이런 사람입니다."라고 했다. 가방을 열자 돈이 가득 들어있었다. 자존심이 확 상했다. 돈이 간절히 필요했지만 돈이 가득 담긴 가방을 보자 모욕감이 들었다. 나는 즉시 그 테이블에서 인사만 하고 일어났다.

15명이 예약한 날이 있었다. 그들의 음식값이 하루 매상의 절반이

나 되었기에 최선을 다해서 준비시켰다. 식사가 한창일 때 나 보고 와서 인사해 달라 하여 그 식탁에 갔다. 우리 식당을 찾아주셔서 감사하다고 하자 그 손님이 자기 옆에 와서 앉으라고 했다. 무슨 불교 단체 회장님이라면서 상자 뚜껑을 열었다. 눈부신 보석이 가득 들어 있었다. 별별 수단과 방법으로 나를 유혹했다. 하나님을 잊고 살았지만 불교라는 말에 정신이 번쩍 들었다. 이런 돈은 더욱더 쓰면 안 된다고 생각했다. 머리까지 박박 깎은 그의 모습과 행동은 나의 기분을 아주 묘하게 했다.

나는 영업시간에 종업원들에게 손님들 식탁에 절대 앉지 못하게 했다. 아무리 대단한 분들일지라도 내가 그 옆에 가서 앉을 수는 없다. 더구나 돈과 보석으로 나를 유혹하는 유치한 사람들 옆에는 앉고 싶지 않았다. 북한사람들은 손님들 옆에 앉지 않는다며 죄송하다고 하자 그 사람이 "로마에 가면 로마법을 따르세요."라고 했다. 나는 기분이 나빴지만 억지로 참고 되돌아가려는 순간 그들은 상자에서 마음에 드는 것을 골라 보라고 했다.

"사장님! 여기서 이렇게 촌스럽게 하지 말고 경치 좋은 산골짜기에 별장과 식당을 만들어줄 테니 생각해 보세요."

나는 얼굴에 뜨거운 물을 뒤집어쓴 것처럼 화끈거렸다. 아무리 돈 때문에 힘들어도 돈으로 유혹하는 사람들이 주는 모욕감은 견디기 어려웠다. 유혹이 많았지만 스스로 역경을 맛보며 자본주의를 배워가기로 결심했다. 잘못 빌린 돈 때문에 최악의 고통을 당하고 있던 중이어서 누군가가 도와준다는 돈은 절대로 받고 싶지 않았다.

❖ 아들의 항변

　　신앙생활을 제대로 못 하면서도 내 앞에 나타난 불쌍한 사람들은 모두 예수님인 것만 같아서 그냥 스쳐 보낼 수가 없었다. 특히 지하철을 타고 출근할 때면 다리가 불편한 사람 눈이 안 보이는 사람 지적 장애가 있는 사람들이 어쩐지 내 앞에서만 멈춰서 있는 것 같았다. 그래서 가방이나 옷 주머니에 천 원짜리와 동전을 언제나 준비하고 다녔다. 그런데 그것도 한두 사람이면 괜찮겠는데 너무 많은 불쌍한 사람들이 내 앞에 멈추어서는 돈을 받아갔다. 이렇게 거의 1년 넘게 하다 보니 불쌍한 사람들이 그냥 불쌍하게만 보이지 않았다. 어떤 사람은 예수님 같고 어떤 사람은 사기꾼 같아서 때로는 눈을 감고 조는 척을 하기도 했다. 그러다가도 또 미안한 생각이 들면 따라가서 돈을 주었다.

　　어느 날 아침 아들 명수가 피자 먹고 싶다며 돈을 달라고 했다. 지갑을 열어보니 50달러짜리가 한 장밖에 없었다. 그래서 아들에게 돈이 없다고 했다. 그러자 명수가 "엄마는 할아버지 할머니도 잘 돌보지 않으면서 식당에서 버는 돈으로는 도대체 뭘 하시는 거예요?"라고 말했다. 그렇지 않아도 하루하루 돈에 쪼들리며 살고 있는데 아들의 말이 섭섭하고 화가 났다.

　　"명수야, 북한에 있는 네 동생은 굶는지 어쩌는지 몰라 가슴 아픈데 너까지 엄마 마음을 이해못하니? 배고프지 않으면 되지, 무슨 피자 같은 소리를 하냐?"

　　울컥하는 마음에 큰소리부터 치자 아들이 더 큰 소리로 말했다.

　　"정착금은 엄마가 식당 한다며 다 가져다 쓰면서 매일 돈 없다고 그러세요.! 피자 한 번 먹겠다는데 엄만 매일 동생 얘기만 하세요?"

어디서 말대답이냐며 지팡이로 아들을 마구 때렸다. 아들이 울면서 밖으로 나가버렸다. 아버지 어머니를 모셔다 놓고 잘 모시기는커녕 달마다 나오는 정착금까지 가져다가 직원들 월급에 보태는 실정이었다. 정말 미안한 일이었지만 부모님께 조금만 참아달라고 양해를 구했다.

"우리는 괜찮다. 밥만 굶지 않고 먹으면 되는 거지. 너 하는 일이 잘되면 그걸로 됐다."

아들에게 피자도 못 사주는 대동강 민족 식당 사장 자리는 그저 허울 좋은 간판이었다. 쓸쓸한 마음으로 지하철에 올랐다. 자리를 잡고 앉아 눈을 감고 잠을 청하려니 피자도 사주지 못한 아들과 굶고 있을 딸이 생각나서 가슴이 쓰렸다. 이렇게 한참동안 눈을 감고 있는데 누군가가 나를 지켜보고 있는 느낌이 들었다. 눈을 떠보니 시각장애인이 내 앞에 서 있었다. 나는 자동적으로 가방을 뒤져 지갑을 꺼냈다. 그런데 지갑에서 50달러 지폐 한 장이 튀어나왔다. 아까 집에서 아들이 피자 사달라고 했을 때 주지 못한 돈인데 지금 그 돈이 튀어나온 것이다. 나는 당황하여 옆 사람을 쳐다보았다. 그 순간 지하철 안에 있는 사람들의 시선이 모두 내게로 향해 있었다. 다시 가방에 넣을 수도 없고 그렇다고 주기에는 너무 큰돈이라서 잠깐 망설였다. 하지만 이미 다른 사람들이 다 쳐다보고 있어서 돈을 줄 수밖에 없었다. 그가 들고 있는 그릇에 돈을 내려 놓았다가 혹시 그 돈을 다른 사람이 꺼내 갈까 봐 다시 꺼내 그 시각 장애인의 손에 꼭 쥐여 주었다. 그제서야 마음이 놓였지만 속상한 마음에 눈을 감고 기도했다.

'예수님! 왜 내가 지하철만 타면 자꾸 오십네까? 처음에는 모두 변장하고 오시는 예수님인 것만 같아 어느 한 사람도 지나칠 수 없었는데 너무 많이 너무 자주 오시니까 힘듭네다. 50달러마저 주고 나니 돈 가방도 비었고 마음도 비어버렸습네다. 너무 살기 힘듭네다. 예수님! 이제 그만 오시옵소서!'

하염없이 흘러내리는 눈물을 닦을 생각도 하지 못하였다. 누가 진짜 예수님인지 알아볼 수가 없어서 답답했지만, 거지의 모습으로 오셨던 분 중에 예수님이 분명히 계셨을 거라고 나 자신을 위로했다. 50달러가 아까운 생각과 좋은 일 했다는 마음보다 답답한 생각이 더 들었다. 힘없이 가게로 와보니 식당에는 많은 손님들이 있었지만, 그 정도로는 일수를 감당할 수기 없었다. 미침 일본에서 기자들이 인디뷰하러 식당으로 찾아왔다. 귀찮았지만 무대에서 언주하는 모습과 일하는 모습을 카메라에 담았다. 마음이 없으니 흥도 나지 않았다. 그저 속상하고 맥이 풀려서 식당을 그만두고 싶었다.

시작할 때는 탈북자들의 일자리를 마련해 주고 함께 하고 싶은 마음으로 시작했지만, 상계점과 중계점, 영등포점 3개의 식당에서 나오는 돈으로는 일수를 갚기에도 빠듯했다. 일본팀의 촬영이 끝나자 그냥 갈 줄 알았더니 냉면을 주문했다. 냉면을 다 먹고 나자 통역하는 분이 맛있게 잘 먹었다며 봉투를 내밀고 갔다. 약간의 사례금과 음식값을 넣었을 줄 알고 봉투를 열었다가 깜짝 놀랐다. 1만 엔짜리 5장이 들어있었다. 나는 그제야 낮에 지하철에서 50달러를 소경에게 주었던 생각이 떠올랐다. 예수님께 이제는 그만 오시라고 기도했던 생각이 나서 너무 죄송해했다.

'예수님! 아까는 정말 죄송 했습네다. 그리구 고맙습네다! 이젠 다시는 절대로 그만 오시라는 말 안하겠습네다.'

선뜻 큰돈이 나와서 주기가 아까웠는데 예수님께서 다시 그 돈을 돌려주신 것이다. 부끄러움에 고개를 들 수 없었다. 예수님은 절대로 소문 없이 조용히 오시며 내 마음 중심을 보시는 분이셨다.

❖ 대동강 민족식당의 위기

하나님의 은혜와 놀라운 기적의 체험을 통하여 죽음의 사선을 넘어온 나는 자유 남한에 와서 하나님을 잊어버리고 정착의 첫걸음부터 세상에 빠져 허우적거렸다. 성령 충만했던 나의 신앙은 온데간데없고 이 사람한테서 위협이 다가오면 저 사람에게 기대고 또저 사람이 위협하면 이 사람에게 기대면서 하나님을 잊어버리고 사람을 우상으로 바라보고 있었던 것이다. 그렇게 사람에게 의지했던 나는 더 큰 고난 속으로 빠져 가고 있었다. 핑계를 대자면 북한 사회에서 치열한 경쟁과 고통을 단 한 번도 겪어 보지 못했기 때문이다. 16살부터 온실 속의 꽃처럼 특별 관리를 받고 자란 탓에 갑작스럽게 찾아온 시련을 어떻게 헤쳐나가야 할지 당황스럽기만 했다.

가게를 오픈하면서 빌렸던 7,000만 원을 갚으라고 사람들이 들이닥쳤다. 일수 받는 사람들도 찾아왔다. 돈 독촉이 불같아 죽고 싶은 생각만 들었다. 우선 식당 승합차 스타렉스를 2,000만 원에 내놓았고 다단계회사 명희 언니가 사들인 화장품 3,000만 원어치도 모두 그들에게 넘겨주었다. 남은 빚도 그 사람들이 독촉하기에 3,000만 원 일수를 빌려서 그들에게 돌려주었다. 그러다 보니 두 군데 일수

찍기가 여간 버거운 일이 아니었다. 대동강 민족식당을 모두 내놓으라고 야단들이었다. 식당에 들어간 돈이 얼마인데, 예술단원들의 의상과 악기 그리고 식당 비품들 등등 너무나 많은 돈이 들어갔기에 가슴 아팠다. 언론에 많이 알려진 곳이어서 어떻게든지 버티려고 애썼다.

나는 돈을 빌린 것이 후회스러웠다. 게다가 개인 돈은 무서워서 빌려 쓸 생각조차 없었다. 빚이라는 굴레에서 빨리 벗어나고 싶었다. 상계동 '대동강 호프'까지 내놓았지만 몇 달이 지나도 상계동 가게가 나가지 않아서 끝내 가게 권리금 2,000만 원을 포기해야 했다. 영화감독이 원망스러웠다. 자신이 책임지고 도와주겠다고 큰소리치더니 오히려 일을 더 크게 벌어놓은 꼴이었다. 몇 달 동안 시달리다가 그렇게라도 악몽 같은 부채를 말끔하게 정리하고 나니 일단 마음의 무기운 짐을 벗어버린 듯했다.

그러나 매일같이 일수를 찍어야 하는 고통은 죽기보다 힘들었다. 사는 게 사는 게 아니었다. 새날이 밝아 눈을 뜨고 하루를 시작하는 것이 공포였다. 그런데도 매일 영업시간이 되면 나는 계란 노른자와 참기름을 한술 넣고 마셨다. 그래야 그날 영업을 할 수 있고 노래를 요청하는 사람들 앞에서 노래를 부를 수 있었다. 손님들이 권하는 술을 받아 마셔야 했고 너무 여러 잔을 받아 마시면 속에서 받지를 못해 토해내는 일이 한두 번이 아니었다. 그래서 아침이면 중국 전통 편약을 두 알씩 먹고 일을 시작했다. 오후면 술과 담배 연기가 자욱한 지하식당 홀은 공기가 아주 나빴다. 이렇게 2년 가까이 정신없이 보내다 보니 성대가 망가지고 목에서는 피가 나왔다. 그런데도 노래를 불러서 받은 팁과 영업 매출을 가지고 직원들 월급, 공과금, 건물 임대료, 음식 재료비, 관리비에 직원들의 통신료까지 감당해 나갔다. 한 달이면 7,000여만 원씩의 돈이 나갔기에 사람의 힘으로 감당하기에는 너무나 힘든 하루하루였다.

우선 식당 직원들부터 줄여야겠다는 생각이 들었다. 돈에 여유가 없으니 음식에 신경 쓸 여력조차 없었다. 결국, 손님도 점차 줄었다. 직원들은 손님도 없는 식당에서 일하는 것이 미안했는지 그만 나오겠다고 했다. 월급도 제때 주지 못해 나오지 말라는 말도 못했는데 먼저 그만두겠다고 하니 차라리 고마웠다. 며칠 안에 꼭 돈을 만들어서 밀린 월급을 주겠다고 약속했다. 그런데 당장 월급을 줄 돈이 없었다. 워낙 급하게 된 처지라 장애인 부모님과 아들이 살고 있는 집을 빼야만 했다.

정부에서 받은 22평짜리 임대 아파트는 부모님께 효도하면서 살고 싶은 꿈이 담긴 집이었다. 그런데 식당을 벌여놓고 돈 때문에 부모님 집까지 없애야 했다. 고등학교에 다니는 아들은 살던 동네 고시원에 들어가고 부모님과 나는 신월동에 20만 원짜리 지하 월세방으로 옮겼다. 지하라서 그런지 방바닥은 언제나 습했다. 그 때문이었는지 2급 장애인이신 아버지까지도 시름시름 앓으시고 뇌출혈과 뇌 병변으로 치매까지 앓던 어머니는 마침내 대소변도 가리지 못하셨다. 이런 부모님을 지하 월세방에 모셔놓고 식당으로 나가야 했다. 그렇게 집 뺀 돈과 부모님과 아들의 정착금이 나오는 통장까지 털어 만든 돈으로 종업원들을 정리하고 세 명만 남겨 놓았다.

그렇게 해도 매일 영업한 돈으로 일수를 갚고 나면 월세도 낼 수가 없었다. 내가 어쩌자고 이런 식당을 시작해 가지고 이 고생을 하는 건지 후회가 되었다. 식당에 돈 많이 가지고 와서 유혹하던 사람들의 도움이라도 받고 싶은 심정이었다. 넋 나간 사람처럼 혼자서 별별 생각을 다 해보았다. 아들도 고시원에 낼 돈이 없어서 쫓겨났다며 엄마는 도대체 뭐 하는 사람이냐며 질책했다. 빚은 계속 불어나기만 했다. 사채는 절대로 써서는 안 되는 무서운 돈임을 알았다. 3일째 한쪽 일수를 갚지 못했다. 전화가 요란하게 울렸다.

"깍두기를 보낼 테니 오늘도 돈 준비 안 되면 재미없을 줄 알아 두시오."

나는 전화기를 손에 쥐고 멍하니 서 있었다. 그동안 정신없다는 핑계로 고객 관리를 전혀 하지 않아 단골손님 몇몇 외에는 손님들도 없었다. 갑자기 시커먼 사람들이 식당에 들이닥쳤다. 그들은 식당에 들어오자마자 준비됐냐며 다짜고짜 험한 얼굴부터 보였다.

"뭘 말입네까? 그런데 깍두기를 보낸다는 전화를 받았는데 왜 빈손입네까?"

내 말에 자기들끼리 마주 보며 어안이 벙벙해하는 눈치였다. 깍두기를 팔아서 무슨 큰돈이 되겠다고 그것을 식당에 보내겠다는 것인지 내가 의아했었다. 이때 저편 식탁에서 식사하던 단골손님이 조용히 말했다.

"사장님 한국에서는 깡패를 깍두기라고 해요. 저 사람들 무서운 사람들이에요. 빨리 경찰에 신고하세요!"

그제야 상황을 깨닫고 그들을 자리로 안내했다. 내가 돈을 주지 못해서 온 사람들인데 신고할 수가 없어 의자에 앉으라고 권했다. 정성 들여 만든 닭냉채와 북한 들쭉술을 내놓았다. 기분이 좋아진 그들이 나보고 노래를 부르라고 하여 무대에 올라가 노래를 불렀다. 눈물이 흘러 목소리가 제대로 나오지 않았다. 이번에는 바이올린으로 '고향의 봄'을 연주했다. 박수까지 치며 즐기던 그 무서운 깍두기 남자들은 흥에 겨운지 바이올린을 연주하는 내 팔소매에 팁을 넣어 주었다. 100만 원짜리 수표였다. 깜짝 놀라 돌려주려 하자 노래 값이라며 받으려 하지 않았다. 혹시 10만 원짜리인 줄 알고 잘못 준 거 아니냐고 하자 다시 내 손에 쥐여 주었다. 그 돈으로 3일간 내지 못했던 일수를 갚았다. 그렇게도 무섭다던 그 깍두기 남자들은 오히려 식당 운영에 관한 조언까지 해주고 갔다. 대한민국에서 깍두기는 아주 무서운 존재로 알려져 있지만, 그날 우리 식당에 온 깍두기들은 그저 평범한 아주 좋은 사람들이었다. 오히려 불쌍한 모습을 동정할 줄도 아는 인간적인 모습 들이었다.

✿ 유서를 쓰다

식당 영업이 끝나고 전철이 끊기고 나면 택시비도 아까워 직원들과 식당 휴게실에서 잠잘 때가 많았다. 그날 밤도 12시가 넘어 영업이 끝나고 나니 도저히 힘이 없어 옷 입은 그대로 휴게실 바닥에 쓰러지듯 누웠다. 생각할수록 기가 막혔다. 부모님은 습기 찬 지하 월세방에 모셔 놓고 아들은 고시원에서 쫓겨났는데 중국 감옥에 있는 사람들과 탈북자들은 도와 달라며 빨리 돈을 보내라고 계속 전화를 해온다. 궁지에 몰리니 오히려 체념 상태가 되어 마음이 편해졌다. 깨끗이 죽어 버리는 게 편할 것 같았다. 나는 종이에 몇 글자를 써 내려갔다.

'아버지 어머니, 죄송합니다. 더는 견디어 낼 수가 없습네다. 내가 너무 어리석었습네다. 그래도 대한민국에서는 굶어 죽는 일이야 없겠지만 북한 땅에 두고 온 딸 현희를 생각하면 마음이 찢어질 것만 같습네다. 돈 많이 벌어서 현희를 데려와야 하는데 돈이 남질 않네요. 아버지 어머니 부디 용서하시고 이 딸이 먼 곳에 돈 벌러 갔다고 생각하세요! 명수를 부탁 합네다.'

부모님께 글을 쓰고 나니 가슴이 더 답답했다. 설핏 잠이 들었는데 내가 한강 다리 위에 서 있었다. 다리 난간을 잡고 크게 한숨을 쉰 뒤 난간 위로 올라서려는 순간이었다. 누군가 내 뒷덜미를 꽉 잡으며 "너는 여기서 뭘 하려 하느냐? 너는 내 것이라!"하는 소리가 들렸다. 눈을 떠보니 꿈이었다. 너무도 생생한 기억과 음성, 그리고 그분의 인자하신 모습에 아쉬워 잠이 오지 않았다. 써 놓았던 유서를 찢어서 휴지통에 버렸다. 하나님께 기도하지 않고 그분을 잊고 삶을 포기하려던 그 순간 나의 힘든 삶을 보시고 내게 깨우침을 주러 오신 주님이 너무나 감사했다.

❖ 누드를 찍읍시다

어느 날 한국에 온 지 오래되는 소설가에게 돈 많은 실향민 할아버지라도 좋으니 시집가게 좀 소개해달라고 했다. 3억 원의 빚을 갚고 식당을 다시 시작하고 싶었다. 탈북 여성들이 함께 일할 수 있는 유일한 터전이어서 애착이 남았다. 내 사정을 잘 아는 소설가가 누드를 찍으면 3억이라는 돈은 아무것도 아니라고 했다.

"어머나! 나이가 마흔이 지났고 살이 쪄서 보기 흉한데 어떻게 누드를 찍습니까?"

어이가 없어서 그냥 웃고 말았다. 누드란 단어만 듣고도 얼굴이 확 달아올랐다. 이 방법이 아니면 빚을 갚을 수 있는 방법이 없는 건지 세상이 너무 잔인하게 느껴졌다. 며칠 후 식당으로 찾아온 소설가가 노트북 인에 미리 작성해온 기사를 보여주있는데 우선 제목부터가 충격적이었다.

'김정일 엄마가 벗었다!'

제목을 보고 사람들의 관심을 집중시키려는 의도였다. 나는 단지 김정숙 여사 역할을 한 배우일 뿐인데 실제 생존 인물처럼 과장해서 말하는 상업주의 언론 환경이 싫었다. 그러다가 혹시 북한 쪽에서 온 '공작조'에게 테러를 당할까도 두려웠다. 하지만 '김정일 엄마가 서울서 맥주집!' 이라는 기사 제목 덕분에 식당에 손님이 넘치고 또 넘쳤다. 식당이 소란스러워 지면서 일수 빚 받으러 온 사람들이 들이닥쳤다. 정말 끔찍하고 무서웠다. 아니 지긋지긋했다. 그 순간 어떻게 해서든 돈을 만들어 이 무서운 상황에서 벗어나고 싶었다.

"누드 찍겠습네다! 그런데 가능 하겠습네까?"

"지금은 기술이 발전해서 얼마든지 보기 좋게 만들 수 있으니 그건 걱정하지 마시고 우선 이제부터 운동 열심히 하세요."

다행히 다 벗는 사진이 아니고 '세미누드' 라기에 조금 안심이 되었다. 그 다음 날 인터넷 검색 1위에 '탈북자 연예인 출신 누드' 라는 기사가 올랐다. 빚 때문에 벗어야만 하는 기구한 운명이 슬펐다. 처참하게 부서진 내 모습에 나는 눈을 딱 감아버렸다. 내가 저지른 일이니 수치를 참고 내 힘으로 식당도 지키고 빚도 갚자는 생각만 했다.

드디어 촬영에 들어가려고 보니 기획자가 돈이 없다는 것이었다. 신용대출을 신청해 놓고 까맣게 잊고 있었는데 마침 2,000만 원을 받게 되었다. 누드라 할지라도 돈이 들어오는 것은 하나님이 이제부터 복을 주시려나 보다 하고 내 마음대로 생각했다. 그 돈으로 촬영 장비와 중고차, 의상을 구입했다. 아무것도 없었는데 촬영에 필요한 것들이 마련되어 바로 촬영에 들어갈 수 있었다. 사채업자들에게는 누드를 찍어 돈이 되면 갚겠다고 안심시켰다.

처음에는 실내 촬영이었다. '왕의 여사' '왕궁의 침실' 등 작품에 맞는 의상을 준비해 촬영했다. 연출자도 만족스럽고 나도 모니터해 보니 괜찮은 것 같았다. 이렇게 몇 달간에 걸쳐 실내 촬영이 끝나고 야외촬영이 시작되었다. 지금까지는 무난한 촬영이었으나 이제부터는 벗어야 한다는 것이었다. 자신이 없고 창피했다. 지리산 무릉계곡에서 사진 찍을 때마다 하나님께 사진 촬영하는 동안 다른 사람들이 보지 못하게 막아달라고 기도했다. 장소를 옮길 때마다 벗는 것이 죽는 일보다 힘들어 십자가를 잡고 의지하는 사진이 많았다. 오히려 십자가를 잡고 눈물을 흘리면서 기도하는 장면이 아주 리얼하게 멋있게 나왔다며 촬영가들은 모두 기뻐했다.

❀ 5분간 멈춰 선 정동진 파도

2005년 5월 정동진에서 해돋이 장면을 찍으려고 바닷가에 도착했다. 새벽에 일찍 일어나 해돋이를 기다리던 사람들과 좀 떨어진 곳에서 촬영 준비를 하게 되었다. 소복을 입고 바이올린을 들고 나섰다. 바위 위에 올라서면 그림이 아주 좋겠다는 연출자의 말에 바다로 들어갔다. 물이 차있는 바위까지 걸어가는 동안 발을 옮길 때마다 물이 없어지는 것이다. 그래서 작은 바위섬까지 무사히 오를 수 있었다. 그런데 촬영을 하려고 뒤돌아선 순간 깜짝 놀랐다. 내가 걸어온 기슭에서부터 바다 한가운데까지 물이 꽉 차 있었다.

"분명히 내가 걸어서 들어온 곳인데?"

나는 바다 가운데 물이 깊은 바위에 서 있었던 것이다. 카메라가 있는 육지에서 수십 미터나 떨어져 있는 바다 한가운데까지 정말 내 발로 걸어서 들어오게 된 것인지 도무지 믿을 수가 없었다. 동해의 아침 해가 스멀스멀 올라오자 지금까지의 지내온 일들이 영화 필름처럼 스쳐 갔다.

'하나님! 불쌍한 장애인 아버지 어머니를 돌아가시는 날까지 지켜 주시고 꼭 천국으로 데려가 주십시오. 사랑하는 아들도 지켜 주시옵소서! 하나님 꼭 부탁 드립니다.'

그러고는 더 이상 지체할세라 죽음을 각오한 나는 바이올린을 번쩍 들고 '나 같은 죄인'을 연주하기 시작했다. 정신없이 연주에 빠져 있는데 성난 사자처럼 밀려들어 온 파도가 내가 서 있는 바위 밑에서 온순하게 길들여진 새끼 물개처럼 잦아들며 바이올린 음률에 맞춰 춤을 추듯 출렁거렸다. 이번에는 '예수님 찬양'을 연주하기 시작했다. 모든 생각을 버리고 오직 찬양 연주에만 몰입했다. 바위 위에 홀로 서서 죽음의 순간을 기다리는 사형수와도 같이 비장한 각오로 파도가 나를 쓸어갈 순간을 기다렸다. 한창 연주를 하고 있을 때 사람들의 비명소리가 들려왔다. 큰 파도가 밀려오니 위험하다며 어서 나오라고 나를 향해 소리 질렀다. 아랑곳하지 않고 눈 딱 감고 연주에 몰입했다. 한참 연주를 하고 있는데 갑자기 먹구름이 덮힌 듯 캄캄했다. 그래서 슬쩍 곁눈질하여 옆을 보았더니 집채 같은 큰 파도가 나를 향해 다가오고 있었다. 영락없는 성난 사자의 모습이었다. 나는 다시 연주를 시작했다. 연주를 하면서 파도에 잠겨 숨을 거두고 싶었고 모든 것을 잊고 싶었기에 담담했다. 비겁하게 죽기 싫었다. 이 바이올린과 함께 저 무서운 파도 속에 조용히 세상을 하직할 생각에 맘이 편해졌다. 눈을 감고 기도하기 시작했다.

'히나님 아버지! 드디어 이 딸은 오늘로서 세상과 인연을 끊습니다. 하나님! 이 파도 속에 잠기는 순간에 천국으로 데려가실 줄 믿습네다. 그리고 북한에 있는 딸을 축복의 땅으로 꼭 데려와서 찬양 연주자로 키워 주십시오!' 아멘"

그런데 이게 웬일인가? 밀려온 파도가 멈춰서 있는 게 아닌가! 천국을 기다리는 내 옆에 우뚝 멈춰 서있던 담벼락 같던 파도가 조용히 내려서더니 저 멀리 물러나 잔잔히 멀어져 갔다. 바다는 언제 세찬 파도가 밀려왔느냐는 듯 잔잔하였고 드디어 해돋이가 시작되었다. 정동진의 해돋이는 장엄하였고 아름다웠다. 나중에 TV 뉴스를 통해 이날 정동진 해돋이를 구경하던 사람들 중에 7명이 파도에 휩쓸려서 죽었다는 것을 알고 놀랐다. 이 뉴스를 보면서 나는 발목만 젖었을 뿐 온전히 살아서 바다 가운데 섬에서 돌아 뭍으로 나온 것이 신기했다. 그 일을 경험한 후 이스라엘 백성들을 이끄시고 홍해 바다를 건너게 하셨던 하나님을 완전히 믿게 되었다.

그날 집채만 한 파도가 바이올린을 연주하는 내 뒤에 멈춰 선 광경이 사진에 고스란히 담겼다. 그 사진을 볼 때마다 놀라움을 금할 수 없다. '이 생명 다하는 그날까지 이 땅끝까지 복음의 증인이 되겠습네다! 하나님! 나의 하나님! 감사합네다.' 라며 감사기도를 수없이 드렸다.

1년 넘게 힘겨운 촬영을 하고 편집에 들어가게 되었다. 편집을 하려면 또 돈이 필요했다. 설상가상으로 어머니가 뇌 병변으로 쓰러지셨다. 을지병원에 입원하셨는데 한 달이 지나자 병원비를 낼 돈도 없고 병원을 나와도 갈 곳이 없었다. 이때 어느 교회 고마운 목사님이 북한동포 살리는 인권을 보장하는 성스러운 사업이라는 얘기를 듣고 2,500만 원을 주셨다. 그때부터 그 교회에 출석하게 되었고 십일조 생활을 하기 시작했다. 성도님들과 목사님은 우리 작품을 위해 기도하며 힘과 용기를 실어주셨다. 나는 탈북자들에게 돈을 벌어서 보내야 한다는 사명감에 불타기 시작했다. 내가 수치를 당해도 돈만 될 수 있다면 이 몸을 희생하리라 하는 마음을 굳히게 되었다.

part.7

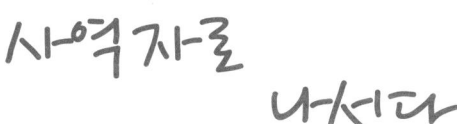

사역자로 나서다

시편 104:4

바람을 자기 사신으로 삼으시고
불꽃으로 자기 사역자를 삼으시며

He makes winds his messengers, flames of fire his
servants.

❀ 집 좀 주십시오!

　　어느 날 대동강 민족 식당 단골손님으로부터 전화가 왔다. 김수형 영화감독이 영상선교회관을 오픈하는데 30분간 찬양과 간증을 해달라는 것이다. 간증이 끝난 뒤 모든 사람들이 반가워하면서 은혜 받았다고 했다. 예배가 끝나자 교수님이자 목사님인 박 교수님이 더 이야기를 하고 싶다며 나를 불렀다. 북한에서 온 특이한 이력 때문에 박 교수님은 큰 관심을 보이셨다. 북한학 연구와 북한선교 이야기를 들으면서 나는 이제야 진짜 하나님의 사람이 나타났구나 하고 생각했다. 박 교수님은 나에게 아세아연합신학대학교 CRC 교회성장연구원에서 공부하는 것이 어떠냐고 하셨다. 박 교수님의 설교와 목회 비전이 신선해서 주일날 낮 오후 예배에 논현동 영상선교회관으로 소설가와 함께 갔다.

　　박 교수님은 반갑게 우리를 맞아 주셨다. 소설가는 우리 작품의 일부 사진을 편집해서 박 교수님께 보여 드렸다. 목사님은 별로 반응이 없으셨다가 나에게 조용히 말씀하셨다.

　　"주 선교사, 이건 아닌 것 같은데 하나님이 일은 이것 아니고도 많이 할 수 있는데."

그때부터 나는 사진작품보다는 CRC 연구원에서 신학공부를 하면서 신앙간증 사역에 더 마음을 쏟았다. 복지선교예술단을 통하여 간증집회도 다니기 시작했다. 처음에는 간증을 어떻게 하는지 몰라서 어설펐다. 그 무렵 북한에서 가수였던 임선영 언니도 만났다. 임선영 언니는 북한 함경북도 예술단 가수였는데 찬양가수로서 집회와 찬양 초청 사역을 하고 있었다. 그 언니는 중국에서 성경책을 66번이나 읽어서 성경 지식이 풍부했다. 말씀으로 무장된 그 언니가 부러워서 늘 그와 함께하려고 했고 내가 초청받은 사역현장도 늘 함께 다녔다.

병원에 입원하셨던 어머님이 퇴원해 갈 곳이 없었는데 다행히 참사랑 복지시설에서 3개월을 지내게 되었다. 하나님의 극진한 사랑과 보살핌으로 부모님이 잘 지내실 수 있었고 나 역시 사역을 맘 놓고 다닐 수 있게 되었다. 하나님의 일을 하는 동안 부모님은 하나님이 지켜주셨다. 성도들 앞에서 간증 찬양을 하면서 하나님께서 나를 친히 사역 현장에서 훈련시키신다는 것을 깨달아가기 시작했다. 나의 신앙은 커가기 시작했고 믿음도 굳건해졌다. 하나님을 증거하는 복음의 증인으로 살겠다고 굳게 맹세하였다.

부모님이 복지시설에 모신 지 1개월이 지나자 대소변을 받아 내야 할 어머니도 문제였지만 아버지가 힘들어하셨다.

"애야. 우리가 살던 집으로 가서 엄마를 돌보면 안되겠니?"

가슴이 답답해서 임선영 언니에게 전화했다. 그는 내가 있는 대동강 식당으로 찾아와 함께 기도하자고 했다. 늦은 저녁 시간 지하식당 작은 방안에서 성경을 펼쳐놓고 기도를 시작했다.

'너는 내게 부르짖으라. 내가 네게 응답하겠고 네가 알지 못하는 크고 은밀한 일을 네게 보이리라.' (렘 33:3)

이 말씀을 붙잡고 기도를 얼마나 했는지 가슴까지 뜨거워졌다. 하나님의 말씀이 내 심장에 뜨겁게 차올랐다.

'사랑하는 딸아 염려하지 말고 모든 근심 걱정 내가 다 해결해 주마.'

언니와 나는 먼저 하나님께 집을 달라고 기도했다.

'하나님! 용서해 주시옵소서! 하나님의 말씀을 믿고 하나님께 의지해야 할 딸이 그동안 인간에게 의지하여 인간의 말을 믿나 보니 눈이 어두워져서 옳고 그른 것도 판단하지 못하고 누드작품이 오픈되면 집도 빚도 다 갚을 수 있다고 생각하고 있었던 이 어리석은 죄인을 용서해 주시옵소서! 이 딸을 불쌍히 여겨 주시고 부모님을 모실 집부터 해결해 주실 줄 믿습네다. 예수그리스도 이름 받들어 간절히 기도를 드립네다. 아멘'

이튿날 임선영 언니는 아예 짐을 싸들고 우리 식당으로 왔다. 매일 밤 같이 자면서 나를 위해 기도해 주었다. 집 문제를 놓고 기도 한지 3일 만에 동사무소에서 전화가 와 부모님 두 분 다 장애인 2급이니 내 앞으로 정부에서 수급자 대상 임대아파트를 배정해주었다는 소식이었다. 나는 너무 신기하고 놀라웠다. 집이 해결되어 좋긴 한데 600만 원이 있어야 들어갈 수 있다고 했다. 그날 저녁 언니와 나는 하나님께 집을 계약할 돈을 달라고 기도했다. 며칠 뒤 은행에서 전화가 왔다.

"대동강 사장님이세요? 그동안 카드 영업액이 결제되었는데 전화가 통화되지 않아서 알려드리지 못했습니다. 주민등록증과 도장을 가지고 와서 돈을 찾아 가세요."

놀랍게도 딱 600만 원이었다. 즉시 은행으로 가서 그 돈을 찾아왔다. 그동안 모든 것이 귀찮아서 핸드폰도 꺼놓고 살다가 며칠 전에 다시 핸드폰을 켰는데 이렇게 놀라운 일이 벌어졌다. 그런데 신기한 것은 기도를 하고 나면 들려오는 소식들이다. 그동안 기도로 구하지 못하고 살아온 순간들을 회개하는 마음으로 기도생활을 다시 시작하게 되었다.

'하나님 감사합네다. 집 소식과 함께 집 계약금 600만 원까지 꽁꽁 숨겨두었다가 꼭 필요할 때 주시는 하나님의 사랑에 감사드립네다. 앞으로 꼭 하나님이 기뻐하시는 일만 하렵네다.'

기쁜 마음으로 집이 나오기만을 기다렸다. 석 달이면 나온다던 집은 아직 좀 더 기다리라고 하였다.

✿ 간증 사역자의 길이 열리다

어느 날 기획자 선생이 편집 비용이 더 필요하다며 답답해했다. 처음에는 돈이 없다고 했지만 결국은 집 계약금 600만 원을 고스란히 내놓고 말았다. 언니는 나에게 빨리 작품을 포기하라고 했는데 집 얻을 돈까지 내주자 나를 몹시 나무랐다. 아직도 작품에 대한 미련을 버리지 못했다. 아니 그동안 애써 온 사람들에 대한 미안한 마음 때문에 포기할 수가 없었다. 그럴수록 임선영 언니는 틈만 있으면 성경 말씀을 읽게 하고 나를 신앙 훈련을 시키는 것이었다. 저녁에 언니와 기도하다가 문득 이상한 생각이 들었다.

'하나님 왜 아직도 집을 주지 않습네까? 아버지 어머니를 집에서 모시고 싶습네다. 빨리 집을 주시옵소서!'

어디선가 귀에 익숙한 음성이 들려 왔다.

'딸아! 집을 계약 하라고 내가 600만 원을 준 것인데 그 돈을 다른 데 써 버리고는 나를 원망 하느냐?'

하나님의 음성에 부끄러워 눈을 뜰 수가 없었다. 임선영 언니는 빨리 누드를 포기한다는 기도를 하라고 했다. 나는 심한 자책에 빠져 결국 누드를 포기하겠다는 기도를 드렸다. 그러자 마음이 개운해졌다. 그때부터 나는 하나님께 다 맡기고 하나님 방법으로 모든 문제를 해결해 달라고 기도했다. 그로부터 간증 집회의 길이 열리기 시작했다. 나는 간증집회 초청을 받는 대로 숨이 사도록 교회들을 찾아다녔다. 복지선교 예술단과 참사랑의 집은 나의 첫 선교사역의 시작이었다. 지구촌 연예인 대표회장으로 하나님을 찬양하고 간증 사역을 하던 김동철 선교사님을 만나게 해주셨고 그때부터 남남북녀 선교 찬양예술단을 사역의 길로 인도해 주시는 하나님의 은혜를 경험하게 되었다.

인천에 있는 어느 교회에 간증 초청을 받아 임선영 언니와 함께 갔다. 언니가 찬양을 하고 내가 간증을 하였다. 이미 몇 차례 간증을 했지만 머리가 복잡해서 횡설수설하였다. 내 감정에 빠져 중국에서 만난 하나님을 생각하며 눈물을 펑펑 쏟았다. 간증이 끝나고 저녁 식사를 하는데 목사님이 나에게 은혜는 받았는데 간증이 너무 순서 없이 왔다갔다하고 '정말' 이라는 말이 스물 다섯번이 나왔다며 좀 정리해서 말을 하라고 했다. 15명이 함께 식사하는 자리에서 그 얘기를 듣고 얼굴이 뜨거워서 한마디 말도 못했다.

버스를 타고 오면서 임선영 언니에게 물었다. 어떻게 하면 말씀도 잘 인용하고 간증도 잘할 수 있는지 물어보았다. 언니는 성경 말씀을 공부하라고 했다. 언니는 애써 나를 위로 했다. 나는 성경지식도 없고 말씀도 전혀 모르는 것이 사실이었다. 쇠 방망이에 얻어맞은 기분이었다. 말씀을 읽고 받아 안게 해달라고 애원했다. 그날 밤잠을 이룰 수가 없었다. 한심하다고 한 목사님의 목소리가 계속 울려 왔다.

'하나님! 내가 기도 하면 다 들어주신 하나님! 나도 이제는 말씀을 주시옵소서! 내가 간증할 때 꼭 필요한 말씀을 먼저 주시옵소서!'

잠결에 눈을 뜨니 내 귀에 '마태복음 7장 7절' 이라는 말이 반복해서 들렸다. 벌떡 일어나 성경을 펼쳐 마태복음 7장 7절을 찾았다.

'구하라! 그리하면 너희에게 주실 것이요, 찾으라! 그리하면 찾을 것이요, 문을 두드리라! 그리하면 너희에게 열릴 것이요.'

그 말씀을 외우면서 읽고 또 읽었더니 이번에는 내 안에 다른 소리가 들려 왔다.

'내게 능력 주시는 자 안에서 내가 모든 것을 할 수 있느니라!'

그런데 그 말씀이 어디에 있는지 책을 한참 뒤져봐도 알 수가 없었다. 몇 시간을 이것저것 펼쳐보며 찾지 못해 한숨을 쉬다가 문득 벽에 걸려있는 말씀이 생각났다. 빌립보서 4장 13절 말씀이었다.

'아! 하나님, 감사합니다. 지금까지 나는 교만해서 내가 말 잘한다고 늘 칭찬을 받다 보니 교만했었는데 깨우침을 받게 해주셔서 감사합네다. 말씀으로 무장하고 말씀을 심장에 안고 살겠습네다. 감사합

네다.'

그때부터 나는 전문인 선교사로서의 신앙 지식을 배우기 위해 노력했고 말씀을 받는 훈련과 말씀을 실천하는 훈련을 간증 사역 현장에서 직접 배우게 되었다. 나의 모든 스케줄을 하나님께서 관리하신다는 것을 알게 되었고 십일조로 만난 하나님과의 첫사랑을 회복하기 시작했다. 사람에게 의지하려는 어리석은 생각을 버리고 하나님께 구하면 그대로 받는 참사랑의 진리를 깨달아가기 시작했다.

❀ 사랑의 손길들

산증십회를 하는 교회와 기노원에서 부모님을 자기들이 모시겠으니 사역에만 전념하라고 격려해 주셨다. 집은 없었지만, 부모님은 복지시설과 병원 여러 곳을 옮기면서 치료도 받을 수 있었다. 그동안 강화 서문교회 복지시설에도 3개월 계셨고 영주 한방 병원에도 3개월 치료를 받았다. 어느 날 영주 한방 병원에 계신 아버지가 전화를 하셨다.

"딸아! 이제는 집으로 가면 안되겠소? 더는 못 있겠소. 차라리 죽어버리고 싶소."

아버지의 목소리에는 노여움이 섞여 있었다. 더 이상 참지 못하고 또다시 누드 작품을 같이했던 소설가에게 전화를 했다.

"부모님이 더 이상 병원에 못 있겠답니다. 집이 언제 되겠습니까?"

"이제 편집만 마치면 되니 조금만 더 기다리시오."

나는 또다시 하나님께 기도하지 않고 사람에게 의지했다. 마침 탈북자 아저씨가 집을 비워 놓은 것이 있다고 소개해 주어 부모님을 중계동에 있는 4단지로 모셨다. 그 집 청소를 하고 가구들을 들여 놓고 부모님을 병원에서 모셔왔다. 아들까지 데려와 함께 모여 기도하면서 사는 것이 너무 기쁘고 행복했다. 하나님에 대한 감사는 금방 잊고 탈북자 아저씨에게 감사했다. 그리고 누드에 대한 미련을 버렸다고 생각했으나 작품이 발표되면 모든 것이 해결된다는 말에 또다시 마음이 흔들렸다.

편집이 거의 끝나 간다는 말에 우연히 편집된 사진을 보게 되었다. 내가 생각했던 것과 달리 왠지 어설프고 또 정치적으로 민감한 사진들이었다. 북한 김일성 김정일 초상화에 총을 쏘고 있거나 공동묘지에서 벗은 몸을 천으로 가리고 우산을 쓴 채 웃고 있는 모습이었다. 그 밑에는 쓰러져 있는 북한 어린이들의 모습도 있었다. 남과 북이 화해하고 있는 마당에 나를 정치적 희생양으로 만드는 거 아니냐고 물었다. 소설가는 우리가 성스러운 일을 하는 것이라고 말했다. 이런 사진을 공개할 수 없다고 하자 다시 편집하려면 돈이 또 들어가야 하는데 돈이 없다는 대답만 돌아왔다. 나는 화를 참지 못하고 소리를 질렀다. 너무 소리를 질렀더니 어지럽기까지 했다. 생각할수록 화가 났고 누드생각만 하면 가슴이 답답했다. 나중에 병원을 찾아가서야 알게 된 일이지만 이미 나는 심한 우울증을 앓고 있었던 것이다.

"엄마, 저 벗고 찍은 사진 뭐예요? 저거 안 하면 안 돼요?"

내 사진을 본 아들의 말에 뒤통수를 얻어맞은 듯 멍했다. 아들은 왜 우리가 집도 없이 이렇게 살아야 하나, 이렇게 살려고 한국에 왔냐며 불평을 했다. 나는 대꾸할 말이 없어 아들의 얼굴만 멍하니 바라보았다. 그러다가 아들에게 마구 화를 냈다. 소리 지르다 울다 악을 쓰다 우는 엄마를 쳐다보더니 아들은 문을 쾅 닫고는 나가 버렸다. 나는 이미 정상이 아니었다. 그대로 앉아서 나는 유서를 쓰기 시작했다.

'사랑하는 아들아! 미안하구나. 엄마를 많이 원망해라. 이 어려운 세상에 너를 믿고 할아버지 할머니를 맡긴다.'

더 이상 눈물이 나서 글을 쓸 수가 없었다. 종이를 접어 아들 책갈피에 넣어두고 아버지 어머니 식사를 차려드렸다. 누드작품이 나오면 창피함을 어떻게 이겨 낼지 자신이 없었다. 고3을 앞둔 아들이 받을 충격에 앞이 캄캄했다. 마지막으로 어머니 기저귀를 갈아 드렸다. 어머니 기저귀를 갈아 드리려다 깜짝 놀랐다. 아버지가 기저귀를 아끼느라고 신문지를 기저귀 위에 올려놓았던 것이다. 그걸 보는 순간 기저귀 하나 변변히 마련하지 못한 것이 너무 죄송해 어머니를 끌어안고 대성통곡했다. 어머니도 아는지 모르는지 슬피 울고 계셨다.

어머니에게 기저귀도 제대로 깔아드리지 못하는 딸을 불쌍히 여겨 달라고 실컷 울면서 기도하고 있는데 참사랑 복지원 김성수 목사님이 기저귀를 가득 싣고 부모님 문안을 오셨다. 감사한 마음에 또 울었다. 나는 어머니를 세면장으로 모시고 가서 목욕을 시켜드렸다. 무척 힘들었지만, 오늘이 마지막이라고 생각하니 애틋한 마음뿐이었다.

"아버지, 집회가 있어서 며칠 걸릴 겁네다. 필요한 거 있으면 명수에게 말씀하세요."

다시 못 볼 아버지를 한참 동안 바라보자 아버지가 머뭇거리며 말씀하셨다.

"며칠 전에 집세를 내지 못해서 속상해하던데 얼마면 되겠소? 나한테 300만 원이 있는데 그 돈으로 집세를 내기요."

아버지는 내가 준 용돈을 모아 꼭꼭 접어놓은 종이봉투를 나에게 내밀었다. 봉투 안에는 30만 원이 들어 있었다. 아버지가 아직 한국 돈에 익숙하지 않아 30만 원이 300만 원인줄 아셨던 모양이다. 그 돈으로 그달 집세를 낼 수 있었다. 그동안 부모님께 용돈도 제대로 드리지 못했는데 그걸 모아 두셨다가 주시니 더 죄스런 마음이 들었다. 발걸음이 떨어지질 않았다. 얼마 전 누드 사진 편집하는데 돈이 없다고 해서 모아 두었던 200만 원까지 모두 다 내놓고 보니 이제 부모님께 드릴 마지막 용돈조차 없었다. 일도 할 수 없는 장애인 아버지와 대소변을 받아내는 어머니, 고등학생 아들은 이제 무얼 먹고 살지 앞이 막막했다. 그러나 그런 걱정보다 내가 더 견딜 수 없었다. 이 세상을 떠나고 싶은 마음에 모든 것이 귀찮게만 느껴졌다.

✿ 참회와 하나님의 음성

이 험한 세상과 하직하리라 결심하고 갈멜산 기도원으로 향했다. 기도원에 도착해서는 사람들이 안 보이는 산 정상까지 정신없이 정상으로 올라갔다. 죽어도 하나님 가까이 계시는 곳에서 죽고 싶다는 생각으로 기도원을 찾은 것이다. 낭떠러지 절벽을 찾아 걸음을 멈추었다. 더는 갈 곳이 없는 높은 산봉우리, 아찔한 저 아래가 캄캄한 지옥처럼 느껴졌다.

"하나님, 죄송합네다. 이제는 더 이상 자신이 없습네다. 그런데 하나님 아버지, 왜 아버지는 부자이신데 내가 이렇게 벌거벗은 사진이 공개되어야만 돈을 주시려 하십네까? 하나님에게는 3억이 아무것도 아니지 않습네까? 이 일이 무조건 하나님이 원하시고 하나님이 도우시고 하나님이 나에게 주신 사명이라고 생각했는데 이 사진이 공개되는 것이 죽기보다 싫어서 차라리 이 길을 택하려합네다. 하나님 아버지! 불쌍한 우리 아버지 어머니는 어찌 합네까? 하나님밖에는 부탁할 데가 없습네다! 한창 공부해야 하는 사랑하는 아들도 지켜 주시옵소서! 예수그리스도 이름 빌들어 기도를 드립네다. 아멘"

한참 동안 기도하다 보니 기도가 아니라 통곡과 절규였다. 그러다가 또 기도를 했다. 이때 '순영아, 내 딸 순영아!' 하는 소리가 들렸다. 나는 더 크게 소리쳐 울었다. 한참 뒤 정신이 들어 옷소매로 눈물 범벅이 된 얼굴을 닦았다.

'사랑하는 내 딸아, 어서 집으로 내려가라. 부모님과 아들을 버려서는 안 된다.'

강하게 울려오는 그 음성은 분명 하나님 음성이었다. 마음을 추스르고 산에서 기도원 쪽으로 내려와 하룻밤을 자면서 다시 기도를 했다.

'보라 내가 새 일을 행하리니 이제 나타낼 것이라 너희가 그것을 알지 못하겠느냐 반드시 내가 광야에 길을 사막에 강을 내리니'
(이사야43:19)

나는 이 말씀을 받아 안게 되었다. 모든 서러움과 두려움이 씻은 듯이 사라졌다. 부풀어 오르는 감격과 설레는 마음을 품고 기도원에서 돌아왔다. 몇 번이고 자살을 생각했지만, 최후의 순간에 떠오른 장애인 아버지 어머니, 아들과 딸의 모습 때문에 죽을 수조차 없었다. 나는 내가 지켜야 할 식구들과 나의 사명을 생각하며 마음을 다잡았다. 새 일을 행하리라고 하신 말씀 구절을 떠올리면서 희망과 소망 안에서 하나님이 내 앞길을 밝혀주실 그 순간을 기다리고 또 기다렸다. 다시 부모님 곁으로 와서 오직 하나님만 바라보며 사명자의 길을 가리라는 맹세를 다지고 또 다졌다.

간증 집회 요청이 들어 왔다. 지방에 있는 기도원 간증 집회였고 2박 3일 집회였다. 첫날 집회를 마치고 새벽기도를 나갔다. 새벽 기도는 어느새 통곡으로 변했다.

'하나님 아버지, 이 죄인을 용서해 주세요. 어리석었습네다. 지금까지 사람을 바라보고 시작한 모든 일들이 다 헝클어졌습네다. 하나님! 누드 작품이 일본으로 가서 오픈한답네다. 전 세계에 오픈한답네다. 하나님 3억 때문에 벗은 몸 지켜 주시옵소서. 하나님 3억을 하나님의 방법으로 해결해 주시옵소서. 누드가 오픈되지 않게 해주시옵소서. 두렵습네다. 지켜주시옵소서. 하나님 아버지시여!'

이때였다.

'순영아! 사랑하는 내 딸아 두려워하지 말라! 내가 너와 함께 함이니라. 내가 너를 지켜 주리라!'

'아! 하나님이시다! 하나님의 음성이시다!' 그 분이 나에게 두려워하지 말라고 하셨다. 나와 함께 할 것이며 나를 지켜 주신다고 말씀하셨다. 나는 다시 힘과 용기를 얻었다. 이번 2박 3일간의 집회는 힘들어 지쳐 있고 두려워 떨고 있는 나를 위한 집회라는 생각이 강하게 들었다. 그래서 나는 더욱더 힘을 얻게 되었다.

✿ 로이 미디어로 이끄심

남남북녀 찬양팀으로 함께 사역하던 김동철 선교사님이 성도님들이 나의 간증 음반을 많이 찾는다며 간증 음반을 제작하자고 했다. 상계동 근처에 있는 '로이 미디어'를 방문했다. 그때부터 틈만 나면 음반 제작실에 가서 찬양음반을 들었다. 시질 대로 시친 내 마음을 위로 받게 하시려고 집과 가까운 음반회사로 나를 보내셨던 것이디. 이성은 대표외 전옥리 시모님괴 함께 히루도 빼지 않고 작업이 끝나면 새벽 시간까지 기도를 하였다. 기도가 절박한 시기에 하나님은 기도의 용사들과 함께 기도하라고 이곳에 보내신 것이다. 누드 작품이 발표되지 않게 해달라고, 새로운 하나님의 방법으로 해결해 달라고 기도하고 또 기도를 했다. 누드를 기획한 사람들에게 미안한 마음도 들었지만 사람의 생각으로 계획했을지라도 그 발걸음을 인도하시는 분은 오직 여호와시니 아버지께 다 맡긴다고 기도했다.

로이선교회와 함께 몇 달을 기도하는 가운데 하나님을 만난 이야기를 CD로 제작해 보자는 의견이 나왔다. 그 때부터 험난한 세월 속에서 만난 하나님과 인권유린의 현장 속에서 보고 듣고 체험한 기막힌 일을 써내려가기 시작했다. 며칠 동안에 원고 교정까지 끝냈다.

녹음시간은 예약이 다 되어 있어 낮 시간과 이른 저녁 시간에는 내 차례가 돌아오지 않았다. 새벽 1시에 시작한 녹음 작업은 새벽 2시 반에 끝났다. 무려 73분 분량의 간증내용이었는데 하나님의 은혜 가운데 NG 없이 녹음을 마쳤다. 간증 녹음을 끝내자 나는 찬양이 한 곡 들어가면 좋겠다는 생각이 들었다. 평소 좋아하는 찬양 중에서 '나의 하나님' 찬양을 마저 녹음하자고 졸랐다. 그랬더니 로이미디어 이성은 대표님은 이 새벽에 소리가 제대로 나오겠느냐고 걱정했다. 남이 부르는 찬양을 한 번 듣고 시작한 찬양이 '나의 하나님' 녹음작업이었다. 잘하자면 원도 끝도 없겠지만 나는 마음에 들었고 또 이성은 대표님도 OK 하시는 것이었다. 하나님의 은혜와 성령님의 도우심으로 불가능한 일들을 우리는 해냈던 것이다. 드디어 '주순영이 만난 하나님이야기' 간증 음반이 세상에 나왔다. 하나님 은혜로 완성된 간증 음반 출시기념 예배를 사무실에서 간단히 드리기로 했다.

그런데 귀한 간증 음반 출시기념 예배를 우리끼리 조용히 드린다는 것이 너무 서운했다. 하나님께 드리는 첫 선물인데 하는 생각에 맨 먼저 처음 하나님을 만나게 해주신 부평교회 장로님과 아세아 연합신학대학교 CRC 교회성장연구원에서 신학공부를 할 수 있도록 인도해 주신 박형렬 목사님, 여의도순복음교회 북한선교회 권석철 장로님, 북한 민속예술단 대표 주명신 단장, 서평방송 임영선 국장 등 여러 지인들과 목사님들을 불렀다. 조용히 사무실에서 하자고 했던 음반 출시 기념 예배가 상상 밖으로 커져 버렸다. 내외신 방송에서 보도를 해주었다.

2006년 9월 11일 CBS에 '나는 국경보다 더 높은 희망을 넘었다'

가 방송되었고 그때부터 간증 집회사역의 폭이 더 넓어졌다. 하나님께서 믿음의 사람들과 교제를 나누면서 사역을 할 수 있도록 한 걸음한 걸음 사명자의 길로 인도해주셨다. 날이 갈수록 하나님에 대한 감사가 터졌고 나의 신앙이 한 층씩 커가기 시작했다. 로이미디어와 함께 간증 사역을 하게 되었다. 그때부터 쏟아지는 간증 스케줄 속에서도 신학대학원 공부를 병행하며 오직 하나님 일만 해야한다는 생각으로 기쁨이 충만해 있었다.

KBS 〈남북의 창〉에서 기독교 음반 출시 행사를 취재하러 왔다. 모든 일정이 은혜롭게 진행이 되었다. 대한민국에 오기까지 중국 땅에서의 방황과 고난, 그 모든 것들이 하나님의 인도와 기적의 체험 현장이었음을 고백했다. 음반출시 기념 예배는 참으로 은혜롭게 끝났다. 촬영이 끝나자 〈남북의 창〉 취재팀과 감독님은 종교적인 내용이리 TV에 방영되기는 힘들 것 같다며 미안해했다. 그런데 일요일 아침 8시 30분 KBS 〈남북의 창〉에서 나의 음반출시 기념예배 장면과 음반제목, 그들이 촬영한 내용들이 그대로 소개되는 것이 아닌가! 하나님이 하시면 불가능이 없다는 것을 다시금 깨닫게 하는 귀한 시간이었다. 하나님께 드리는 신앙의 첫 선물을 모두와 함께 나누고 싶었는데 그 소원을 헤아리시고 KBS 방송을 통해 세상 모든 사람들에게 〈주순영이 만난 하나님 이야기〉를 널리 알려주셨던 것이다.

감격의 나날이 계속될 줄 알았다. 하지만 탈북자 아저씨 집에서 살고 있는 우리에게 또다시 집을 빼달라는 독촉이 왔다. 위장전입 했다는 관리사무소 독촉과 우리가 나가지 않으면 당장 탈북자 아저씨의 집을 회수하겠다는 것이었다. 참 미안한 일이었다. 이제 부모님을 어디로 모셔가야 할지 막막하기만 했다. 한 달 이내에 집을 비우라니 눈앞이 캄캄했다. 자본주의 사회가 원망스러웠다. 다시 부모님을 모셔야 할 집을 찾아서 탈북자들에게 수소문하다가 고마운 탈북자를 소개받게 되었다. 지방에서 일하느라 집을 자주 비우기 때문에 작은 방을 빌려 주었다. 하지만 그 집에도 오래 살지 못했다.

'하나님 아버지, 미안합네다. 죄송합네다. 집이 필요하다고 울면서 기도했을 때 3일 만에 응답 주시고 집 계약금 600만 원까지 주셨는데 그때 집이 나오지 않아서 기다리다가 돈을 써버렸습네다. 하나님! 다시는 하나님이 쓰라고 주신 돈 다른 일에 쓰지 않을 테니 이제는 제발 집을 주세요!'

참회와 함께 하나님께 기도를 드리면서도 세상 줄과 기도 줄을 잡고 양다리치기를 하고 있었다.

part.8

하나님의 놀라운 기적

시편 111:4
그의 기적을 사람이 기억하게 하셨으니 여호와는
은혜로우시고 자비로우시도다

He has caused his wonders to be remembered;
the LORD is gracious and compassionate.

✿ 동사무소에 빨리 가보아라

　　간증 집회를 정신없이 다니며 복음을 전하다 보니 몇 달이
정신없이 흘렀다. 하나님을 증거하는 사역에만 집중했던 어느 날,
마음이 이상하게 설레었다.

　'딸이, 빨리 동 사무소에 가 보아라!'

　　자꾸만 하나님의 음성이 들려 왔다. 급히 전화를 해서 사회복지 담
당자를 찾았더니 집을 계약하라는 서류를 보냈는데 계약을 안 해 기
간이 끝났다는 것이었다. 사역을 하느라 정신없이 뛰어다니다 보니
서류가 어디로 날아갔는지조차 알 수 없었다. 하나님이 기회를 주셨
지만, 또 집을 놓쳤다. 마음이 다급해져 사정이라도 해볼 심산으로
동사무소 계장님께 전화해 아파트 HS공사 사무실로 전화를 해달라
고 졸랐다. 이미 퇴근 시간이 가까워 업무가 끝나갈 무렵이었다. 이
때 기적이 일어났단다. 2초 후면 다음 순서 계약자에게 아파트가 넘
어가는데 계장님의 전화가 왔다는 것이었다. 두 달 반을 기다려도 연
락이 오지 않아서 막 취소시키고 다른 계약자에게 넘기려던 참이었
다며 놀라워했다. 기적을 체험하고 놀라지 않을 수 없었다.

얼마나 가지고 싶었던 내 집이던가! 180만 원짜리 수급자용 11평 임대아파트지만 하나님께서 나에게 특별히 베풀어 주신 고귀한 사랑의 집이었다. 뿔뿔이 흩어져서 방황하며 흘러다니던 우리 네 식구가 함께 살 공간이 생겼다. 11평짜리 우리 집의 기적을 간증하면 사람들은 식구 넷이 어떻게 11평에서 사느냐며 깜짝 놀랐다.

"집은 좁아도 살 수 있지만, 마음이 좁으면 함께 살기 힘들겠지요?"

아직도 북녘땅에서 오지 못한 가족들 생각하면 네 식구가 먹을거리 걱정 안 하고 사는 것이 너무너무 감사하다.

"하나님, 감사합네다. 남한사회에 와서 이처럼 편하고 행복한 마음은 처음입네다. 사람들이 해준 것은 다 빚이 되고 올가미가 되었지만 하나님은 저에게 아무 조건 없이 사랑을 베풀어 주셨습네다. 당신만을 위해 충성 되게 살겠습네다. 하나님 아버지! 감사합네다."

출근 준비를 서두르고 있는 나에게 아버지가 조심스럽게 말을 꺼내셨다.

"딸아, 엄마를 태워서 바깥 구경 좀 시키고 싶은데 장애인들이 타는 전동차 좀 구해 줄 수 없겠소?"

갑자기 죄송함에 얼굴이 화끈 달아올랐다. 아버지도 다리가 불편하셔서 어머니를 모시고 바깥에 나갈 수가 없었다. 아버지의 말을 듣고 보니 과연 아파트 주변에 전동차를 타는 어르신들이 많이 있었다. 아버지가 그동안 전동차 타는 분들을 보시고 오래전부터 부러웠지만 차마 나에게 말하지 못하다가 오늘 아침엔 큰 맘 먹고 얘기를 하신 것이다. 그런데 어디서 어떻게 구해야 할지 고민하면서 영등포역에 내렸다.

　계단으로 올라가려는 순간 장애인 한 분이 전동차를 타고 엘리베이터 쪽으로 가는 모습이 보였다. 나는 뛰어가서 그분을 도와드리고는 엘리베이터에 함께 타서 전동차에 대해 물어봤다. 300만 원부터 150만 원까지 가격이 다양했다. 생각했던 것보다 가격이 비싸 걱정이 되었다. 그분이 혹시 모르니 명함 있으면 한 장 달라고 했다. 내 명함을 받더니 대동강식당이 잘된다고 소문났던데 왜 걱정하느냐고 했다. 나는 자본주의를 모르고 시작한 사업 때문에 부모님의 돈과 집 다 내놓고 부모님께 장애인 전동차 하나 사드릴 형편이 안 된다는 얘기를 했다.

　일주일 뒤 그분이 장애인 사활협회 행사에 와줄 수 있느냐고 전화했다. 나는 혼자 택시에 음향 기기들을 싣고 행사장으로 갔다. 겨울이어서 밖이 추웠지만, 전동차를 타고 앉아있는 장애인들 앞에서 공연을 했다. 공연이 끝나고 식사를 함께하면서 그날 지하철에서 만났던 그분이 장애인 자활협회 회장님이라는 걸 알았다. 저녁 식사가 끝나고 그분의 안내에 따라 뒷마당으로 나갔다. 거기에는 빨간색, 검은색, 은색 3가지 색깔의 전동 스쿠터가 비닐이 씌워진 채 서 있었다. 그분은 마음에 드는 색깔을 고르라며, 나의 효심에 감동해 선물로 주고 싶다고 했다. 나는 반가움과 고마움에 눈물을 닦으며 감사의 기도를 드렸다.

　"하나님 감사합네다. 아버지의 가슴 아픈 부탁을 듣고 마음속으로 자책하고 있었는데 이 딸에게 장애인 봉사활동의 기회까지 허락하시고 부모님께 효도할 수 있는 기회를 주심에 감사드립네다."

　그때부터 장애인 자활협회와 자매결연을 맺고 장애인 봉사활동에 진심을 다하게 되었다. 장애인 단체 봉사를 다녀오는 날이면 마냥 마음속에 행복이 넘쳤다. 자본주의 수업을 받느라 힘들기도 했지만, 이 자유의 땅에 정착하게 해주신 하나님의 은혜가 너무나 고마워서 연말이면 마지막 한 달은 스케줄을 잡지 않았다. 특히 지난 2007년부터는 한해를 마감하는 12월 한 달은 어려운 이웃들을 찾아 자원봉사 활동을 겸한 공연을 시작하였다.

'네 부모를 공경하라! 그리하면 너의 하나님 나의 여호와가 네게 준 땅에서 네 생명이 길리라.' (출 20:12)

✿ 신유 은사를 주시다

여의도순복음교회 실업인연합회 한 집사님의 소개로 평강 기도원 집회를 가게 되었다. 집회가 시작되었는데도 7명밖에 오지 않았다. 사람들이 좀 늦는 모양이구나 생각하며 찬양을 시작했는데 간증을 시작할 때까지도 더 이상 들어오는 사람들이 없었다. 그런데 수천 명이 모인 집회보다 열기가 더 뜨거웠다. 한참 간증하고 있는데 모두가 눈물을 쏟고 있었다. 이미 성령님이 강하게 역사하고 계셨다. 하나님은 기도원 7명 속에 함께 계시면서 큰 교회건 작은 교회건 진실된 간증을 하게 하셨다. 나는 사람 숫자에 개의치 않고 겸손하고 순수한 마음으로 더욱 열심히 찬양도 하고 연주도 했다. 거의 2시간 정도의 간증이 마무리되었다.

기도원 원장님의 피아노 연주와 은혜로운 찬양 속에 통성기도가 시작되었다. 드디어 내 순서가 되었다. 안수기도 속에서 나는 또다시 하나님 음성을 듣게 되었다.

'사랑하는 딸아 내가 너에게 신유은사와 방언 은사를 주었는데 어찌 그것을 모르고 있느냐? 사랑하는 내 딸아! 내가 너를 지켜주마!'

나는 정신이 번쩍 들었다. 오늘 이렇게 귀한 메시지를 주시려고 이 기도원에 오게 하심을 뒤늦게야 깨달았다.

어머니가 북한에서 떠나실 때보다 남한에 와서 병이 더 심해지셨다. 중국 한국 영사관에 계실 때부터 북에 두고 온 재산이 아까워서 자꾸 북한으로 다시 가겠다고 하여 영사관에 있던 탈북자들을 웃겼다고 한다. 실제로 북한에서 우리 부모님의 삶은 풍족했다. 내가 배우 시절부터 집에 보내준 옷과 쌀 그리고 무역을 하면서부터는 식량을 창고에 가득 쌓아 놓고 살던 분들이었다. 생각할수록 어머니는 기가 막혔을 것이다. 한국에 도착했을 때도 먼저 딸을 보고 기뻐하실 줄 알았는데 당신들의 옷 가방과 짐부터 챙기셨다. 손에서 짐을 놓지 않고 자기 앞에 나타난 사람들을 모두 도둑이라고 생각하고 고래고래 소리를 질렀다. 어느 때는 "북한에서는 창고에 쌀을 쌓아놓고 먹었는데 여기는 쌀이 없어서 어떻게 살겠니? 북한에 가자! 가자! 빨리 가자!"며 울었다. 나도 화가 나 덩달아 소리를 질렀다.

"엄마, 다 잊으세요. 여기서는 필요할 때마다 사다 먹으면 되는데 왜 자꾸 그러세요?"

그때 갑자기 신유은사를 주셨다던 하나님의 말씀이 떠올랐다. 나는 엄마의 머리 위에 손을 얹고 기도하기 시작했다.

"하나님 아버지! 어머니가 지금 치매로 고생하고 있습네다. 어머니를 불쌍히 여겨주시고 엄마를 괴롭히는 사탄을 내쫓아 주시옵소서. 나사렛 예수 그리스도 이름으로 명하노니 이 간사스러운 사탄아 썩 나가라! 엄마를 괴롭히지 말고 썩 나오라!" 이렇게 기도를 하자 엄마는 "너나 나가라"고 하더니 "네 나가겠습네다."하고는 쓰러졌다. 몇 시간 동안 잠을 자고 일어난 어머니는 눈을 번쩍 뜨더니 여기가 어디냐고 했다.

"우리 언제 서울에 왔니? 너는 내 딸 순영이 아니야?"

어머니는 그제야 나를 알아보시고 엉엉 우셨다. 안수기도 할 때 그동안 엄마를 괴롭히던 사탄이 달아난 것이다. 하나님께서 나에게 주신 신유은사를 어머니의 귀신들린 병을 치유하는 것으로 경험케 하셨다. 하나님은 내 손에 능력을 부어 주셨다.

"감사합네다. 하나님! 하나님이 살아 계시어 역사하심을 내가 본 그대로 경험 그대로 가는 곳마다 복음을 증거 하는 사명자가 되겠습네다. 할렐루야!' 아멘"

간증 현장에서 갑자기 신유 간증을 시키실 때가 있다. 신유은사, 예언, 투시 등 집회현장에서 나타나는 기적들을 보면서도 신앙의 연륜이 짧은 나로서는 그것이 무슨 현상인지 잘 알지 못했지만, 성령님께서 주관하시고 기적들을 보여주셨다. 나를 아는 목사님들과 장로님들은 나에게 "하나님이 참으로 귀하게 쓰시는 여종"이라고 하셨다. 전혀 모르는 일이라도 기도하고 집중하면 메시지를 주셔서 알려주시고 내 입으로 말을 하거나 예언하면 그대로 맞아떨어졌다. 목사님들은 하나님이 나에게 예언은사와 투시은사를 주셨기 때문이라고 말씀하셨다. 이렇게 하나하나 알아가는 과정이 나에게는 신비의 세

계셨다. 앞으로 하나님께 더 크게 쓰임 받는 사람이 되려면 겸손해야한다고 말씀해 주시는 목회자님들도 계셨다. 나는 겸손하며 늘 하나님께 순종하는 마음을 간직하기로 결심했다.

어느 교회에 집회를 갔는데 장로님이 나와 이야기를 몇 마디를 나누는 동안 눈물까지 흘리며 고통스럽게 기침을 했다. 나도 모르게 장로님 목에 손을 얹고 기도했다.

"하나님! 하나님의 일꾼이 이렇게 말도 못하게 기침을 하는데 보고만 계시겠습네까? 고쳐주시옵소서. 죽은 나사로도 살리신 그 기적을, 앉은뱅이도 걷게 하신 그 능력을 이 딸의 손에 부어주시옵소서. 나사렛 예수 이름으로 명하노니 장로님 목을 괴롭게 하는 이 기침마귀 사탄아, 썩 나올 지어다! 썩 나올 지어다! 썩 나올 지어다!"

한창 소리 지르는데 장로님의 얼굴이 벌겋게 상기되더니 갑자기 어자 목소리를 내면서 "예, 나가겠습니다."라고 했다. 장로님은 20년동안 유명한 병원이나 약으로도 고치지 못했던 기침병을 성령님의 기적적인 치유 손길로 한순간에 고치게 되었다. 하나님은 부족한 초보 신앙인 나의 손에도 성령의 능력을 부어 주셨던 것이다.

대한민국 정착의 첫발을 내 딛는 순간 우리 북한 탈북자들에게는 수많은 직업적인 유혹이 따른다. 탈북자들은 대개 처음에 다단계, 정수기판매, 보험판매 일을 한다. 식당을 시작했을 때에도 정수기를 사달라거나 보험에 들어달라고 찾아오는 탈북자들이 많았다. 그러면 그들의 청을 들어주지 않을 수 없었다. 여러 날 고심한 끝에 보험을 들어 1년 동안 800만 원 돈을 부었다. 그러다가 식당이 어려움에 처하면서 보험금을 넣지 못했다. 곁에 있던 탈북 동료들이 손해는 좀 보겠지만 어서 보험을 해약하고 돈을 찾으라고 알려 주었다. 우울증과 부모님 병환, 집도 없이 여기저기 방황하며 다니던 내가 무슨 정신이 있었으랴? 그때부터 나는 심장병이 생겼고 화병과 우울증이 더 심해졌다. 병원에 가보니 심장신경증에다가 심한 우울증이라는 병명이 나왔다. 나는 점점 심각한 우울증을 앓았지만 그 상태의 심각성도 느끼지 못한 채 우울증 속에서 세월을 보냈다.

그 와중에도 하나님은 신앙간증 사역을 통하여 나의 병을 조용히 치유시켜 주고 계셨다. 자비로우신 하나님께서는 내가 깨닫지 못하는 사이에 나의 모든 연약함을 치유하시며 사랑의 손길로 아픈 상처를 어루만져 주고 계셨던 것이다.

늦게나마 알아보니 그 돈은 찾을 수도 없고 회복할 수도 없는 돈이었다. 어떻게 대한민국의 그 거대한 보험회사에서 탈북자들의 돈을 약관을 들먹여 가며 강탈할 수 있단 말인가! 내가 보험을 들 때에는 탈북 동료들을 돕는 마음으로 들어 주었다. 계약 당시 약관이 뭔지 듣지도 보지도 않고 들어 놓은 보험이다. 계약 약관은 대한민국 사람들도 거의 잘 보지 않고 든다고 한다. 그런데 약관이니 뭐니 하는 것을 탈북자들이 뭘 알겠는가! 나의 피와 눈물이 담긴 800만 원을 한 푼도 되돌려받지 못했다. 몰아치는 자본주의의 호된 바람에 정신을 차릴 수 없었다.

며칠 동안 찾아가서 애원도 해 보았다. 지금처럼 어려울 때 돌려주신다면 나중에 재기해서 꼭 고객이 되겠다고 사정했다. 역시 얼음보다 차갑고 냉정했다. 지금은 나에게 피도 눈물도 없는 냉혹한 자본주의의 산교육을 시켜준 것에 차라리 감사하고 있다. 앞으로 대한민국에 들어와 자본주의 수업을 받아야 할 새내기 탈북자들은 보험상품에 들기 전에 철저히 알아보아야 한다. 나 같이 억울하게 당하는 사람이 더 이상 나오지 않기를 바라는 마음이다.

❖ 누드 문제가 해결되다

신학 공부와 전문인 선교사 교육을 받으면서 간증 찬양사역을 하고 있던 어느 날이었다. 며칠 후 일본에서 기자회견이 있다고 누드 관련자들로부터 전화가 왔다. 그 전화를 받고 보니 눈앞이 캄캄해졌다. 한창 하나님 일을 하기 시작했는데 누드가 공개된다니 이 일을 어찌한단 말인가? 기도해야 한다는 생각에 정신없이 기도하기 시작했다.

새벽이었다. 잠결에 이상한 소리가 들려 벌떡 자리에서 일어났다. 무슨 말인지 알아들을 수 없는 내용의 메시지, 들리는 소리에 귀를 기울이고 성경을 펼쳤다. 그런데 펼쳐진 성경의 글이 눈에 확 들어온다. 오늘 새벽 나에게 주시는 말씀이라고 생각했다.

'여호와께서 가라사대 나의 종 이사야가 삼 년 동안 벗은 몸과 벗은 발로 행하여 애굽과 구스에 대하여 예표와 기적이 되게 되었느니라.'
(사 20:3)

이 성경 구절을 받고 읽고 또 읽었다. 도무지 이해가 안 되어 목사님들과 아는 선교사님들께 전화를 드렸고 누드기획자 선생께도 전화로 물었다. 모두 다시 연락해 주겠다는 말만 했다. 이때 사람이 아니라 하나님께 물어보자는 생각이 들었다.

'하나님! 죄송합네다. 그런데 이 말씀이 무슨 뜻입네까? 그럼 광야에서 벌거벗고 3년간 복음을 전한 이사야 선지자처럼 사명 감당하라는 뜻입네까? 가까운 하나님의 사람들이 이구동성으로 말하는데 애쓰는 기획자가 불쌍하고 미안해서 여기까지 왔습네다. 쉽게 포기 하지 못하고 이렇게 오래동안 끌고 왔는데 이제 어찌해야 합네까? 네 하나님! 아침 성경 구절에 있는 말씀은 도대체 무슨 뜻입네까? 누드 작품이 일본에서 기자회견을 하고 오픈한답네다. 유료로 작품을 들여다보고 돈을 넣으면 그 돈으로 불쌍한 북한 어린이를 구원하는 역사적인 구원 운동을 한다고 하는데 제가 벗은 몸으로 꼭 나와야 돈이 되고 북한 어린이를 구할 수 있습네까? 꼭 이 방법밖에 없습네까? 하나님, 도와주시옵소서!'

그렇게 새벽에 기도하던 중 성령님의 강한 메시지와 함께 가방 속에 넣고 다니던 작은 메모 수첩을 찾아들었다. 그리고 마음이 가리키는 대로 수첩을 펼쳐 들자 눈에 띄는 전화번호가 하나 있었다. 그 전화번호 주인을 찾아라, 말이 들렸다. 재빨리 전화번호를 눌러 호출했으나 대답이 없었다. 잠시 후 그 번호가 우리 작품에 후원했다는 이 선생이라는 분이 생각났다. 모 방송국에서 프리랜서로 활동하는 분이었다. 몇 개월 전에 기획자로부터 우리 작품에 합류하기로 하고 돈도 후원했으니 고맙다는 전화를 하라고 알려준 번호였다. 두 번 호출해도 신호는 들어가는데 전화를 받지 않는다.

다음날 새벽 기도를 드리고 있는데 어제 하던 전화를 또 하라는 것이었다. 전화를 했으나 안 받아서 조금 있다가 다시 했다. 내 소개를 하자 저쪽에서 무슨 일이냐고 물었다. 누드 작품에 대해 얘기했더니 그 사람이 북한 어린이와 탈북 동포구원 인권운동이라고 해서 후원도 하고 참여하기로 했는데 작품사진을 보고 포기했다는 것이었다. 말을 듣고 보니 정말 부끄럽기도 하고 난감하기 그지없었다.

다음 날 오전 11시 중계동에 있는 식당에서 식사를 하며 대화를 나누게 되었다. 이 선생은 나에게 어떻게 해서 누드작품을 하게 되었는지, 북한에서의 생활과 북한을 떠나게 된 사연, 북한으로 돌아가지 않게 된 이유, 앞으로 대한민국에서의 계획과 인생의 목표 등에 대해서 꼼꼼하게 질문을 하였다. 질문에 대한 대답을 다 듣고 난 이 선생은 나에게 하나님의 특별하신 섭리가 있어 북한에서 훈련받고 중국에서 고난을 받았다며 한국에서의 혼란도 다 공부가 될 거라고 했다.

"거짓은 오래가지 못하지만 진실과 정의는 시간이 흐르면 결국 마지막에 승리하게 되는 것이 진리 아닙니까? 대한민국 사회의 특징은 정의롭고 진실한 사람이 승리할 수 있도록 국민들이 손을 들어주는 참 재미있는 나라입니다. 그리고 돌이켜보면 누드는 하나님의 일을 하는 주선교사님 이미지에 맞지도 않을 뿐 아니라 또 그 방법 보다 더 건전한 방법으로도 많은 일을 할 수 있는데 하나님께서 왜 하필 옷을 벗겨 사람들 앞에서 웃음거리로 만들겠습니까?"

그 말에 더욱 부끄러운 생각이 들었다. 그리고 누드사진이 오픈되면 사역하기 곤란해질 거라고 말해주었다. 이 선생은 그 자리에서 방송 출연 요청을 하면서 나에게 옷을 벗고 가는 일과 하나님 일 중 어느 쪽을 택할 것인가를 물었다. 이때 나는 그 어떤 힘에 이끌리는 듯한 기운을 느끼며 힘찬 대답을 했다.

"당연히 하나님 일이지요. 그런데 성경 이사야 20장 3절 말씀을 읽으면서 누드도 하나님의 일인지 확신이 서지를 않았습네다. 이사야 선지자가 3년 동안 벗은 몸으로 수치를 당하면서 복음을 전했다는 성경구절을 읽게 되어서 지금 고민 중에 있습네다."

"이미 선교사님은 3년 동안 사역을 통하여 누드에 대해 회개하고 있었고 하나님은 새 길을 열어 주고 계십니다."

그 말을 듣고 용기를 냈다. 이 선생은 누드 오픈을 포기하겠다고 하면 기획자 쪽에서 문제 삼지 않겠느냐고 걱정했다. 누드 작품은 계약금도 받지 않았고 내가 대출받은 돈으로 시작한 일이있으니 걱정 안 해도 된다고 말해주었다.

하지만 내 생각과 달리 내가 작품을 포기한 그때부터 싸움이 시작되었다. 누드를 포기하겠다고 하자 기획자는 완전히 딴사람으로 변해 버렸다. 현실은 너무 무서운 곳을 향해 치닫고 있었다. 나는 작품이 세상에 공개되지 않게 해 달라고, 기획자들과 더 이상 나쁜 관계가 되지 않게 해달라고 눈물로 기도를 했다.

내가 누드를 포기하자 그들은 이성을 잃었다. 처음에는 만나서 문제를 해결하려고 했으나 막말을 하며 몰래 핸드폰으로 녹취해서 음해하려 했다. 더는 만나기를 포기하고 하나님께 모든 것을 맡겨 버렸다. 이때부터 휴대폰으로 위로와 격려 문자들이 날아왔다. 나는 그때 한 인간과의 단순한 전쟁이 아니라 영적인 전쟁임을 깨달았다. 기도밖에는 할 수 있는 것은 아무것도 없었다.

방송국에 연락해 방송출연 요청도 거절하고 말았다. 간증집회 초청과 이미 잡혀 있던 집회도 거절하였다. 하지만 집회 취소는 어려웠다. 누드라는 부끄러움과 함께 하나님 영광을 흐리는 죄책감에 정말할 수 없다고 사정하였다. 그랬더니 목사님들은 예수님도 간음 중에 잡힌 여인을 용서하셨는데 하물며 인간이 죄 없는 사람이 어디 있느냐, 다만 드러나지 않았을 뿐이라고 위로해주었다. 그리고 하나님이 쓰시려고 특별히 연단과 환란을 받는 것이라고 말했다. 그러면서 집회에 가서 하나님의 비밀한 일들을 체험해보라고 권했다.

나는 위로의 말씀을 듣고 새 힘을 얻었다. 그때부터 집회요청에 순종했다. 그때 나는 집회와 기도밖에 생각하지 않았다. 어느 날 식당에서 일하던 종업원들에게 전화가 왔다. 빨리 신문을 사서 보라는 것이다. 기가 막힌 기사가 나서 자기들이 항의를 했다며 바보같이 당하고만 있지 말라고 야단법석이었다. 도대체 어느 정도이기에 저렇게 난리들일까?

나도 신문을 보고 까무러치고 말았다. 나의 이야기를 통하여 전말을 알게 된 해당 주간지에서는 미안하다며 사과를 했고 즉시 신문을 통해 반론기사를 냈다. 눈이 뒤집힌 기획자는 급기야 인터넷에 누드 작품을 오픈해 버렸다. 인권으로 포장된 누드사진 유료창 오픈과 탈북자 동호회 게시판에 나를 매도하는 글들이 올라왔다. 모두들 댓글 올리라고 난리들이었다. 내가 컴맹이어서 컴퓨터를 안 본 게 다행이었다. 국내외 언론에서 정신을 차릴 수 없을 만큼 인터뷰 요청이 쏟아졌다. 내가 하겠다 하여 시작된 것이니 어찌 되었건 한번은 겪어야 할 일이었다. 그들의 마음이 충분히 이해가 되었다.

햇수로 3년을 심혈을 기울여 온 일을 오픈 3일 앞두고 갑자기 포기선언을 했으니 아마 죽이고 싶을 만큼 증오했을 것이다. 그렇지만 그 사람들이 다 이해되는 건 아니었다. 그들은 누드 오픈을 안 하겠다고 한순간부터 나를 생매장시킬 셈이었다. 간첩, 창녀, 사기꾼… 견딜 수없는 모욕과 고통들이었다. 어느 인권단체는 광화문에서 누드 사진을 현수막에 올리고 퍼포먼스를 벌였다. 나를 매도하는 기사가 인터넷을 도배했다.

어떤 날은 춘향이처럼 목에 칼까지 차고 광화문 동아일보사 앞에서 사진과 함께 모금함을 걸어 놓고 단식 농성을 하고 있다고 했다. 신앙이 없었더라면 아마 견디지 못했을 것이고 오늘날의 내가 있을 수 없었을 것이다. 오직 기도와 생명의 말씀을 붙잡고 주님께 모든 것을 맡기고 가야만 했다. 서로의 잘잘못을 떠나 같은 탈북자들끼리 물고 뜯는 모습이 한국 사회에 미칠 영향과 열심히 적응하며 살아가는 다른 탈북자들에게 피해를 줄 것 같아 무조건 참았다. 그래서 저들을 불쌍히 여기시고 새 길을 열어 달라고 기도드렸다.

2007년도 다 저물어 가고 있는데 나는 하나님의 역사 하심을 체험했다. 인간의 힘으로 할 수 있는 것은 아무것도 없었다. 간증집회를 통하여 하나님이 나를 훈련시키심을 알았다. 인터넷 검색 1위까지 오른 누드사건과 관련하여 집회가 두 교회에서 취소되었다. 대다수 교회들은 그래서 더 간증을 듣고 싶다며 위로와 격려를 아끼지 않았다. 그리하여 나는 가는 곳마다 하나님이 나와 항상 함께 하심을 알게 되었다.

전국 장로 수련회 간증집회 초청도 반대하는 사람들이 많았다. 초청현장에 나타나서 끈질기게 방해하기도 했다. 하지만 간증이 시작되자 현장은 은혜와 감동으로 물결쳤고 간증이 끝나자 두 번씩이나 다시 올라가 앵콜 간증까지 하게 되었다. 집회가 끝나자 반대했던 분들이 찾아와 격려를 해주며 그 집회 이후, 통합 측 장로님들의 적극적인 추천하에 전국교회 집회초청이 쉴 새 없이 들어왔다. 너무 많은 간증집회로 하여 과로로 현장에서 쓰러지기도 했다. 나는 나에게 신양훈련을 주고 계시는 하나님의 섭리와 계획을 점차 깨달아가기 시작하였다.

누드를 기획했던 사람들에 대한 원망이 감사로 변하였다. 누드 때문에 하나님께 무릎 꿇고 세상일 다 포기하고 오직 하나님의 사역에 순종하는 길을 걷게 되었다. 나로 인하여 상처받은 영혼들을 긍휼히 여겨 주시고 물질 때문에 다시는 시험 들지 않게 저들에게도 건전한 정신을 허락해 달라고 기도드렸다.

'내가 네게 명한 것이 아니냐! 강하고 담대 하라, 두려워하지 말며 놀라지 말라. 네가 어디로 가든지 네 하나님 야훼가 너와 함께 하시느니라.' (수 1 : 9)

✿ 하나님이 지켜주시는 가족

하나님의 기적의 도우심으로 집을 받고 계약은 했으나 집에 들여 놓을 가구가 없었다. 돈도 없으니 가구를 살 형편이 못 되었다. 짐부터 날라다 놓으려고 집 청소를 하고 아파트 쪽으로 내려와 마당을 걷다가 우뚝 걸음을 멈추었다. 새 장롱이 놓여 있었다. 장롱 문을 열어 보았다. 그런데 이불장 문을 열다가 소스라치며 놀랐다. 그 안에는 '두려워 말라, 내가 너와 함께 하리라' 라고 쓴 액자가 있었다. 고난과 시련의 나날들 속에 언제나 함께해 주신 말씀이었다. 말씀 액자를 덥석 꺼내 안고 울고 또 울었다. 이불장, 양복장, 책장,

액자 말씀과 함께 우리 집으로 옮겨졌다. 집과 함께 하나님은 가구까지 예비해 놓으셨던 것이었다. 나는 이런 하나님을 아버지라고 부르는 딸이 된 것에 무한 감사를 드리며 그 하나님을 만난 기적의 체험자, 복음의 증인으로 쓰임 받는 것에 대한 감사가 아낌없이 터져 나왔다.

'그가 우리를 위하여 목숨을 버리셨으니 이로써 우리가 사랑을 알고 우리도 형제를 위하여 목숨을 버리는 것이 마땅하니라.' (요한1서 3:16)

집회현장에서 피아노로 하나님을 찬양하는 딸 또래 애들만 보면 목이 꽉 메면서 눈물이 나왔다. 지금 내 딸은 얼마나 컸을까? 얼굴은 곱게 번졌을까? 혹시 배고픈 고생은 안 할까? 손풍금은 계속 배우고 있을까? 엄마를 그리워할까? 나를 원망할까? 그날 따라 집회 현장에서 만난 청년들을 보며 문득 딸 생각이 더욱 간절히 나서 집으로 돌아오며 차 안에서 딸의 목소리라도 한번 듣게 해달라고 기도드렸다. 여러 차례 중국 조선족들을 시켜 딸과 남편을 데리러 보냈지만 자기가 떠나면 시집 일가가 다 위험에 처할 수 있으니 때가 아닌 것 같다고 하더라는 것이다. 그러면 딸만이라도 보내라고 또다시 사람들을 보냈지만 남편이 딸은 자기가 키운다며 보내지 않겠다고 했다. 너무 야속했다.

이후 몇 차례 시도 하다가 포기하고 말았다. 세상 속에서 정신없이 바쁠 때 식당 운영하느라 종업원들의 월급을 만들어 주느라 언제 딸을 챙길 생각도 까맣게 잊고 살았던 것이다. 그런데 세상일을 다 접고 하나님 일만 하면서 교회들에 가면 그 어느 교회들에서나 딸 현희 모습이 어른거리는 것이다. 그래서 다시 기도를 시작한 지 3일째 되는 날, 이른 아침 이른 새벽 갑자기 핸드폰 벨이 울렸다. 중국전화로 북한 두만강 쪽에서 비밀리에 거는 전화였다. 현희의 전화번호를 알려줄 테니 그쪽에다 전화를 빨리 하라는 것이었다. 심장이 너무 떨려서 멎어 버릴 것만 같았다. 마음을 가까스로 진정하고 떨리는 손으로 겨우 번호를 누르고 통화 버튼을 눌렀다. 신호가 울렸고 남자 목소리가 들렸다.

"북한 보위부가 전화를 탐지하기 위해 혈안이 돼 있슴다. 전파 장애두 심함다. 몇 마디 못하고 전화가 끊길 수도 있으니까 빨리빨리 말하시오! 될수록 이름은 부르지 마시오."

7년 만에 하는 딸과의 전화 통화였다. 첫 북송 때 무산에서 정부교환을 통해 들었던 딸의 그때 그 목소리일까? 그런데 이름을 될수록 부르지 말라니 참으로 넌짐했다. 그동안 일마나 깄는지? 어떻게 실아왔는지? 너무도 묻고 싶은 말이 많았다.

"여보세요! 나야! 나! 엄마야, 엄마!"

하지만 저쪽에선 한참 말이 없고 숨소리만 들린다. 난 너무 조급한 나머지 이름을 부르지 말라던 당부를 까맣게 잊은 채 현희를 불렀다. 떨리고 긴장된 목소리로 나는 조급히 딸 이름을 또 불렀다. 그런데도 한참 동안 아무 말 없이 또다시 침묵이 흐른다. 다시 딸의 이름을 부르자 "야! 빨리 대답해라! 빨리 말해라."라며 남자가 다그치는 목소리가 들렸다. 그제서야 나지막하게 어머니라고 불렀다. 남한에 오기 전. 전화 통할 때 그 목소리가 아니었다. 이젠 너무 성숙해진 딸의 목소리 목소리만 들어도 감사했다. 현희야 미안하다, 엄마 보고 싶어요, 둘이 얼마나 울부짖었는지 모른다. 집에 먹을 건 있는지 물으니 할머니와 큰아버지가 굶어서 죽었고 아버지가 많이 아프다고 했다. 심장이 멎는 것만 같은 통증이 느꼈다. 내 옷이라도 팔아서 양식을 마련하지 그랬냐고 하자 재산은 이미 다 팔아서 식량을 사 먹었고 내 옷은 아버지가 건드리지 말라고 했다는 것이었다. 현희는 너무 보고 싶다며 빨리 오면 안되냐고 했다. 흐느끼는 딸의 목소리에 또 가슴이 찢어졌다. 손풍금(아키디언)은 하고 있냐고 묻자 현희는 손풍금을 강냉이로 바꿔 먹은지 오래되었다고 했다. 아버지도 많이 아픈데 약도 사 먹지 못한다며 빨리 돌아와서 같이 살자고 했다. 지원물품을 보내겠다는 얘기를 하는 도중에 전화가 끊어졌다. 딸이 살아있다는 것과 목소리라도 듣게 해달라는 기도에 응답해 주신 것에 감사를 드렸다.

그 후 중국을 통하여 돈과 쌀과 약품을 보냈지만, 이후에 들려온 소식은 남편은 저세상 사람이 되었고, 딸 현희도 더는 연락이 되지 않았다. '어디서 헤매고 있을까? 사랑하는 딸, 현희는 얼마나 못난 이 엄마를 원망하고 있을까?' 하지만 나의 하나님은 딸, 현희를 축복의 땅으로 인도해 주어 엄마와 함께 하나님의 찬양 사역자로 키워주실거라 믿는다.

'너희는 내게 부르짖으며 와서 내게 기도하면 내가 너희를 들을 것이요 너희가 진심으로 나를 찾고 찾으면 나를 만나리라.' (렘 29:12-13)

아들의 학교 성적은 꼴찌였다. 하지만 한창 식당을 운영하느라 아들을 돌볼 시간이 없었다. 몇 번이나 떨어져 살다가 다시 합치길 반복했는데 고등학교 3학년이 되었을 때 아들의 성적이 최우수로 향상되었다. 힘든 가운데서도 아들을 반듯하게 자랄 수 있도록 지켜주시고 키워주신 하나님께 감사했다. 내가 사역의 길을 걸을 때 하나님께서 아들을 지켜주신 것이다. 고등학교 졸업식 날 아들은 표창은 자기가 받은 것 같다며 쑥스러워했다.

그런데 다섯 군데 대학에 입학원서를 넣었다가 다 떨어지고 말았다. 양평대학 박형렬 교수님이 아들 소식을 물었다. 대학에 떨어졌다고 하자 아들을 영현교회로 데려오라고 하셨다. 자신이 탈북자인 게 알려질까 봐 나를 학교에 못 오게 하던 명수는 내말에 선뜻 따라나섰다. 아들은 박형렬 교수님과 상담한 지 10분도 안 되어 외국유학을 결심하고 성경책을 영어로 필사했다. 세상에서 방황하다가 다시 하나님 아버지 잎에 무릎 꿇고 딩신의 일을 하겠다고 한 그때부터는 모든 것을 책임지고 인도해 주셨던 것이다. 아들도 하나님의 일꾼 되기를 사모하며 기도를 하는데 방학에 한국에 다니러 온 아들이 목사가 되겠다고 해서 니무 기뻤다.

사역을 하느라 정신이 없어 부모님을 돌볼 시간이 없었다. 좋은 간병인을 보내달라고 기도하는 가운데 4일째 되는 날 새생명 요양보호센터에서 장애인들을 돌봐주는 요양사를 파견하겠다는 연락이 왔다. 나의 기도에 응답 주시는 하나님의 사랑을 체험하면서 나는 사역현장으로 달리고 또 달렸다. 우리 집에 배치된 요양보호사는 신앙인이었다. 내 부모님을 지극 정성으로 돌보았다. 더구나 부모님을 위해 기도하면서 구원의 확신을 심어주었다.

어느 날 아버지가 쓰러지셨다. 요양사가 낮에 병원에 모시고 가 검사해 보니 결핵이고 지금 당장 병원에 입원시키라는 것이다. 아버지는 자신이 없으면 어머니는 누가 돌보냐며 집에서 떠날 수 없다며 고

짐을 부렸다. 약도 필요 없다며 드시지 않으셨다.

하는 수 없이 나는 병원에 가서 아버지 촬영 필름과 함께 의사 선생님의 설명을 듣게 되었다. 석 달은 입원해야 하며 잘못해서 전염성으로 넘어가면 큰일 난다는 진단이었다. 아버지에게 입원하라고 설득했지만, 화만 냈다. 약을 먹으면 더 못 살고 죽는다며 약도 거부했다. 이때 '빨리 머리에 손을 얹어라' 라는 소리가 들렸다. 정신이 번쩍 들어 아버지 머리에 손을 올려놓고 기도를 시작했다.

"죽은 나사로를 살리신 예수님! 지금 이 순간 예수님의 능력이 이 딸의 손에 임하실줄 믿습니다, 나사렛 예수님 이름으로 명하노니 아버지를 괴롭히며 쓰러뜨려 하나님의 사역을 방해하려는 사악한 결핵 병마는 떠나갈 찌어라. 썩 물러가라. 아버지 몸에서 떠나가라, 흔적도 없이 다 떠나갈 찌어다, 하나님!아버지 병 고침을 통해 영광 받으시오며 이 딸에게 간증 할 수 있는 기적을 보여 주시옵소서! 예수 그리스도 이름 받들어 기도를 드리옵네다. 아멘"

기도가 끝나기 바쁘게 아버지가 피 같은 것을 토하고 바지에 오줌을 싸며 쓰러지셨다. 아버지가 돌아가시는 줄 알고 깜짝 놀랐다. 울면서 죽은 듯이 가만히 있는 아버지 바지를 벗기고 기저귀를 채워드렸다. 바지와 팬티가 말이 아니었다. 아버지의 임종을 기다리면서 하나님께 기적을 간구하며 기도를 드리기 시작했다.

한참을 기도하다가 겁이 나서 교회 목사님과 장로님께 전화를 했다. 전화를 받고 급히 장로님이 도착했다. 그런데 아버지가 토하신 피묻은 옷들을 갈아 입혀 드리는데 장로님이 피가 이상 하다고 말했다. 옷을 살펴보니 피가 아닌 피 색깔의 가루 같은 것이 묻어 있었다. 아버지가 편히 숨을 쉬며 누워 계시는 것을 보며 장로님은 고비를 넘기신 것 같다고, 하나님이 기적을 보여주셨다고 확신 있게 말씀하셨다.

정말 다음 날 아침 아버지는 아무 일 없으신 듯 일어나 배고프다며 밥을 달라고 하셨다. 세상에 태어나서 이렇게 밥이 맛있는 줄 처음 알았다면서 맛있게 드셨다. 부모님의 병을 통하여 훈련시키는 하나님을 다시 한번 깨닫는 기적을 체험했다. 아버지를 모시고 가서 병원에서 정밀 검사를 해 보았다. 약간 흔적이 남아 있을 뿐 아버지의 병은 완전히 치유되었다고 했다. 이 모든 것은 하나님의 참된 자녀들이 누리며 체험할 수 있는 특별한 축복과 은혜임을 나는 심장으로 체험하였다.

❖ 사역의 현장에서

'일어나 빛을 발하라 이는 네 빛이 이르렀고 여호와의 영광이
네 위에 임하였음이니라.' (사 60:1)

이 말씀을 나는 간증사역 현장에서 받아 안게 되었다. 언제나 죄책감에서 살아가던 나에게 하나님은 간증현장에서 이 말씀을 주시는 것이었다. 어느 날 새벽에 주신 '너는 세상의 빛이 되고 소금이 되라'는 말씀도 심장 깊이 받아 안았다.

간증집회를 다닐 때 성령충만, 은혜충만, 말씀충만한 교회가 많아 은혜를 받았다. 그중에서 김해 장유에 있는 소금과 빛 교회를 잊을

수 없다. 그 교회에 두 번이나 갔는데 갈 때마다 목사님이 안 보이는 것이었다. 나중에 알고 보니 열심히 하는 사람들이 드러나야 한다며 늘 자신을 숨겼기 때문이었다.

김해 장유에 있는 연세 힐라치과병원도 기억에 남는다. 원장님부터 전 직원이 소금과 빛 교회 성도님이었다. 병원 수익금을 모두 교회를 섬기는 데 쓰고 소외된 지역 주민들과 빈곤 계층들을 돕는 데 쓴다고 했다. 신동은 원장님은 병원 수입으로 서울에서 공부하는 자식을 부양하는 것이 하나님께 너무 죄송하다고 했다. 참 놀라운 말이었다.

그 교회 교인들도 하나같이 사랑이 넘쳐 마치 고향처럼 푸근했다. 아들이 방학이 되어 서울에 왔다. 오랜만에 돌아온 아들에게 해주고 싶은 것인들 얼마나 많으랴! 그런데 치아가 다 썩어서 치료가 시급했다. 연세힐라치과에서 선교사역에 동참하는 북한선교회 선교사들에게 임플란트를 무상으로 치료해주었다. 그토록 사람들 앞에 나서기 싫어하던 명수는 치아를 치료받고 그 교회 청소년들 앞에서 간증을 하게 되었다. 세상에서 소금과 빛의 참된 사명을 감당해 나가고 있는 소금과 빛 교회의 참된 모습에 큰 감동을 받았다.

하나님께서는 강남 청운교회 간증집회 현장에서 요셉 오라버니를 만나게 해주셨고 그를 통하여 찬양 사역에 필요한 음향 기재를 구입하여 문화예술센터에 기증하게 하셨다. 한민족문화선교센터에 음향 기재를 세팅하여 놓고 한 달에 한 번씩 드리는 남북 찬양예배와 공연을 통해 하나님께 영광의 찬양을 드리게 되어 얼마나 행복한지 마냥 즐거웠다. 음향 장비를 놓고 기도 한지 이틀 만에 응답으로 오라버니를 만나게 해주신 하나님! 문화예술선교센터를 주신 하나님께 감사의 기도를 드리면서 또 기도 제목을 말씀드렸다.

"하나님 문화예술 선교센터에 피아노와 연주자도 꼭 필요하오니 하나님이 알아서 보내주실 줄 굳게 믿겠습네다.!"

이날 기도 모임에 요셉 오라버니가 소개 시켜주신 주혜란 언니가 있다. 내가 눈물로 하는 통성기도를 언니가 엿듣게 하시었다. 그 언니가 바로 그레이스힐종합검진센터 주혜란 원장님이다. 언니의 마음을 움직여 별장 피아노를 즉시 센터로 옮겨놓도록 하셨다. 반주자도 함께 원했던 나의 기도가 응답되어 언니가 직접 반주를 해주었다. 이미 한 달 전에 잡혀 있던 병원 직원들의 워크샵 스케줄에 펑크를 내시이 주일 찬양예배 연주를 직접 해주신 깃이다. 그때부터 주 빅사 언니는 나의 간증 집회 현장마다 함께 가서 피아노로 하나님을 찬양 연주하며 봉사를 하고 있으며 탈북자들의 주치의사로 우리 부모님의 담당 주치의사로 봉사하고 있다.

진정 하나님의 일만 열심히 하니 모든 것을 하나님이 책임져 주시며 그것도 사람을 통해 역사하시는 하나님은 꼭 필요한 사람들을 그때그때 마다 보내주시어 해결해 주시고 계신다.

〈평양학생소년궁전〉 자리가 바로 100년 전 평양부흥의 불길이 세차게 타 번졌다는 장대현교회 자리라는 것을 알고 얼마나 놀랐던가? 평양학생 축전행사 때마다 우리는 거기서 '세상에 부럼 없어라' 를 노래하였고 '우리의 아버진 김일성 원수님' '우리의 집은 당의 품' 이라고 행복에 겨워 노래하지 않았던가? 나는 노래와 화술을 하느라 바이올린을 정식으로 배울 시간이 없었다. 남이 켜는 걸 보며 조금 흥

내 내는 정도였다. 중국의 어느 작은 교회에서 먼지 끼고 줄이 하나 없는 작은 바이올린을 발견했다. 덥석 잡고 어깨 위에 얹고 피아노 선율을 따라가려니 너무나도 기가 막힌 선율이 울려 나오는 것이다.

지금도 나는 간증사역 현장에서 늘 기적을 체험하곤 한다. 연습을 전혀 하지 않아도 간증 도중에 405장을 연주하겠다고 하고 나면 연주는 잘된다. 그런데 눈을 감아야만 손가락이 돌아가고 눈을 뜨면 손가락이 멈추어 선다. 한번은 이런 일이 있었다. 연습도 전혀 하지 않고 연주하는 것이 하나님께 죄송하여 피아노에 맞추어 연습을 하였다. 그리고 자신 있게 간증을 하다 중간쯤에 연주하겠다고 하고는 연주를 시작하였는데 실수투성이였다. 그 후부터 연습 없이 기도만 하고 성령님께 모든 것을 다 맡겨버렸다. 그러면 참으로 놀라운 기적의 연주를 하게 된다.

또 한 번은 서울 근교 어느 교회 간증집회 시작하기 전에 어린 남학생이 어머니의 피아노 반주에 맞추어 첼로를 연주하는데 그 소리가 나의 심금을 울리는 것이었다. 집회가 끝난 후 첼리스트 아들이 기념 촬영을 부탁하여 사진을 찍고 첼로가격을 물어보았다. 2억 원이 좀 넘는다는 말에 깜짝 놀랐다. 소년의 어머니는 내 바이올린도 소리가 좋던데 얼마짜리인지 물었다. 12만 원짜리 연습용이라는 말을 하는데 부끄러운 생각이 들었다. 하나님께 제일 좋은 악기로 영광의 찬양을 드려야 할 내가 너무 성의와 정성이 없다고 생각하여 비싼 바이올린을 달라고 기도드렸다.

그때로부터 5일이 지난 어느 날 오전 10시 핸드폰 전화 벨소리가 요란하게 울렸다. 낙원상가의 하모니 악기점인데 좀 와달라는 것이었다. 사장님이신 이일재 장로님이 2,000만 원짜리 스위스제 바이올린을 내놓으시며 마음껏 하나님을 찬양하라는 것이다. 놀라지 않을 수가 없었다. 5일 만에 응답 주신 것이었다. 그때 아주 중요한 것을 깨달았다. 우리의 기도는 아주 구체적이고 정확해야 한다는 것을 깨달았다. 비싼 것을 달라고 기도를 했지 소리도 아주 부드럽고 소리 잘 나는 것을 달라고 기도를 하지 못했던 것이었다.

part.9

사명자의 길

누가복음 9:57
길 가실 때에 어떤 사람이 여짜오되 어디로 가시든지
나는 따르리이다

As they were walking along the road, a man said to
him, "I will follow you wherever you go.

❖ 찬양공간이 없다

  북녘땅의 잊혀져간 교회들을 복원하는 것이 우리들의 사명이다. 100년 전 동방의 예루살렘이라고 불리었던 저 평양에 장대현교회가 서 있던 장대재 언덕에는 지금 평양 학생소년 궁전과 김일성 동상이 시 있다. 아무깃도 모르던 어린 시절 나는 평양 학생소년 궁전 무대에서 김일성을 찬양했다. 무너진 교회들을 세우는 것도 바로 우리가 해야 할 역사적인 사명이다.

  그동안 간증사역 훈련을 시키시면서 하나님께서는 나에게 가능성을 보여 주셨다. 참으로 크고 아름다운 교회들은 많았다. 그러나 창조주이신 하나님 아버지를 찬양하는 '찬양 공간' 은 그 어디에도 없었다. 북한에는 김일성을 찬양하는 대형 공연장이 즐비하다. 〈만수대 예술극장〉 〈동 평양 대극장〉 〈평양 대극장〉 〈모란봉 예술극장〉 〈4.25 예술극장〉 〈봉화예술극장〉 〈5 · 1경기장〉 〈10만 명 '아리랑' 집단체조 장소〉 〈피바다 극장〉 〈국립연극극장〉 등 평양시 중심에는 물론이고 각 구역마다 셀 수 없이 많다. 지방 도시마다 대형극장이 있어야 하고 자그마한 소재지까지 '문화 회관' 이라는 이름으로 우상 찬양극장들이 들어서 있다. 도시마다 우선 '김일성 찬양 극장'이 설계되지 않고서는 아예 도시가 될 수 없었다.

창조주 하나님을 아버지라고 부르는 자녀들이 살아가는 이 땅에 하나님 아버지를 찬양하는 변변한 '찬양극장' 하나 찾아 볼 수 없다는 것이 도무지 이해할 수 없었다. 나는 간증집회 현장을 순회하면서 하나님의 찬양공간이 없는 것에 대해 하나님께서 얼마나 섭섭하고 서운하실까 생각하며 기도를 하곤 하였다. 그러던 어느 날 한참 간증을 진행하고 있는데 '딸아, 그 일을 네가 하여라. 내가 도우리라! 내가 너와 함께 하겠느니라!' 라는 음성이 들려왔다.

하나님 음성임을 깨닫는 그 순간 그 말씀이 하나님이 나를 통해 이루시려는 지상의 명령으로 알고 그 자리에서 선포하였다. 그 비전에 대한 선포의 말씀을 듣던 성도님들은 성전이 떠나갈 듯이 박수를 쳤다. 여러분들께서도 하나님께서 주신 '선교 비전'의 실현을 위해 함께 기도해 주실 줄 믿는다. 이것이 나의 첫 번째 선교 비전이다.

다음은 두 번째 선교비전은 '영적 이스라엘'로 불리는 이 나라 이 땅에 '한민족 문화예술 대성전'을 세워 100년 전 동방의 예루살렘이라 불리며 성령의 불길이 찬연히 타올랐던 그날의 역사를 다시 복원하길 바라며 또 그것은 하나님의 뜻을 이루는 것이라 생각한다. 그리고 이 땅에 '세계기독교 문화성지'를 세워 지구촌 모든 사람들이 이 땅으로 찾아와서 성지를 순례하며 기독교 역사와 문화를 배우게 되기를 바란다.

사람으로서는 할 수 없으되 하나님은 하실 수 있다. 믿음은 바라는 것들의 실상이요, 보지 못하는 것들의 증거라고 하지 않았는가? 한민족 문화 예술 대성전, 세계기독교문화성지는 나의 '선교 비전'이자 하나님 아버지의 지상명령, 우리 대한민국 기독교인들 모두의 비전임을 의심치 않는다.

이 두 가지 꿈이 현실로 이루어지는 날 우리 앞에는 비로소 통일 시대가 열리게 될 것이다. 1세기는 문화 사역으로 이 나라 이 민족을 복음으로 통일하여야 할 역사적 사명이 바로 우리들 모두에게 있다. 언제나 하나님이 함께 하심을 믿고 나아갈 때 우리는 백전백승 할 수 있을 것이다. 나는 그 어려운 연단 과정 속에서 하나님이 함께 하심만 믿는다면 두려울 것이 없다는 것을 심장으로 깨달았다. 훈련 없는 군사가 없듯이 연단도 없이 천국 건설을 하는 사명자의 길을 어찌 걸어갈 수 있으랴? 하나님을 만나고 나서부터 중국과 대한민국에서 그 야말로 '특수훈련' 과정을 마쳤다.

모든 사람들은 하나님께로부터 와서 하나님께로 돌아간다. 우리는 늘 주님 만날 준비, 예물준비, 보고서 준비를 해야 한다. 이 준비는 두려움 없이 기쁨으로 불안 대신 안식으로 해야 할 것이다. 사랑하는 신랑을 맞이하는 신부처럼 그 연습이 바로 북한사람 만날 준비요 탈북자들을 만날 준비가 아닐까? 왜냐하면 우리 주님은 이 땅에 오실 때 가장 초라한 모습으로 오실 수도 있기 때문이다.

'너는 사망으로 끌려가는 자를 건져 주며 살육 당하게 된 자를 구원하지 않으려 하지 말라, 내가 말하기를 나는 그것을 알지 못하였노라 할지라도 마음을 저울질 하시는 이가 어찌 통찰 하지 못하겠으며 네 영혼을 지키시는 이가 어찌 알지 못하겠느냐 그가 각 사람의 행위대로 보응 하시로다.' (잠24: 11-12)

✿ 북한의 형제들을 돕자

　　두만강 건너 북조선 쪽에서 여기 중국 쪽을 바라보는 사람들을 왜가리부대라고 부른다. 구제를 기다리느라 목이 한발씩 늘어났기 때문이다. 나는 식당에 오는 조선족 손님들 중 조선에 친척 있는 사람들을 찾아내서 그들에게 증명서 발급하는 경비부터 일체 다 보장해 주며 그들에게 먹을 것 입을 것을 한 트럭씩 준비시켜 북조선으로 내보내기 시작하였다. 어떤 조선족들은 누가 알아준다고 남좋은 일만 시키느냐고 했다. 누가 알아주길 바라서가 아니라 이렇게라도 죽어가는 사람들을 살릴 수 있으면 좋겠다는 생각에서 한 것이다.

　　그때부터 나의 부탁으로 북조선 친척방문과 무역출장을 갔다 온 조선족 많은 분들께 진심으로 감사의 인사를 드린다. 한 번씩 조선에 갔다오면 다들 이렇게 투덜댔다.

　　"어쩌면 자기네 나라 사람들에게 그냥 가져다주는 지원 물자도 받아들이기 힘들어 하는지 이해가 안돼요. 세관에서 시간을 질질 끌고 또 좋은 물건은 회수해서는 자기들이 가집니다."

　　그런 말을 들을 때 얼굴이 뜨거웠다. 한 번씩 갔다 온 사람들은 다시는 보낼 수 없었다. 짐 검사와 몸 검사를 심하게 해서 다시는 가지 않으려고 하기 때문이다. 지금 생각해 보니 성경책을 찾기 위해 그랬던 것 같다.

　　예술단 선배 언니가 중국 친척방문을 마치고 나올 때 재미있는 책을 하나 넣었다가 세관검사에서 발견되어 반년 동안 보위부 감옥에서 죽을 고생을 했다. 후유증으로 얼마 안 가 죽었다. 아마도 성경책이 아니었나 싶다.

한번은 북한에서 온 한 남자를 식당에서 만나게 되었다. 그는 한국 선교사를 만났는데 자기더러 성경책을 가지고 북한으로 들어가라고 시켰다는 것이다. 성경을 가지고 북한에 들어가서 복음을 전하며 하나님에 대한 사상을 침투시키라고 하였다는 것이다. 그건 북한으로 들어가 죽으라는 소리나 다름없어 성경책과 100달러를 가지고 북한으로 가다가 도로 왔다고 했다. 북으로 못 간다고 왜 거짓말을 했느냐고 물었더니 공포에 질린 눈빛으로 그렇지 않으면 돈을 주지 않으니 먹고 살려고 그랬다고 했다.

그 남자는 선교사들이 100달러를 주면서 두만강까지 데려나 주었다고 했다. 성경책이 들어있는 가방과 돈을 끌어안고 두만강으로 걸어 들어가자 남한 선교사들이 강기에 서서 계속 지켜보고 있었다고 한다. 청년은 그들이 차 타고 떠나가기만을 기다리며 강물 안에서 시간을 끌고 있는데 저쪽 북한 쪽에서 요란한 소리가 들려 물속에 머리를 박고 있었다고 한다. 그제야 선교사들이 타고 온 차가 떠나는 소리가 나더라는 것이다. 남한 선교사들이 돌아가는 것을 확인하고 나서야 그는 중국 쪽으로 헤엄쳐 나오면서 성경책을 물에 처넣었다고 한다. 그래서 두만강에 들어서면 밟히는 게 성경책이라고 한다.

북한을 떠난 사람들 가운데서 북한으로 다시 들어갈 수 있는 사람은 보위부 스파이들뿐이다. 그것은 탈북자들을 사지로 들어가라고 강요하는 것일 뿐 진정한 북한 선교가 아니다. 내 목숨이 아까우면 남의 목숨도 아까운 것이다. 저들은 그 땅에서 도저히 살아갈 수 없어 북한 땅을 도망쳐 온 사람들이다. 차라리 성경공부를 시켜 입국

비용을 대주며 대한민국으로 데려오는 것이 진정으로 도와주는 것이 아닐까?

　북한 예술단원들은 중국에서 공연을 하며 외화벌이를 하고 있다. 그러나 이것도 한계가 있다. 중국 쪽에서 초청을 해야 하는데 사실 이제 북한공연은 별로 보려고 하지 않는다. 하지만 우리가 북한을 지원하는 마음을 가지고 있다면 이들의 공연도 보장해 주는 것이 선교이며 시원이다. 북한 선교와 지원은 여러 가지 방면으로 진행되어야 한다.

　내가 중국에서 식당을 운영하고 있던 당시 중국 연변에 북한 국립 예술단 공연이 초청되어 왔다. 얼마나 보고 싶던 얼굴들인가, 나는 그들이 머무르는 숙소부터 알아보았다. 연길 고려호텔이었다. 나는 영업하다 말고 호텔로 달려갔다. 엘리베이터에 들어서는 순간 반가운 얼굴들이 보여 "안녕하세요. 반갑습네다."하고 인사했다. 그들은 얼떨떨한 표정으로 반갑습니다하고 인사를 받았다. 내 얼굴이 바뀌어 알아보지 못한 것이다.

　다음 날 저녁에 식당에서 일하는 종업원들을 데리고 탈북자 동생들을 데리고 공연관람을 갔다. 드디어 공연이 시작되었다. 소개자의 소개로 시작된 첫 번째 순서인 합창공연은 나의 심장을 쾅쾅 망치로 치는 듯한 격정을 일으키게 했다.

　동생들은 관객들 속에 앉아 눈물을 흘리면서 보고 있는데 소개자는 나의 후배 영실이었다. 사촌 언니 남편인 형부가 '군밤타령'을 노래하면서 1절이 끝나자 무대 아래 객석으로 내려와서 관객들과 악수를 했다. 드디어 내 앞까지 다가왔다. 벌떡 일어나 인사를 했지만 나를 몰라봤다.

1시간 20분 공연이 어떻게 끝났는지 모른다. 북한공연 팀이 머물러 있는 무대 옆으로 가서는 다짜고짜로 "영실아"하고 불렀다. 영실이는 어리둥절하다가 내 목소리를 듣고 나를 알아차렸다. 내가 죽었다는 소문을 들었다며 영실이는 눈물을 흘리면서 반가워했다. 다른 배우들이 알까봐 조용한 무대 뒤로 옮겨가서 대화를 나누었다. 영실이는 내 남편이 내가 죽은 줄 알고 다른 여자와 결혼해서 잘살고 있다고 했다. 나는 정신이 혼미해짐을 느꼈다. 돈을 많이 벌어서 언젠가는 가야 할 그날만을 기다리면서 신변안전을 위해 얼굴까지 변신하고 일하고 있는데 너무나도 가슴 아픈 소식이었다. 울어야 할지 어찌 해야 할지 아무 생각이 나지 않았다. 영실이는 사촌 언니 남편을 데리고 왔다. 달라진 얼굴의 나를 어색해하면서도 아저씨는 친척들의 소식을 전해주었다. 시간이 없이 급히게 내 전화번호를 써서 주고는 헤어졌다.

동북삼성 1개월 순회공연 일정이었던 것이다. 그렇게 서운하게 헤어져 와서는 동생들에게 예술단이 돌아갈 때 지원물자를 보내자고 했다. 공연이 끝났을 때 지원물자들을 차에 싣고 예림이와 중국조선족들을 세관까지 실어다 주도록 하였다. 내가 북한을 떠난 지 2년째 접어들었을 때였는데 북한은 말할 수 없는 고통 속에 빠져 있었다.

가장 가슴 아픈 소식은 사촌 언니가 남편을 제대로 먹도록 하기 위해 풀죽을 마시면서 시장 통에 앉아서 국수장사를 하고 있다는 것이다. 북한 국립예술단은 식량을 자급자족해야 한다. 1개월간 중국공연 동안 밥이라도 배불리 먹는 북한의 문화예술인들을 보면서 다행스럽게 생각했다.

그들이 1개월 공연을 끝내고 돌아갈 때 식량과 옷 이발실과 미용실 용품까지 한 트럭 준비하여 돈과 함께 보냈다. 무용복을 만들 천과 간부들에게 선물할 양복천과 잠바천까지 그들이 원하는 대로 다 해결해 보내주었다. 그럴 때마다 나는 더없는 행복감에 감개무량 하였다. 나를 통하여 많은 사람들을 먹이고 입힐 수 있다는 것이 죽어가는 생명을 연장시킬 수 있고 이것도 조국과 인민에 대한 충성심의 표현이라고 생각했다.

이미 그때부터 하나님의 시나리오 속 배역을 감당하고 있었던 것이다. 내가 중국 땅에 머물러 있을 당시 조선족들에게 세관을 통해 내보낸 식량을 비롯한 지원 물자 중고 옷들 중고 가전제품은 자동차로 10트럭 분량이다. 지금에 와서 생각해 보면 육의 양식을 내 아무리 많이 보낸들 순간 먹고 나면 다시 배고픈 그들의 배를 어찌 다 채우랴! 영의 양식 영원히 목마르지 아니할 복음의 귀중한 생명수를 저들은 지금 이시각도 목마르게 기다리고 있는 것이다.

그때부터 나는 나의 방식대로 지금까지 북한 동포들을 지원하고 있다. 북한 선교는 선심을 쓰는 것도 자랑도 아니다. 주님의 가르침대로 행하여야 하는 그리스도인의 마땅한 도리일 뿐이다.

❖ 탈북자 지원과 관심

탈북자들 가운데 어렵게 사는 사람들이 많다. 교회 목사님들께 도움을 요청해 봐도 탈북자들에 대해서는 별로 관심이 없다.

교계 단체들이 경쟁적으로 북한 지원을 하면서도 탈북자들을 외면하고 명분과 명예를 추구하며 북한으로 들어가는 모습을 볼 때면 참으로 서운하다. 인민들과 상관없는 일에 돈을 들이고 시간 낭비하는 일에 대해 다시 한번 검토하여 어디에 사랑을 쏟아야 할지 따져보아야 한다.

더 시급한 것은 이 땅에 있는 탈북 형제자매들을 더 따뜻이 품어주고 신앙의 열매로 가꾸어 가는 일이다. 탈북자들을 복음 통일시대를 대비하는 믿음직한 하나님의 일꾼들로 준비시키는 것이 그 무엇보다도 더 중요한 문제라고 생각한다. 당장 시급한 북한선교는 탈북자 지원과 탈북자 선교이다. 왜냐하면 중국과 동남아 지역들에서 떠도는 저들은 분명 하나님의 섭리와 계획 가운데 출애굽 훈련을 받는 하나님의 백성임에 틀림이 없다.

중국과 동남아 제3국에서 떠도는 탈북자들을 돕다가 체포되어 7년씩 중국에서 형기를 받고 있는 탈북자들의 수가 엄청나다. 강제 북송되어 하나님을 믿었다고, 적국인 한국으로 가려 했다고 처형된 숫자도 셀 수가 없다. 지금 이 순간도 하나님을 모르고 사는 갈데아 우르 저 우상의 땅을 떠나면서 겪고 있을 인권유린 현장들의 모습이 눈에 선하다.

탈북자 지원과 관심 그자체가 바로 북한 선교이다. 이보다 더 정확하고 확실한 북한선교는 있을 수가 없다. 이미 탈북자들은 고향에 두고 온 가족 친척 친우 동창 동향들에게 복음을 심고 있고 남한 사회를 세상에 알리고 있다. 하나님을 섬기며 믿고 사는 나라와 우상을 믿는 나라의 차이를 천국과 지옥의 차이를 선전하고 있다는 중요한 사실을 알아야 한다.

북한 복음화를 위해서는 우선 탈북자들에게 복음을 전해야 한다. 죽음의 사선을 여러 번 넘어 여기까지 온 우리의 혈육 탈북 동포들을 민족의 이름으로 따뜻하게 성도의 이름으로 뜨겁게 맞이하고 품어 주어야 한다. 숨죽이며 살아가고 있는 탈북자에게도 인격이 있고 주님 사랑으로 위로받을 자격이 있다면 곁에 있는 저들부터 먼저 보듬어 안아 주어야 한다. 또한 탈북자의 정착화 신앙화는 서두르지 말고 꾸준히 해나가야 할 사업이라고 생각 한다.

탈북자들을 외면하고 우상 정권만 찾아가 섬기는 것은 바람직한 선교방법이 아닌 것으로 본다. 지하 교인을 돕고, 직접 전도 및 구제할 수 있는 풍선으로 구호물자 보내기를 해야 한다. 북한 당국을 대상으로는 선교는 고사하고 구제도 마음대로 할 수 없다. 북한에 공식 지원하는 것은 권력층이 먹어 버린다. 빵 공장과 국수공장 짓기, 기적의 젖염소 보내기 등도 북한당국이 마음대로 처리한다. 밀가루, 빵, 국수, 염소고기는 권력자들이 먹는 고급 식품이므로 굶주리는 주민들에게는 절대로 차례가 안 된다. 북한에 성경 보내기, 남한식 설교와 전도법 등은 효과가 없다. 성경이 발각되면 처형되는 가시밭 같은 기운에 눌리기 때문이다. 남한식 전도방법은 소화하기 힘들기 때문이다. 오른손이 하는 일을 왼손이 모르게 하라는 말씀대로 은밀하게 효과적으로 북한을 도와야 한다.

폐쇄된 북한사회는 지금 풍선 전단지들을 통해 흔들리고 있다. 그리고 탈북자들을 통해 세상의 진실을 알아가고 있다. 이제는 더 이상 미룰 수 없는 진실과 복음통일은 한시바삐 반드시 이루어야 할 우리 모두의 과제이고 숙원이다.

'알지 못했던 시대에는 하나님이 허물치 아니 하셨거니와 이제는 어디든지 사람을 다 명하사 회개하라 하셨으니.' (행 17:30)

❖ 너는 복의 근원이 되어라

'여호와께서 아브람에게 이르시되 너는 본토 친척 아비 집을 떠나 내가 네게 지시할 땅으로 가라. 내가 너로 큰 민족을 이루고 네게 복을 주어 네 이름을 창대케 하리니 너는 복의 근원이 될지라. 너를 축복하는 자에게는 내가 복을 내리고 너를 저주 하는 자에게는 내가 저주하리니 땅의 모든 족속이 너를 인하여 복을 얻을 것이니라.'
(창 12:1~3)

참으로 나는 이 말씀을 읽으면서 아브라함을 가나안 땅으로 불러내신 데는 그를 통하여 택한 백성, 이스라엘을 조성하시려는 깊은 뜻이 계셨다는 것을 깨닫게 되었다. 하지만 하나님의 부르심에 응해 가나안 땅으로 들어온 아브라함은 이리저리 떠도는 고단한 유랑의 삶을 살아야 했다.

나를 통해 이루실 하나님의 특별한 섭리와 계획을 어찌 알 수 있었으랴! 하지만 고난과 연단의 나날 속에서 4번 체포되어 갇혔던 감옥들에서 고통받고 인권 유린당하는 탈북 동포 형제자매들의 모습을 바라보게 되었다. 하지만 그들을 위해 기도시키시는 하나님의 섭리와 사랑을 그때 그 순간에는 미처 몰랐지만 그들의 피눈물 나는 모습을 바라보며 스스로 기도했고 저들을 하루빨리 하나님 품에 안기게 해달라고 간절히 부탁하고 기도를 하게 되었던 것이다.

그 고난과 연단의 시간들을 돌이켜보며 모르고 받았던 하나님의 크신 사랑과 은혜를 다시금 깨닫게 되었다. 또 저 북녘 동포들을 위한 복음 통일 사역의 일꾼들로 먼저 훈련 주시고 육성시키시려는 그분의 특별한 계획과 축복의 통로로 사용하시려는 하나님의 사랑을 알게 되었다.

하나님의 뜻과 사랑을 알아 갈수록 나는 내 자신이 축복의 동로로서의 책임감을 가지고 주님의 십자가의 사랑의 마음을 간직하고 내가 받은 사명과 복음의 산 증인으로서의 책임 있는 도구로 겸손히 쓰임 받기를 원하는 마음으로 늘 기도를 드린다.

지금까지 살아오면서 하나님이 없이 살아왔던 고통과 고난 중에 함께 했던 인연과 사람들! 나는 진정 그들에게 고마운 마음과 함께 그들의 역할도 하나님의 시나리오 속의 배역이었음을 다시 한 번 생각하며 하나님의 넘치는 축복을 그들이 받기를 기도드리고 기도드린다. 또한, 나는 축복의 땅 대한민국에 먼저 너무도 쉽게 들어온 것이 늘 죄스러워 하나님께 기도를 올렸다.

"하나님 중국 땅에서 함께 했던 탈북자 형제들과 자매들, 고통과 연단 중에 있는 탈북자들을 어서 빨리 이 축복의 땅으로 인도하여 주시옵소서! 그리하여 그들도 마음껏 하나님의 사랑을 누리게 하여 주시옵소서!"

그래서인가? 하루하루 입국하는 탈북자들의 대열 속에는 중국 광야에서 연단과 고통의 나날을 함께 보냈던 자매 형제들이 끊임없이 찾아왔고 지금 이 축복의 땅에서 풍요로운 하나님의 축복을 가슴 깊이 느끼면서 정착의 과정을 지나 대한민국 방방곡곡 자기가 원하는 고장에서 정부가 지원해 주는 집과 일정 기간 생계비를 지원 받으며 살고 있다. 짐승보다 못한 대접을 받았던 그들은 그 인권 유린의 현장들을 잊지 못하며 하루 빨리 복음으로 통일된 고향을 그리면서 하나님께 감사의 기도를 드리고 날마다 순간마다 감사하며 축복의 삶을 살아가고 있다. 이 축복의 땅에 먼저 들어온 우리 모두는 참으로 하나님의 특별한 선택을 받은 축복의 주인공들이 아닐 수 없다.

저 북녘땅에 태어나서 우상을 섬기며 살 때 그 누가 오늘 우리들이 이 남한 땅에서의 삶에 대하여 상상이나 해 보았겠는가! 그것은 오로지 이 민족을 불쌍히 여기시고 한시바삐 무지에서 헤어나 하나님을 아버지라 부르며 축복받는 이 축복의 땅, 남한의 하나님의 자녀들처럼 북녘 동포들을 구원하시려는 하나님의 오묘한 섭리와 계획 속의 산물이며, 수십 년 동안을 그리스도 예수님의 그 따뜻한 사랑의 마음을 안고 저 북녘땅, 북녘 동포들을 위해 불철주야 쉬지 않고 기도한 이 땅의 목사님들과 사명자를 비롯한 신앙인 여러분들의 중보기도 덕분임을 깨닫게 되었고 이 기회를 통하여 감히 북녘 동포들을 대표해서 감사의 인사를 드리고 싶다.

또한, 이 풍요의 땅에서 마음껏 하나님을 소리쳐 부를 수 있고 자유와 평화를 누릴 수 있는 이 축복의 땅에 태어나 살면서도 감사를 잊고 불평하고 아직까지 깨어 일어나지 못하고 잠자는 불쌍한 영혼들을 깨워 불러일으키시려는 하나님 아버지의 안타까운 마음을 아울러 우리는 깨달아야 한다. 우리 탈북 형제 자매들을 통하여 이루시고자 하시는 하나님의 계획과 섭리 그것은 바로 그들이 우상을 섬기며 우상의 노예로 살아온 역사의 주인공들이며 산 증인들이기 때문이다.

또 그 체제에서 하나님의 택하심과 인도하심으로 광야의 출애굽 훈련을 통해 축복의 땅 가나안으로 들어온 21세기 출애굽의 주인공들이기에 하나님은 그들을 역사의 증인으로, 축복의 통로로, 복의 근원으로 삶으시길 원하고 계신다. 우리는 이런 하나님의 마음과 뜻을 발견하고 그 본분을 지켜야 할 것이다.

✿ 축복의 땅에서

미국과 영국 같은 나라 대통령들이 대통령에 당선되면 성경위에 손을 올려놓고 선서문을 낭독하였다는 말에 깜짝 놀라지 않을 수 없었다. 하나님을 믿는 나라의 백성들은 하나님이 지켜 주시고 기도에 응답주시고 승리할 수밖에 없다.

북한 땅이 겪고 있는 기근과 하나님을 거부하는 나라들이 겪고 있는 자연재해, 재난과 기근 그것은 성경의 역사적 사실들이 증명하고 있다. 한 하늘 아래 강하나 사이를 두고 비참하고 처참한 사람들의 죽음과 저주 그리고 지옥의 모습! 그러나 강하나 건너와서 바라본 천국의 사람들과 그들이 마음껏 누리는 풍요와 축복의 모습을!

탈북자 찬양 팀들이 미국선교를 다녀와서 "언니 한국도 좋다고 입 다물지 못했는데 미국은 공기도 좋고 경제력은 더 말할 것 없구 하여튼 홀몸이라면 그냥 눌러앉아 살고 싶은 지상천국이에요. 영어만 할 줄 알면 미국에서 살고 싶어요."라고 이구동성으로 말했다.

우리도 복음으로 통일된 하나의 강토에서 하나님을 믿고 기도하는 민족으로 살아갈 때 부강한 통일조선! 축복받는 나라의 모델로 높이 세워주실 하나님 아버지의 섭리를 굳게 믿고 복음 통일의 그날을 반드시 앞당겨야 할 것이다.

나는 내가 만난 하나님에 대한 이 신앙 간증 수기 원고를 정리하면서 잊고 살았던 수많은 사연과 실화들을 하나하나 성령님의 도우심으로 정리하며, 그때는 알지 못했던 놀라운 지나간 일들을 다시금 깨닫게 되었다. 모르고 받아 안은 하나님의 사랑을 생각하며 이 축복의 땅까지 오는 과정이 바로 이스라엘 백성들이 애굽 땅에서 나와 광야 생활의 그 연단임을 깨닫게 되었고 지금 이 순간도 계속 이어지는 출애굽 운동이 언제까지이며 또 그들을 통하여 한국교회와 성도들에게 주시려 하시는 하나님의 섭리와 계획을 다시 한 번 심장 깊이 깨달아야 하지 않을까, 라는 생각도 해보게 된다.

탈북자들을 하나님께서 훈련시키고 있으니 모두 힘을 합쳐 복음으로 통일된 하나님의 나라를 세워 축복의 땅을 더 기름지게 가꾸어 나가야 한다. 바로 하나님의 때에 그분의 시간에 홍해를 가르신 그 기적으로 저 38선이 무너지는 기적을 체험할 것이다. 100년 전 평양에서 타올랐던 성령의 불꽃을 다시 지펴야 할 횃불 용사들이 지금 이 땅에서 교육 훈련을 받고 있다. 사람의 생각으로 계획을 했을 지라도 그 발걸음을 인도 하시는 분은 오직 여호와 하나님이시다.

탈북자들은 분명한 하나님의 섭리와 계획 가운데 이 땅에 왔다. 탈북자들을 이방인으로 보지 말고 조국의 복음통일을 위해 우리 하나님께서 귀중하게 아끼고 사랑하는 북녘 복음화의 씨앗으로 소중히 생각하고 사랑으로 가꾸기를 하나님은 분명 바라신다. 하나님께서 북한선교는 우리 탈북자들이 하기를 원하시고 계신다는 것을 깨닫고 탈북자들을 물심양면으로 도울 때 하나님의 깊은 사랑의 뜻과 넘치는 축복의 열매가 주렁주렁 열릴 것이다.

축복의 땅 대한민국! 지금 이시각에도 만주광야에서 이 땅을 바라보며 그토록 오고 싶어 통곡하며 울부짖는 저 절규를 한시도 잊지 말고 이 땅에 태어남에 감사하고 또 감사 하자! 하나님을 마음껏 소리쳐 부를 수 있는 이 땅에 태어나게 해주신 하나님 아버지께 감사 최대의 감사와 영광을 삼가드리고 또 드리자.

아! 축복의 땅, 대한민국이여! 주님 안에서 영원 하라! 나는 복음으로 통일된 삼천리금수강산에서 우리 한민족이 꼭 다 함께 하나님을 아버지라 부르고 하나님만을 찬양할 역사에 길이 빛날 그날을, 하루 빨리 앞당길 그날만을 그려 본다.

탈북자들을 잘 육성하고 큰 교회들이 탈북예술단 한 단체씩 만 책임지고 이끌어간다면 그들은 세상일이 아닌 하나님의 복음 전도 찬양 사역자들로 북녘 복음화를 위한 참된 일꾼들로 축복의 삶을 살아갈 수 있을 것이라고 확신한다.

하나님이 허락하시는 때에 이 축복의 땅에 세워질 〈문화 예술 대성전〉과 〈대공연장〉에서 이 시대! 시대적 사명 역사적 사명을 안고 출애굽 해 이 땅에 들어온 우리 탈북자 2만 명의 대 찬양대가 한목소리로 하나님을 찬양할 때가 오리라 믿는다. 움직이는 회전 무대에서 마음껏 대서사시와 뮤지컬, 무용극으로 천지 만물의 창조주 우리 하나님을 아버지라 높이높이 영광의 찬양을 드릴 그날을 하루빨리 앞당기기 위해 기도드린다.

이 축복의 땅 대한민국에 그야말로 후대들을 위한 미래를 위한 우상의 나라보다 더 멋진 하나님 자녀 육성을 위한 미래소망의 새싹 양성기지들이 세워져야 할 필요성이 절실히 요구된다고 생각한다. 그리하여 각 분야별 종목별 악기들을 분류하여 전문교육 시스템을 발동하여 하나님을 찬양할 특별한 인재 양성을 어린 시절부터 함으로 하여 세상 문화를 우리 기독교 문화인들이 선도해야 할 시대적인 사명감에 불타야 한다.

그리하여 점점 음란퇴폐 향락화 되어 가는 세상 문화를 보다 더 건강하고 건전한 최고의 기독교 고급 문화권 안에 스스로 들어 올 수 있도록 독창적인 새로운 유형의 문화를 찾아 완성해야 할 사명자가 바로 우리들이다. 이렇게 사명 의식을 가지고 가는 곳마다 외치던 지난 2008년 7월 7일 서울 강서구에 한민족문화예술센터를 허락하시 있다. 그리하여 비록 대단한 규모는 아닐지라도 그곳에서 남북이 함께 한민족 문화예술 행사를 하게 되었고 그때마다 하나님을 우러러 영광의 찬양을 올리게 되었다. 더 열심히 활동하기 위해 기도드리면서 나아가고 있다.

그동안 북한 선교에 관심을 가지고 집회 현장에서 거두어주신 후원금과 매달 보내 주시는 후원금, 음반 판매액을 북한의 빈곤 가정과 어린이 단체, 위급한 상황에 처한 많은 사람들에게 직접 보냈다. 전화로 본인들의 목소리 확인까지 다 하고 보낸 것이다.

대한민국에 와서 제일 충격 받은 것이 불우이웃 돕기, 장애인 봉사와 기부 문화였다. 북한 체제에서 볼 수 없었던 문화였다. 내가 가장 하고 싶은 일은 기부와 사랑이다. 또 대한민국에 와서 제일 부러웠던 것이 어머니의 기도와 그 기도로 신앙생활 하는 자녀들이었다. 수십 년 세월 자식들을 위하여 감사헌금 드리며 기도하시는 저 어머니의 자녀들은 얼마나 축복 많이 받고 행복할까? 늘 이 땅에 태를 묻고 나서 자란 사람들이 한없이 부럽고, 자식을 위하여 기도하는 어머니를 가진 사람들에 대한 부러움이 생기기 시작했다.

축복의 땅에 사는 우리들은 아직도 저 동토의 땅을 헤매는 분들을 위해 더 많이 기도해야 한다. 그것이 축복을 누리는 우리의 사명이다. 〈끝〉

저는 요즘 국내집회와 해외집회로 바쁘게 지내고 있습니다. 총회 신학대학원에서 석사과정을 밟으면서 효성문화원 원장으로 섬기고 있습니다. 매월 두 차례 실향민들과 어르신들을 위한 위로공연을 하고 북한 특선음식을 대접하고 있습니다. 사역현상에서 주시는 사례비와 책과 음반판매비용은 중국을 떠도는 탈북자와 한국의 어려운 탈북자를 돕는데 사용하고 있습니다. 이 책의 수익금도 어려운 탈북자들 돕기에 사용할 예정입니다. 다른 사람을 도울 수 있는 은혜를 주신 하나님께 감사드립니다.

이 땅으로 온 탈북자들이 선교대상임을 잊지 말고 저들을 위한 기도와 사랑을 아끼지 말아야 합니다. 얼마 전에도 탈북한 엄마가 아들의 죽음에 가슴 치며 통곡했습니다. 엄마를 찾아 한국으로 오려는 청년에게 중국에 있는 선교사들이 성경책을 주며 북한에 전해주고 오라고 했습니다. 청년은 두만강 건너다 보위부 군인들에게 잡혔고 사람들이 보는 앞에서 토막 살인을 당하고 말았습니다. 그는 성경이 무슨 책인지도 모르고 순교 당했습니다.

수많은 사람들이 성경도, 복음도 모르고 죽어가는 그 땅에서 하나님은 북한 사람들을 떠나게 하시고 이 땅으로 들어오게 하십니다. 북한 땅에 들어가서 선교할 수 없기에 수만 명의 탈북자들을 이 땅에서 복음의 일꾼들로 양육받기를 원하십니다. 이 땅에서 신앙생활 해 오신 여러 분들이 이들을 복음의 씨앗으로 키우시길 원하십니다.

탈북자들을 하나님 사명자로 키우는 것이 북한선교이며 하나님의 계획입니다. 기도와 사랑으로 탈북자들을 하나님의 자녀로 세워주시기를 주님의 이름으로 간절히 기도드립니다.